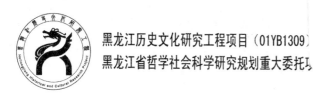

黑龙江历史文化研究工程项目（01YB1309）

黑龙江省哲学社会科学研究规划重大委托项

吴兆骞年谱

李兴盛◇主编

黑龙江大学出版社

HEILONGJIANG UNIVERSITY PRESS

图书在版编目(CIP)数据

吴兆骞年谱 / 李兴盛主编. -- 哈尔滨：黑龙江大学出版社，2014.12（2021.8重印）

（东北流人文库 / 李兴盛主编）

ISBN 978 - 7 - 81129 - 851 - 2

Ⅰ. ①吴… Ⅱ. ①李… Ⅲ. ①吴兆骞（1631～1684）- 年谱 Ⅳ. ①K825.6

中国版本图书馆 CIP 数据核字（2014）第 285937 号

吴兆骞年谱

WUZHAOQIAN NIANPU

李兴盛　主编

责任编辑　王剑慧

出版发行　黑龙江大学出版社

地　　址　哈尔滨市南岗区学府三道街36号

印　　刷　三河市春园印刷有限公司

开　　本　720毫米×1000毫米　1/16

印　　张　26.25

字　　数　329 千

版　　次　2014 年 12 月第 1 版

印　　次　2022 年 1 月第 2 次印刷

书　　号　ISBN 978 - 7 - 81129 - 851 - 2

定　　价　68.00 元

《吴兆骞年谱》编委会

主　编　李兴盛

副主编　赵　树　张泽文　赵桂荣　綦中明

　　　　李　雷

编校者　徐彤艳　邓天红　孙海春　李　冰

　　　　陈爱燕

李兴盛与流人学的研究

（《东北流人文库》代总序）

世有"显学"与"晦学"之分，"显学"为当世所重，群趋若鹜，如清之乾嘉考据学，今之红学、敦煌学等等，于是资料盈箧，成果丰硕，人才辈出，为举世所瞩目。"晦学"则不然，虽其学重要，然资料发掘艰难，前人成作较少，一时难见其功，学人多视为畏途，潜研者寥寥，若为世所遗忘者，今之流人学类此。

流人源出于流刑，多为蒙冤受屈，备受迫害与刑罚者。流人颇多具有文化素养，甚至学问淹博者也为数不少，世所谓"天下才子流人多"即指此而言。其人虽投诸四裔，犹不弃边远，播种文化，开发蒙昧，厥功至伟，是流人与流人文化问题固不得不有所研讨，而世之投身斯学者，固屈指可数也。

我之接触流人问题，始得益于安阳谢国桢（刚主）先生。我家与谢氏有通家之谊，少时曾借书于谢氏，得读刚主先生所著《清初流人开发东北史》，为前此未读之书。见其对清初发戍东北之流人所作专门性研究，既钦其治学视野之广阔，复感其研究有裨于清初开国史的探求。后此则未见有关流人新作。二十世纪五六十年代政治运动中辄有因种种新账老账一齐算而遭贬谪者，西部荒漠及北大荒

· 1 ·

等地均有其人，虽下放、锻炼名目各异，而其实与流人差近。投鼠忌器，颇为流人问题之研究增忌讳。七十年代初，我曾下放农村四年，耕余无聊，又谨言慎行，寡交游，遂就所携图籍中之流人著述，时加研读，随手札记心得，积久乃成《读流人书》一文。此举一则纾烦遣愁，借他人杯酒，浇自己块垒；再则见流人虽困处厄塞，而犹能寄托诗文，传播文化，颇受激励。深惟似此群体而淹塞不彰，研究者又甚鲜而深致感慨。八十年代初，海宇廓清，学术文化顿显新颜，有幸获识西北周轩、东北李兴盛二君，皆以流人问题研究自任，撰述探讨，卓有成就。其穷年累月从事"晦学"研究之精神，尤令人钦佩。

我识李君兴盛较晚，初仅书信往来，继又得读其惠我大作。我虽曾粗涉流人之学，而视李君所著之精深，则瞠乎其后矣！1989年，先后读其所著《边塞诗人吴兆骞》及《东北流人史》，见其"筚路蓝缕，以启山林"的精神及从个案研究走向通史研究的历程，窃喜流人学研究之得人！惟惜其尚局限于东北一隅，深冀其由一隅而扩及全面。孰意不及五年，而百余万言之《中国流人史》又问世，李君用功之勤，投入之深，求之当世，实不多见。我曾为此书做过鉴评说：《中国流人史》"'是对流人问题进行全方位、多层次、各区域的完整论述，开创了流人史研究的新体系'。我通读《中国流人史》的最深感受是，他不把知识分子流人的遭遇作为个案，而是加以群体的系统记述，使之成为记述中国知识分子坎坷经历、不幸命运、悲惨处境而仍能百折不挠，利国利民，奋发向上的感人史诗"。1998年冬，兴盛复以所主编之《何陋居集(外二十一种)》一书见惠，此书以清方拱乾之《何陋居集》为总名而含有宋、清、民国之流人文献共二十二种，为流人史之研究提供基本史料，厥功至伟。次年，兴盛不辞千里，亲临寒舍，一倾积愫，交流沟通，听其言，观其行，固恂恂然一君子也。我读书未遍，关于流人史的研究，除周、李二君的著述外，其他专著、论文所见尚鲜，此流人学之所以为"晦学"也。究其缘由，愚意以为治此学者必须具备三条件：

其一，研究者必须久居边远戍地，对流人生活背景、岁月煎熬，有亲临其地的切身感受，有一种为不幸者存史的激情冲动，乃以真挚的感情去探讨、研究，从而论述中国知识分子的忧患史。这是最重要的精神支柱。

其二，研究者必须具备发现挖掘史源、搜检考校史料和公允评论人物的学识底蕴与熟练技能。唯其如此，方能于人于事，持之有故，言之成理。方能由此及彼，由表及里，由个案至群体，由古代至近世，撰成诸种有关著述，使流人学之研究不数十年而蔚为大观。这是最重要的物质基础。

其三，研究者必须淡泊自甘，硁硁自守，不急功近利，不艳羡荣华。以悲天悯人之心，阐幽发微；不偏不倚，还人物以本来，终其生而无怨无悔。这是最重要的史德。

三者言易而行难，周、李二君得天独厚，幸逢其会，一羁居西陲，一谋食黑水，耳听故老逸闻，目见流人遗迹，抚今思昔，思潮汹涌，笔端激情，油然而生。二君皆好学深思之士，穷年累月，孜孜不倦，广搜博采，勤于著述，颇见称誉于学术界，而李君兴盛所著连年问世，凡个案研究、文献记录、史事纵论，皆所涉及，涵盖可谓深广。2000年，兴盛更将其流人文化研究延伸至流寓文化与旅游文化领域，主持《黑龙江流寓文化与旅游文化丛书》编写工作，其第一种《流寓文化中黑龙江山水名胜与轶闻遗事》一书，既出版问世，赋流人学以实践意义，研究对象由流人扩展至客寓人士，视野愈益开阔。2000年，复出示其另一《中国流人史与流人文化论集》。兴盛倾历年之积存，更于《中国流人史》之基础上，总结升华，成此论集。捧读之余，欣悦不已。

兴盛之辑《中国流人史与流人文化论集》，虽为辑录其于流人问题研究中之理论观点，实则寓构筑流人学框架之深意。书分上下编，上编阐述有关流人与流人文化之理论问题，诸如流人的分类、流人史的分期及流人文化的界定与特性、流人历史作用的评价等等；

下编为文选,辑与撰者及其著作有关之资料,可备了解兴盛治学历程与所获成就之参考。从此,兴盛之于流人学之研究,有史、有论、有专门著述、有文献汇编,足称完整架构专学之规模。

目前,为了弘扬我国历代东北流人在逆境中建功立业、保卫与开发边疆的业绩及其艰苦奋斗的精神,为了促进由谢刚主先生开创的流人史、流人文化,乃至流人学这一新学科、新体系、新流派真正创建成功,兴盛君在黑龙江省委宣传部、黑龙江省新闻出版局及黑龙江大学出版社的大力支持下,以其三十余年研究成果为基础,正在编纂《东北流人文库》这部大型的历史文化丛书。《东北流人文库》拟分为"流人文献"与"流人研究"两大部分,堪称一部恢宏巨著。

相信我国前所未有的这部开拓型丛书的出版,对于黑龙江历史文化资源的抢救与黑龙江边疆文化大省的建设,对于东北,乃至全国历史文化,尤其是文学史、刑法史、民族交流史、人口迁徙史等学科的研究,对于繁荣我国出版事业,都会起到极大的促进作用。

流人学的建立是兴盛的一个梦,他自谦目前是"残编寻旧梦",我看他已在日益走近"全编圆美梦"的佳境。他自勉是"攀登今未已,风雨正兼程",我则以耄耋之年真诚地期待流人学不久将在社会科学的学科分类表上堂堂正正地占有一席之地。流人学之跫然足音,殆已日近一日。兴盛其勉旃!

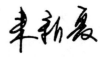

二〇一〇年元月

卅载流人史，渊源自汉槎

——《吴兆骞年谱》序

三十六年前，我开始研究东北地方史与东北历史文化，后来受到我国著名学者谢国桢先生的启迪、鼓励与支持进而研究流人史，在继承、弘扬与深化由谢先生开创的流人史研究的基础上，还构筑了流人文化，乃至流人学新体系的框架。而这种流人问题的研究，却是始于对吴兆骞的研究。

吴兆骞是清初"天分特高"、"惊才绝艳"，被诗坛领袖吴伟业将他与陈维崧、彭师度誉为"江左三凤凰"的著名诗人。史书称其"天才横逸"、"一目十行"、"援纸立就，落纸烟云"，且又"傲岸自负"、"翩翩隽逸"、"谈论风生"，出口成章，是名士气质十足的江南才子。后在顺治丁酉南闱科场案中被人诬陷，负屈含冤流放宁古塔二十三年，"极人世之苦"，泪洒冰天，血沃塞土，成为传播以中原文化为主体的多民族文化综合体之流人文化的塞北名人。吴氏的才华、遭遇、业绩及其与顾贞观等生死不渝的友谊，使我深为感动，情有独钟。于是围绕着吴兆骞，我作了持久、深入的研究。而这种研究奠定了我对东北，乃至中国流人问题研究的基础。也就是说，我的学术研究，是从吴兆骞这一"个案"开始，发展成对东北流人这一社会群体的宏观研究，从而撰写了《东北流人史》；又在此基础上，进一步发展成对中国流人这一社会群体的宏观研究，从而撰写了《中国流人史》。并将这种研究升华到理论的高度，对流人的方方面面作了理论探讨，从而撰写了《中国流人史与流人文化概论》（作为上编，收入拙著《中国流人史与流人文化论集》之中）。由上可见，我的学术生涯与吴兆骞结有不解之缘。

迄今为止，我为吴兆骞编纂了四部书稿，即 1986 年出版的《边塞诗人吴兆骞》，2000 年出版的《诗人吴兆骞系列》，包括《江南才子塞北名人吴兆骞传》、《江南才子塞北名人吴兆骞年谱》(附交游考)、《江南才子塞北名人吴兆骞资料汇编》三册。此外，还曾将吴氏《秋笳集》与《归来草堂尺牍》收入我主编之《黑水丛书》与《东北流人文库》。其中，《诗人吴兆骞系列》三册出版近五年时，恰值《黑水丛书》第十一辑之编纂正在进行之中，鉴于《吴兆骞年谱》与《吴兆骞资料汇编》符合黑龙江地方文献收录标准，因此将这两种书稿删去《交游考》，略加修订，易名为《诗人吴兆骞年谱》、《诗人吴兆骞资料汇编》，予以收录。时至今日，历时又已九年，九年加上前五年，计十四年。十四年来，吴氏史料之搜集续有增加，同时又发现史实考证上的个别不足或错误之处以及未曾校出的错字。拾遗补阙与纠谬之感，无时无刻不萦绕于怀。近年来本人又正在从事《东北流人文库》之编纂，因此将上述二书经过增订更名为《吴兆骞年谱》、《吴兆骞研究资料汇编》收入本《文库》之中。本次之修订，除了改正错字外，吴氏之行实与引用书目作了增补，在史实之考证上落实了吴氏友人陈之遴六子之说及其生卒年月日，考证了吴兆骞第二次入楚之时间等，吴氏致纳兰容若五封书信的时间顺序也稍作调整，《交游考》由50人扩展至56人。此外，陷害吴兆骞之人，著名学者邓之诚教授据兆骞自谓的"我遭昌文贼奴陷害"及"昌、发二贼……乘机构毒"之语，断定为章素文与王发二人。我对于章素文一说存有疑义，但究为何人，没有定论。此次再版，将清代翁广平谓为吴超士之说及中国社科院语言研究所杨成凯教授提供的另一重要线索(疑为吴昌文之说)著录于篇，供广大读者参考。总之，此次之修订，目的是使本书益臻完善，有利于黑龙江流人文化及我国清诗的研究。

在我对吴兆骞研究的过程中，自谢国桢先生始，至近年杨成凯先生止，得到过许多人士的支持与帮助。其中有学术界、新闻出版界、图书馆界与文管界人士，还有普通读者，我在《诗人吴兆骞资料汇编》序言中已择其要者作了鸣谢，尤其是当拙著《边塞诗人吴兆骞》出版后曾经赐予书评及评语的罗继祖教授与钱仲联教授，还有当《诗人吴兆骞系列》出版后，曾撰写书评的张兵先生与杨成凯先生。其中，杨成凯先生身为语言学家，又兼擅古典文学之研究，除了对我的研究提供了一些新的线索，又多次来信，给予鼓励，倍加颂扬，还以林夕的笔名在《古籍整理出版情况简报》"学者评书"栏目中发表书评，予以评介，以上诸位先生的支持与帮助，令我感动不已。

2000 年我在《诗人吴兆骞系列》序言结尾曾题诗五首，其一云："廿载流人史，渊源自汉槎。千秋《金缕曲》，令我诵《秋笳》。"目前又过十年，本诗首二句也应改为"卅载流人史，渊源自汉槎"，方名实相副。

以上为《吴兆骞年谱》与《吴兆骞研究资料汇编》增订版此二部书稿收入《东北流人文库》之原因及修订概况，是为序。

李兴盛

2005 年 9 月 26 日一稿

2014 年 5 月 3 日二稿

吴兆骞画像

像楂漢吳

吴兆骞画像

吴荩廉兆骞

二十年冰雪之人忽逢毒暑竟
委顿不可耐一百老此剂徃闔門
明日想欲解雖杯酒劇談恐
不能矣此復
阮老長兄先生大人
小弟兆骞頓首

吴兆骞手迹

吳江吳兆騫漢槎氏著

曉發撫寧題逆旅壁

長宵鼓角慶嚴風，冽濟烽樓曙色通。客夢五更驚櫪馬，征途三月逐歸鴻。斷雲城堞臨邊迥，煖雪關山暎海空。莫道盧龍猶在眼，異時南望是遼東。

山海關

廻合千峰起塞垣，漢家曾此限中原。城臨遼海雄南部，地枕燕山控北門。寂莫雞鳴今鎖鑰，淒涼龍戰昔乾坤。高臺誰憶中山業，遠目蒼蒼白草昏。

關上留別潘守戎 代方虎作

《秋笳集》书影（康熙十八年徐乾学刻本）

杨成凯先生提供

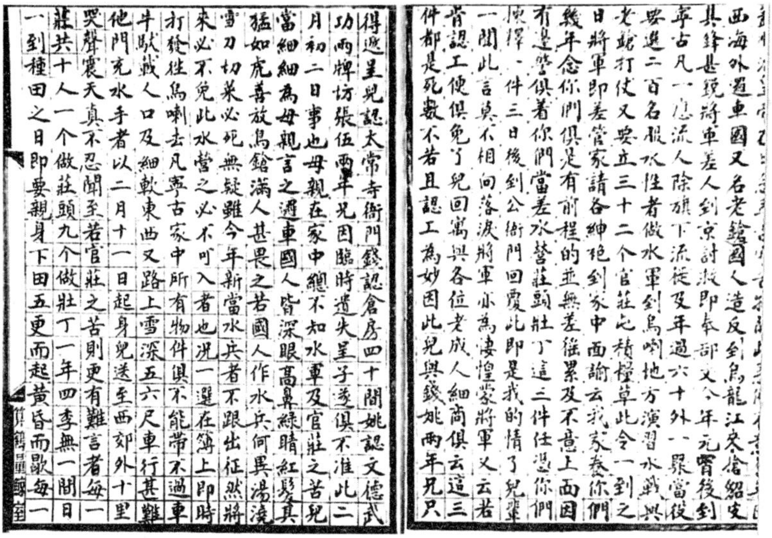
西海外暹車國又名老鎗國人造反到烏龍江夾倉貂史
其鋒甚鋭將軍差人到京討救即奉部文今年元宵後到
寧古凡一應流人除旗下流徙及年過六十外一槩當役
要選二百名服水性者做水軍到烏喇地方演習水戰與
老鎗打仗又要立三十二個官莊屯積糧草此令一到之
日將軍即差管家請各紳衿到家中面諭云我家養你們
幾年念你們俱是有前程的並無差徭累及不意上面因
有這營俱着你們當差水營莊頭壯丁這三件任憑你們
揀擇一件三日後到公衙門回覆此即是我的情了兒輩
一聞此言莫不相向落淚將軍亦為淒惶蒙將軍又云若
肯認工便俱免了兒回寓與各位老成人細商俱云這三
件都是死數不若且認工為妙因此兒與錢姚兩年兄只

得邀呈兒認太常寺衙門錢認倉房四十間姚認文德武
功兩牌坊張伍兩年兒因臨時遺失呈子遂俱不准此二
月初二日事也母親在家中總不知水軍及官莊之苦兒
當細細為母親言之暹車國人皆深眼高鼻綠睛紅髮其
猛如虎善放鳥鎗滿人甚畏之若國人作水兵何異湯澆
雪刀切菜必死無疑雖今年新當水兵者不跟出征然將
來必不免此水營之必不可入者也況一選在籍上即時
打發往烏喇去凡寧古家中所有物件俱不能帶不過車
牛馱載人口及細軟東西又路上雪深五六尺車行甚難
他門充水手者以二月十一日起身兒送至西郊外十里
哭聲震天真不忍聞至若官莊之苦則更有難言者每一
莊共十人一個做莊頭九個做壯丁一年四季無一閒日
一到種田之日即要親身下田五更而起黃昏而歇每一
算鶴量鯨室

《归来草堂尺牍》书影(算鹤量鲸室抄本)

像奇全吴

吴璋画像

吳尚書像

吴洪画像

像寇司吳

吴山画像

吴璋夫人施淑安、吴洪夫人王氏、吴山夫人毛德巽墓志铭碑(汤海山拍摄)

吴洪、吴山墓志残碑(汤海山拍摄)

孝母坟(吴璋、洪、山等吴氏子孙及妻妾皆葬于此)残景(汤海山拍摄)

民国年间之吴江垂虹桥(吴中荣提供)

吴晋锡《半生自纪》书影(清抄本)

吴兆宽《爱吾庐诗稿》书影(康熙刻本)

廷對忝第三人令讀書史館与弟共邱而居弟忝視草

之乏晨趨晩沐備極辛勞以故往、負病緣

承教詢及 家二兄昨年春試知愚兄動靜極關

睠念故并以奉聞 家二兄並葳蕤均屬道意不盡頗

言但有馳結　十二月三日弟元文頓首寫

漢槎年道兄前

《秋笳餘韵》书影

目　　录

说明与凡例

1984 年我曾将已收集到的有关吴兆骞的史料，经汇编、排比，编成《吴兆骞年谱》近十万字。说是年谱，其实更像史料长编，主要是为《边塞诗人吴兆骞》一书之撰写服务。此谱后来压缩成近四万字之《年谱简编》，作为《边塞诗人吴兆骞》附录出版。目前，鉴于该谱存有失误之处，加上新史料续有发现，修订已成必然，因此乘本丛书出版的机会，重新予以修订改写，以供欲了解与研究这位黑龙江历史文化名人者参考。

关于吴氏年谱方面工作，八十年代始有人尝试。但由于所据的史料，出自为数无多的常见文献，舛误固然不免，挂漏尤多，且又仅为万字左右之文章，而非专著，记事有限，因此可资后人借鉴之处不多。同时，由于《秋笳集》"编次无序"，所收诗文写作时间殊难考定，以及吴氏诗文佚失过多，致使一部翔实年谱的编纂颇形棘手。但我克服了种种困难，撰写了本书。

本谱的凡例，大致如下：

（一）年谱之编纂，可简可繁。简者只叙谱主事迹，繁者广征博引，时事与交游并详。本谱鉴于流人史料之搜访綦难，因此首详谱主生平，次详交游。朝政时事与谱主有关者摘要记述，殿于后，无关者概不阑入。至于谱主诗文，由于多数不详写作时间，故仅将少数可以考知者列于交游之前。

（二）本谱于谱主之事迹，均全引或摘引文献原文以注之。其交游小传，或全引，或摘引，或就一种乃至数种文献撮述原文，不求一致，视原文长短繁简而定。大抵长者繁者，摘引或撮叙；短者简者，摘引或全引。

（三）本谱将谱主卒后有关事迹，摘其要者，作卒后谱，以显示谱主在后世之影响。

（四）鉴于谱主及谱主交游者之称呼在文献中出现时往往名与字不一（字多于名），而且有的人仅传其字，名已无考，因此本谱在行文中为叙述方便，不完全划一，数人并提，同时出现，可能名与字亦并存，特此说明。

（五）谱主交游甚广，可以考知姓名者不下 200 人，今摘其要者 56 人，作《交游考》，附于谱后。

（七）挂漏与不当之处，敬祈读者批评指正。

李兴盛

1999．6．27 初稿

2014．3．8 二稿

吴兆骞年谱

李兴盛　主编

世系与传略

吴兆骞，字汉槎，江苏吴江人。

　　徐釚《南州草堂集》卷二十九《孝廉汉槎吴君墓志铭》："汉槎姓吴氏，讳兆骞，字汉槎。世为吴江人。"康熙五十九年《吴江县志续编》卷六、乾隆《震泽县志》卷十九、道光《苏州府志》卷一百、同治《苏州府志》卷一百六、翁广平《吴汉槎传》、《清史列传》卷七十等均同此。

兆骞世系，依次为：吴璋、吴洪、吴山、吴邦栋、吴承熙、吴士龙、吴晋锡。

　　吴安国《吴氏族谱》卷十一《故明湖广永州推官燕勒吴公墓志铭》云："公讳晋锡……六世祖赠太仆寺卿，讳璋，以孝著闻。子讳洪，孙讳山，皆仕至刑部尚书，吴中人称为大小尚书。小尚书生赠布政司左参政，讳邦栋，于公为曾祖。参政生乡进士，赠左军都督府经历，讳承熙，于公为祖。进士生顺宁府知府，讳士龙，公之先考也。"由于吴兆骞系吴晋锡之子，以是可推知其世系如上。

七世祖吴璋，字廷用，幼为锻工，以孝闻。其墓在梅里村，"文革"中已毁。

　　康熙二十四年修《吴江县志》卷十四："吴璋，字廷用，年十一而孤，母陆氏以节自守。永乐二十一年诏选天下媚妇之贞者，给事内廷，而陆以例行……母子不相见者二十年，正统十二年冒死恳启……遂得入宫见母……卒年八十一，赠

5

太仆寺卿，世称全孝翁。"

同书卷四谓其"墓在梅里村"。

同治《苏州府志》卷一百四谓吴璋"幼孤，为锻工"。又谓陆氏病，璋"刲股作糜以进"，"后以子洪贵，封南京刑部主事"。

六世祖吴洪，字禹畴，号立斋，曾任南京刑部尚书，屡平冤狱，喜为诗文。

同治《苏州府志》卷一百四："吴洪，字禹畴，璋子，成化十一年进士，授南京刑部主事。正德四年迁南京刑部尚书。卒年七十八，赠太子少保。"

朱彝尊《静志居诗话》卷八："（吴洪）官太仆卿，与礼部尚书长洲吴原博、礼部侍郎常熟李世贤、都御史长洲陈玉汝、吏部侍郎吴县王济之，诗酒唱和，立五同会。五同者，同时也，同乡也，同朝也，而又同志也，同道也。"

康熙二十四年《吴江县志》卷十二谓其在刑部，"屡平冤狱，裁抑镇守中官"。

五世祖吴山，字静之，仕至刑部尚书。

同治《苏州府志》卷一百四："吴山，字静之，洪子。正德三年举进士，除刑部主事，迁郎中。十五年以佥都御史巡抚四川，明年进右副都御史，改抚云南，擢刑部左侍郎。十九年进尚书。卒年七十三，赠太子少保。"

四世祖（高祖）吴邦栋，以次子承焘贵，封山东布政司左参政。

吴安国《吴氏族谱》卷十一《吴兆宜墓志铭》："（邦栋）于君（指兆骞之弟兆宜）为高祖，以次子承焘贵，封山东布政司左参政。"

曾祖吴承熙，字明甫，乡进士（举人），赠左军都督府经历。

吴安国《吴氏族谱》卷十一《吴兆宜墓志铭》："（邦栋）生乡进士，赠左军都督府经历承熙。"又，康熙二十四年《吴江县志》卷十一科第"举人"栏，谓承熙"字明甫，官生中式"，为嘉靖三十四年乙卯科举人。

祖父吴士龙，号念訒公，曾任顺宁府知府。祖母周氏。二人相继早世。

　　《吴氏族谱》卷十一《燕勒吴公墓志铭》："进士（承熙）生顺宁府知府讳士龙。"

　　吴晋锡《半生自纪》卷上："余父讳士龙，号念訒公。余母周宜人，性恺直而慈祥，每事让人，以隐德胜……（父母）不幸相继早世。"

父吴晋锡，字兹受，号燕勒。生于万历二十七年（1599）十二月十二日。幼好读史，文行茂著，为士林楷模。

　　吴晋锡《半生自纪》卷上："晋锡余名，燕勒余号也……己亥（1599）季冬十二日余诞也……余好读史，好观古人成败得失，以我意为升降。幼时，与余叔父日生、余友吴子茂申、赵子彦琢同学，读至古人忠孝节烈处，忽而笑，忽而啼，志之所期，亦性之所近也……以忠孝为志。"

　　《吴氏族谱》卷十一《吴靖誉先生墓志铭》："晋锡文行茂著，为士林楷模。"

晋锡先娶沈氏，沈氏卒后，续娶杜氏与侧室李氏。其子女共八人。

　　《吴氏族谱》卷十一《燕勒吴公墓志铭》："前夫人沈氏生兆宽、兆宫。（沈氏）早卒，葬于吴县之竹坞。后夫人杜氏生兆宜，先公一年卒。侧室李氏生兆骞、兆宸、兆穹，婚皆名族，女适杨维斗先生子焯。"

　　按：此文仅言晋锡子女七人，不及者为其三（原因详后），《半生自纪》所言亦同此，可见，其排行第三者当已早夭。

　　又：行七者文柔，亦为李氏所生，与兆骞、兆宸、兆穹为同母兄妹姐弟，详后。

沈氏早卒，卒于天启三年（1623）。

考吴兆宽生于万历四十二年（原因详后），而其《爱吾庐诗稿》中《先慈讳日》诗注云："先慈见背日，小子方十龄耳。"自万历四十二年（1614）顺推十年，其十岁时为天启三年（1623）。可见沈氏卒于天启三年。时晋锡年仅二十有五，可能不久后娶杜氏、李氏。

吴晋锡著有《玉棹银河集》、《奇门遁甲六壬纂要》、《半生自纪》等，其他事迹，详见年谱。又，乾隆《震泽县志》卷三十一谓吴晋锡另有《孤臣泣血录》，未知确否。

吴兆宽，晋锡长子，字弘人。诸生。生于万历四十二年（1614）。以子树臣贵，赠刑部郎中。诗歌力追少陵，多沉雄苍厚之作，著有《爱吾庐诗稿》、《古香堂文集》、《江楚纪游集》等。卒于康熙十九年五月。

《江苏诗征》卷十一："吴兆宽，字弘人，诸生，晋锡长子。以子树臣贵，赠刑部郎中。"

康熙二十四年《吴江县志》卷十三："吴兆宽幼颖异，博洽多才……至本朝庚、辛之际，与同志创举敦槩之会，冠履云集，常数千人，所与论文莫逆者，皆燕、许巨公也。丁酉因弟兆骞遭谣诼之祸，几至覆巢。三十年来，涉历险阻，患难备尝，遂淡于仕进，沉酣嗜古，诗歌力追少陵，多沉雄苍厚之作。古文原本经术，则中垒、南丰之遗也。所著有《古香堂文集》、《爱吾庐诗稿》、《江楚纪游集》。"

吴晋锡《半生自纪》："余年十六，即生子。"此即其长子兆宽。考晋锡生于万历二十七年（1599），其十六岁之际则为万历四十二年（1614）。至于其卒年详见康熙十九年谱。

吴兆宫，晋锡次子，字闻夏，生年不详。崇祯壬午（1642）副贡生，诗文宗温、李，多绮丽之作，晚年下笔苍淡高古，有《椒亭诗稿》。

《松陵诗征初编》卷九："吴兆宫，字闻夏，司理吴晋锡次子，崇祯壬午（1642）副贡生，有《椒亭诗稿》。"

康熙二十四年《吴江县志》卷十三："兆宫，字闻夏，壬午南闱拟魁，会本房同姓引嫌置副车。与兄兆宽同举文社，为海内知名。诗文宗温、李，多绮丽之作，晚年下笔，苍淡高古，有《椒亭诗稿》。"

按：其生年虽不详，但必在兆宽生后、沈氏卒前，即1614年至1623年之间。卒于康熙十八年，详见本谱该年纪事。

吴兆骞，晋锡第四子，其他详见本谱纪事。

兆骞于寄父书中，自称"四儿"（《归来草堂尺牍》家书第二）。其从弟兆宣有《南还途中怀四兄汉槎》（《吴江诗略》卷下页60）等，均可见其排行第四。又，《吴江诗粹》卷二十亦云："吴兆骞，尚书洪七世孙，晋锡第四子也。"亦可为证。

吴兆宜，晋锡第五子，字显令。与兄兆宽、兆宫、兆骞并以才藻流誉远近。三兄务广交，兆宜独闭门著书。著述有《茹古斋诗文集》、《庾子山集笺》、《徐孝穆集笺》、《玉台新咏笺》、《李义山集笺》、《韩致尧集笺》等。生于崇祯十年（1637），卒于康熙四十八年（1709），年七十有三，友人私谥靖誉先生。

《吴氏族谱》卷十一："康熙四十八年秋八月庚申，松陵处士吴君靖誉先生卒。君讳兆宜，字显令……君昆弟六人，弘人、闻夏、汉槎久已知名海内，君齿弱于诸昆，而名亦相埒……少学为诗，有中唐风格，已而谢华就实，益肆力于古书，尤爱六朝骈俪之文，乃取徐、庾二集，句疏而字栉之为笺注……享年七十有三……邑中遂〔谥〕为靖誉先生。先生母杜氏，中丞（晋锡）之继室也。娶于陈。"

《江苏诗征》卷十二："显令与兄弘人、闻夏、汉槎并以才藻流誉远近，三兄务广交，显令独闭门读书。"

同治《苏州府志》卷一百三十八载兆宜著述有《徐孝穆集笺》、《李义山集笺》、《庾子山集笺》、《玉台新咏集笺》、《韩致尧集笺》、《茹古斋诗文集》。

吴兆宸，晋锡第六子，字不详。殆生于崇祯十年（1637），详见该年谱纪事。

吴文柔，晋锡之女，排行第七，字昭质。为兆骞同母女弟，吴县杨廷枢之子杨焯（俊三）室。工诗，尤擅依声，有《桐听词》。

《松陵女子诗征》卷三："吴文柔，字昭质，兆骞女弟，吴县杨焯室。著有《桐听词》。陈去病云，昭质为吴县杨文忠先生廷枢子焯妇，工词翰，尤擅倚声，有寄汉槎兄塞外《谒金门》词云云。"

按：文柔即兆骞在《归来草堂尺牍》中屡次称七妹（偶尔称之为大妹）者。殆生于崇祯十一年（1638），详见该年谱纪事。

吴兆穹，晋锡第八子，字不详，为兆骞同母弟。

按：兆穹生于顺治七年（1650），详本书该年谱。

吴兆宽有三子：桓臣、计焘、树臣，俱以文名。

康熙二十四年《吴江县志》卷十三："吴兆宽子桓臣，博学能文，惜早殁。次子计焘、季子树臣，俱以文名。"

吴树臣，字大冯，号鹤亭，兆宽第三子，康熙壬子拔贡生，官至刑部湖广司郎中，享年六十一岁。有《涉江草》、《一砚斋集》。兆骞之赦归，树臣之力居多。

《吴江诗略》卷二十二："吴树臣，字大冯，号鹤亭，奉直兆宽第三子。康熙壬子拔贡……升刑部湖广司郎中，卒于官，年六十一。卒之日，贫不克殓。"

同治《苏州府志》卷一百〇六："吴树臣在刑部三年，平反冤狱甚众，以劳卒于官。"

《江苏诗征》卷十三载树臣著述有《涉江草》、《一砚斋

集》。

《国朝松陵诗征》卷五引沈心斋语云："大冯历仕，南至罗浮，西暨峨嵋，皆极域中幽遐瑰异之观，故其为诗雄丽骀宕，足与江山相雄长。"

《宁古塔纪略》："（吴兆骞）赐还之事，固同社诸公如宋右之相国、徐健庵司寇、徐立斋相国、顾梁汾舍人、成容若侍御，不忘故旧之德，而其中足跰舌敝，以成兹举者，则大冯三兄之力居多焉。"

吴树臣子吴其琰，曾官清涧知县，有《酌古轩诗集》。

《国朝松陵诗征》卷十四："吴其琰，字恒叔，号学圃，比部郎树臣子，雍正己酉（1729）拔贡，官清涧知县，有《酌古轩诗集》。"

吴兆宜有三子：秩臣、秬臣、根臣。秩臣一子曰然。吴然亦善诗文，有著述。然有二子曰至诚、至慎。

《吴氏族谱》卷十一："（吴兆宜）男二：秩臣、秬臣，皆凤慧，补县学弟子员，不幸相继而夭。秩臣有一子曰然，为君嫡孙，恂恂孝谨，有文采，能世其家学。曾孙二，至诚、至慎，尚幼。君女二，孙女、曾孙女各二……年七十复举一子，名之曰根臣……及卒，根臣才四龄。"

《国朝松陵诗征》卷十五："吴然字益明，号蘧庄，晋锡曾孙。国学生，以子至慎贵，赠闽县知县，有《诵芬书屋诗钞》。"

吴兆骞妻葛氏，名采真，前举人葛霈之女。为人甚为善淑。

徐釚《南州草堂集》卷二十九《孝廉汉槎吴君墓志铭》："配葛氏，前庚午（1630）举人葛端调讳霈之女。"

吴兆骞《归来草堂尺牍》寄父母书："娘子为人甚善淑，儿念之甚切，乞父母善待之。"

兆骞子一女四。子桭臣，生于戍所，有《宁古塔纪略》。长女、二

女生于兆骞出塞前，三女、四女生于兆骞出塞后。详见本谱有关纪事。

兆骞孙女可考知者为吴蕙，字兰质，幼颖敏，好吟咏，有《庾楼吟》。

> 《国朝松陵诗征》卷二十："吴蕙字兰质，诸生费定烈室，有《庾楼吟》。"又引李玉洲语云："兰质为汉槎先生女孙，幼颖敏，好吟咏。其诗宕逸流丽，如风动，如云行，无近来轻艳纤佻气习。予读《秋笳集》，悲壮豪逸，雄视辈流，今其膏馥，犹能沾丐其女孙，此固有家学哉。"又引朴村之语曰："东村又以《庾楼吟》示予曰：此次媳吴氏所作也。媳承家学，幼即能诗。归我儿后，日以诗书相砥砺。吾儿稍有成立，皆媳之力也。媳吟咏外，更善琴理，有舛讹处，辄能意为订正，惜年未三十卒。"

兆骞孙可考知者二人，其长名不详，为吴蕙之兄，早卒，遗有一子。其次吴大勋，为吴蕙之弟，举人，有《遗安书屋诗草》，亦早卒，年仅三旬。

> 《国朝松陵诗征》卷十六："吴大勋，字蓼洲，孝廉兆骞孙，乾隆庚午（1750）举人。有《遗安书屋诗草》。"又引费开岐语云："蓼洲为汉槎先生文孙，自少从余游，举业之暇，肆力诗古文。弱冠后领北闱乡荐，教习咸安宫，未及筮仕而卒，年仅三旬，可为浩叹！"

> 《国朝松陵诗征》收吴蕙诗五首，内《秋日寄怀蓼洲弟》一绝句，表明大勋为其弟。而《归来草堂有感》一首五律自注云："时兄弟俱亡，惟存寡嫂孤侄。"可见吴蕙尚有一兄，亦早卒。据此，大勋为兆骞幼孙。

兆骞三世孙不详，俟考。

兆骞四世孙可考知者为吴育，字山子，有文名，晚年流寓常州而卒。

《吴江县续志》卷二十一《人物志》："吴育，字山子，兆骞后人，居城东门外，曰归来草堂。然育常客游，晚乃寓常州。"

《武进阳湖县志》卷二十七："吴育，字山子，吴江人，高祖兆骞，世所称汉槎先生也。育年二十一，婚于常州陆氏，依外舅以居。少涉经史百家，能古文辞，工四体书，篆法尤美。育笃重伦谊，风貌朴诚，性严正而乐奖后进。平生游历燕楚豫粤越，几三十年。卒于常州。"

按：吴兆骞《归来草堂尺牍》原书副页有"四世孙毓装"五字，章钰据此考证为吴毓即吴育，可见吴育为兆骞四世孙（详《归来草堂尺牍》章氏后记）。而此县志明确指出，吴育之高祖为兆骞，此尤可证章氏论断之正确。至于吴育究为大勋之孙，还是大勋兄之孙，俟考。

又按：吴育有《私艾斋文集》六卷、《吴山子遗文》传世。

兆骞五世孙可考知者为汝庚。

《武进阳湖县志》卷二十七《吴育传》："子汝庚，字巽先，丰仪古雅，亦工篆书。"

六世孙可考知者为新铭。

《武进阳湖县志》卷二十七《吴育传》："孙新铭，有文才，占籍为县学廪生。"

吴江吴氏自吴洪、吴山后，遂为望族，世代书香，门第清华，然至丁酉科场案后，家因破产，无以自给。

《吴氏族谱》卷十一《吴靖誉先生墓志铭》："（洪、山两尚书后）而吴氏遂为东南右族……门第清华，资产素饶，及顺治丁酉，江南有科场之狱，而兆骞与其祸……田宅皆被籍，而君始萧然，无以自给矣。"

康熙二十四年《吴江县志》卷十三《吴兆宽传》："丁酉

因弟兆骞遭谣诼之祸，几至覆巢。"

吴兆骞寄父书："试思吾家，戊戌以前，何等规模？一旦祸发，家破人离，如瓦解冰泮……"（《归来草堂尺牍》）

综上所述，可将吴兆骞世系，列表如下：

吴 兆 骞 世 系 表

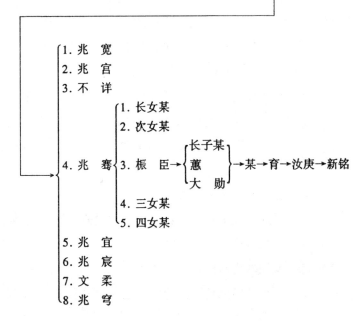

七世祖　六世祖　五世祖　四世祖　曾祖　祖父　父
吴　璋 → 洪 → 山 → 邦栋 → 承熙 → 士龙 → 晋锡

1. 兆　宽
2. 兆　宫
3. 不　详
4. 兆　骞
　　1. 长女某
　　2. 次女某
　　3. 桭　臣 → 长子某 / 蕙 / 大勋 → 某 → 育 → 汝庚 → 新铭
　　4. 三女某
　　5. 四女某
5. 兆　宜
6. 兆　宸
7. 文　柔
8. 兆　穹

注：此表系据《吴氏族谱》及其他多种文献制成。

与其两兄兆宽、兆宫，称为延陵三凤，或将其弟兆宜加入，号为吴四君。

《吴氏族谱》卷十一《燕勒吴公墓志铭》："宽、宫、骞，皆知名，人称为延陵三凤。宜齿弱于诸兄，而名亦相埒。或又号为吴四君，以比唐之窦氏、明之皇甫焉。"

按：该书卷十一《吴靖誉先生墓志铭》，吴四君，作延陵四君子。吴桭臣《宁古塔纪略》、康熙五十九年《吴江县志续编》卷六等略同于此。

与计东、顾有孝、潘耒，并称为松陵四君子。

张廷济《秋笳馀韵》翁广平序："夫汉槎，松陵四君子之一也。三子者，计甫草、顾茂伦、潘稼堂也。"

翁广平又曰："我邑于国初时，称计、顾、潘、吴四子者，谓甫草、雪滩、稼堂、汉槎也。其后裔皆能以读书世其家。"（《吴江县志续编》卷三十六引计默《菉村遗稿》）

与顾贞观齐名。

顾贞观《弹指词》卷下《金缕曲》（寄吴汉槎）词："宿荐齐名非忝窃，试看杜陵穷瘦。"

王士禛《感旧集》卷十六顾贞观小传："贞观幼有异才，能诗，尤工乐府，少与吴江吴汉槎齐名。"

与陈其年、彭师度，被著名诗人吴伟业誉为江左三凤凰。

钱林《文献征存录》："时有江左三凤凰之目，华亭彭师度、陈其年、兆骞也。"

陈其年《五哀诗》（吴汉槎）："娄东吴梅村，斯世之纪纲。常与宾客言，江左三凤凰。阳羡有陈生，云间有彭郎。松陵吴兆骞，才若云锦翔。"

其诗又与丁彪并称。

《国朝松陵诗征》卷六："（丁）绣夫（即彪）……在慎交社中，与汉槎孝廉称金石交，其诗与《秋笳》，如干将、莫邪，从一炉铸出。"

其赋与陈其年并称。

吴桭臣《秋笳集》跋："至于骈俪之体，向与陈阳羡（其年）齐名。"

张缙彦《域外集·词赋协音序》："汉槎吴子，能文章，擅词赋，其所著《羁鹤》、《秋雪》诸赋数十篇，读之者，至比

15

之司马相如、扬子云。"

博古通今，喜为诗。

> 《吴江诗粹》卷二十："公博古通今，喜为诗，颇极葩艳。其之宁古塔也，独赁牛车，载所携书万卷，冰天雪窖，遇羁臣逐客相聚，无日不作诗。"

尤擅诗赋。

> 《国朝松陵诗征》卷三："吾邑人文，国初最盛。经术推朱愚庵，古文推计改亭，诗赋则擅场虽多，当以吴孝廉为最。"

性简傲，不拘细行，不拘礼法，不谐于俗，矜己傲物，凌轹侪辈，为众所嫉，遣戍之事，其有以召致也。

> 康熙五十九年《吴江县志续编》卷六："（兆骞）简傲自寄，不拘细行。"

> 徐釚《孝廉汉槎吴君墓志铭》："性简傲，不谐于俗，以故乡里嫉之者众。"

> 汪琬《说铃》："吴四少时简傲，不拘礼法……"

> 翁广平《松陵四君子传·吴汉槎传》："盖其矜己傲物，凌轹侪辈，出自性成，遣戍之事，其有以召致也。"

其著述甚多，奈屡丁颠沛，存者无几，其子吴桭臣所刊《秋笳集》诗文，殆未及十之一二。

> 吴桭臣跋《秋笳集》："先君垂髫之岁，即好吟咏，加以身际艰难，著作颇富。奈屡丁颠沛，存者无几。当健翁索稿之先，值有老羌之警，遗失过半。后遇插哈喇之乱，都统唐公限三日内合城满汉俱迁至必儿汀避难。及扶柩南还，复覆舟于天津而沉溺者又过半。今此所补，皆从故旧处搜罗，所得殆未及十之一二。至于骈俪之体，向与陈阳羡齐名，乃集中所有，仅此数首，尤可痛惜。"

16

今所存者，仅徐乾学刊《秋笳集》不分卷数，吴桭臣刊《秋笳集》

八卷及《归来草堂尺牍》一卷。另有与顾有孝等所辑《名家绝句钞》六卷传世。此外可辑其佚诗、佚词与佚文近十首。其《天东小纪》、《词赋协音》均佚。

　　按：其著述详见拙著《吴兆骞资料汇编·著述考略》。

年　　谱

明崇祯四年　辛未　（1631）　一岁

十一月某日，兆骞生，母李氏，系吴晋锡之侧室①。

父吴晋锡年三十三，长兄兆宽十八岁，二兄兆宜不详。

岳父葛霱二十岁②。

兆骞交游：杨廷枢三十七岁。方拱乾三十六岁③。张缙彦三十三岁④。赵涣二十九岁⑤。陈之遴二十七岁。朱鹤龄二十六岁。吴伟业二十三岁。冯溥二十三岁。殳丹生二十二岁⑥。函可二十一岁⑦。吴易二十岁。彭珑十九岁⑧。陆圻十八岁。魏耕十八岁⑨。侯记原十八岁⑩。朱士稚十八岁⑪。张拱乾十七岁⑫。龚鼎孳十七岁。周肇十七岁⑬。余怀十六岁。陆元辅十五岁⑭。方孝标十五岁⑮。尤侗十四岁。姚士升十四岁⑯。顾有孝十三岁⑰。赵滴十三岁⑱。侯研德十二岁⑲。张贲十二岁⑳。方亨咸十二岁㉑。宋实颖十一岁㉒。顾景星十一岁。赵沄十一岁㉓。姜希辙十一岁㉔。杨越十岁㉕。王泽弘九岁㉖。严绳孙九岁。毛奇龄九岁。计东八岁㉗。汪琬八岁。沈荃八岁。彭师度八岁。陈维崧七岁。宋德宜六岁㉘。陈三岛六岁㉙。孙旸六岁㉚。叶燮五岁。王昊五岁㉛。姜宸英四岁。宋德宏二岁㉜。徐乾学一岁。叶舒颖一岁㉝。杨焯一岁。

明清之际，文人结社之风甚盛。崇祯初年，张溥与周钟有复

社《国表》之刻。夏允彝等有几社《六子会义》之刻。社集之日，动辄千人。

＊　　　＊　　　＊

①徐釚《南州草堂集》卷二十九《孝廉汉槎吴君墓志铭》："汉槎以前辛未十一月某日生。"顾贞观《弹指词》卷下《金缕曲》（寄吴汉槎宁古塔）谓："兄生辛未吾丁丑"。此说与徐说合。吴晋锡《半生自纪》："副室李氏，生骞、宸。"

②王步青《己山先生文集》卷九《明孝廉葛端调先生墓表》："先生以康熙己未（1679）卒……讳霱，端调其字。其先自句曲迁昆之浜墟。庚午（1630）贤书。先生生于万历壬子（1612）。其于经史子集提要钩玄，丹黄评骘，已累累几案矣。先生故好学，屡困公车，于世荣亦淡……号蹇庵……图书三万卷，有触辄书……三子，长即太学云汉，次云荃、云芳。"又，《苏州府志》卷九十五："鼎革后，有司迫上公车，（葛霱）故违例，放归。"可见葛霱之民族气节。

③按方拱乾卒年，据李雅《龙眠古文》一集卷十七《甦老人七十自寿序》及该书卷首方拱乾传，可推知生于明万历二十三年（1595），但李长祥《天问阁集》方氏墓志铭作生于万历二十四年（1596）四月初三日，信实可据。参见李兴盛《中国流人史与流人文化论集》页234与页239。

④据乾隆《新乡县志》卷二十七页5至6。

⑤据康熙二十四年《吴江县志》卷十三及赵作舟《吴江赵氏诗存》卷五推得。

⑥据翁广平《平望志》卷十一，姜兆翀《国朝松江诗钞》卷十八推得。

⑦据函可《千山诗集》卷首函昰撰塔铭。

⑧据徐元文《含经堂集》卷二十八。

⑨据魏耕《雪翁诗集》卷十七附录魏氏谱传。

⑩据汪琬《尧峰文钞》卷十三。

⑪据朱彝尊《曝书亭集》卷七十二。

⑫据《国朝耆献类征初编》卷四百七十六。

⑬据邓之诚《清诗纪事初编》卷三。

⑭据俞樾《荟蕞编》卷九《菊隐先生》。

⑮据方孝标《钝斋诗选》自序。

⑯据储方庆《遁庵文集》卷三页9。

⑰据叶舒颖《叶学山先生诗稿》卷四丙辰稿《寿顾茂伦六十》。

⑱据叶舒颖《叶学山先生诗稿》卷六壬戌稿《哭赵若千二绝句》
及赵作舟《吴江赵氏诗存》卷六页22推得。

《吴江赵氏诗存》卷六："赵漪，字若千，号激圆，大庾（赵庾）
长子，邑庠生，卒年六十四，有《尔室吟》。"又云："若千为山
子（赵沄）之兄，名亚于其弟，而诗品秀雅，如名花秀石，可
供清玩。"

⑲据归庄《归庄集》附录年谱及《尧峰文钞》卷十三墓志铭。

⑳据张贲《白云集》卷十四。

㉑据方文《嵞山续集》卷四己酉《兄子邵村五十》。

㉒据计东《改亭集》卷七页18。

㉓据《吴江赵氏诗存》卷七及王尔纲《名家诗咏》卷八页20—21
推知。

㉔据毛奇龄《西河文集》五言格律四《姜京兆自奉天请养归里，
送之潞河有作》及同书《姜公神道碑》推知。

㉕据姜宸英《姜先生全集》卷十四杨越墓志铭。

㉖据袁枚《小仓山房文集》卷二王公神道碑。

㉗据朱鹤龄《愚庵小集》卷五页24《丙辰元旦》诗及《叶学山先
生诗稿》卷四丙辰稿《春正三日，安宜署中闻计子甫草凶问》
诗推知。按：姜亮夫先生《历代人物年里碑传综表》据尤侗之

言定计东生卒年为天启五年与康熙十五年，盖偶尔失误，实则应为天启四年与康熙十四年。

㉘据同治《苏州府志》卷八十八页 13。

㉙据朝鲜佚名《皇明遗民传》卷四陈三岛传及朱彝尊《曝书亭集》卷七十二朱士稚墓表推知。

㉚据王东溆《柳南随笔》卷三昆山耆年之会条。

㉛据王昊《硕园诗稿》卷二十四《除夕示儿辈》诗自注："予生前朝天启丁卯。"

㉜据计东《改亭集》卷十六页 18。

㉝据《吴江赵氏诗存》卷七页 3 赵沄《庚戌人日叶学山四十初度》诗。

崇祯五年　壬申　（1632）　二岁

春，复社于虎丘举行第三次大会①。

吴晋锡亦曾参与复社②。

＊　　　＊　　　＊

①陆世仪《复社纪略》："癸酉（崇祯六年）春，（张）溥约社长为虎丘大会。先期，传单四出。至日，山左、江右、晋、楚、闽、浙以舟车至者数千余人，大雄宝殿不能容，生公台、千人石，鳞次布席皆满，往来丝织……观者甚众，无不诧叹，以为三百年来，从未一有此也。"

按：此会，该书卷首《复社总纲》列于崇祯五年，与六年之说，互为矛盾。考吴梅村年谱，亦将此事系于五年，故从之。

②陆世仪《复社纪略》卷一所列复社人名表中，于吴江县下载有吴晋锡（兹受）、沈自炳（君晦）等。

崇祯六年　癸酉　　（1633）　　三岁

徐秉义生①。

毛际可生②。

*　　　　*　　　　*

①据《清史列传》本传。

　《清史稿》卷二百五十《徐秉义传》："字彦和，举康熙十二年进
　士第三，授编修，迁右中允。乞假归。（兄）乾学卒，召补原
　官，累迁吏部侍郎……左迁詹事，擢内阁学士，乞归……五十
　年卒。"又，《江苏诗征》谓秉义，初名与仪，字彦和，号果亭。
　按：徐氏三兄弟，长为乾学，次秉义，又次元文。

②据《清史列传》文苑传本传。

崇祯七年　甲戌　　（1634）　　四岁

徐元文生①。

宋荦生。

王士禛生。

*　　　　*　　　　*

①据徐元文《含经堂集》附录行状。又，韩菼《有怀堂诗文稿》
　卷十七《徐公行状》谓元文，字公肃，别号立斋。九世祖始迁
　昆山。兄弟四人，长尚书公乾学，次中允公秉义，季弟国子生
　亮采，可见居其三。生于崇祯七年九月。甲午（顺治十一年）
　举于乡，己亥成进士第一人。己酉（康熙八年）赴补国史院修
　撰。明年选国子监祭酒。十三年晋内阁学士兼礼部侍郎。庚申

（十九年）特拜都察院左副都御史。二十七年迁刑部尚书，寻改户部。辛未（三十）年七月二十七日卒。

崇祯八年　乙亥　（1635）　五岁

祁班孙生①。
明珠生②。

*　　　*　　　*

①杨宾《杨大瓢先生杂文残稿》页 26。按：祁班孙，字奕喜，山阴人。苏松巡抚祁彪佳之子。明亡，彪佳死节，班孙与其兄理孙毁家纾难，密图恢复。康熙元年以"通海案"（通郑成功、张煌言海上抗清义师之案），被流放宁古塔。四年逃归，十二年卒，年三十九。"诗笔挺秀，得初唐圆润之风"，有《东行风俗记》、《紫芝轩集》及《东书堂集》等。见杨宾《残稿》所撰之传、全祖望《鲒埼亭集》卷十三《祁六公子墓碣铭》与徐晟《存友札小引》。班孙与兆骞于遣戍前后，均有诗歌唱和。
②《满洲名臣传》卷十四明珠列传。

崇祯九年　丙子　（1636）　六岁

时，杨廷枢设帐于沧浪亭内，为其子杨焯择友会文①。
徐釚生②。
王撼生③。

*　　　*　　　*

①杜登春《社事始末》："维时杨维斗先生设帐于沧浪亭内，为其子焯择友会文。钱子镆炼百、章子在兹素文、王子发其长、王

子复阳禹载、尤子侗展成、彭子珑云客、宋子实颖既庭与焉。"

　　按：杨维斗，名廷枢，吴县人，以气节自任。崇祯三年乡试第一。顺治四年四月吴胜兆反清，词连维斗，被执，五月不屈死之。年五十三。见温睿临《南疆逸史》卷十三。其子杨焯，字俊三，为吴文柔之夫、兆骞之妹夫。

②据徐釚《南州草堂集》卷三十页6。按：徐釚，字电发，号虹亭，又号拙存，吴江西蒙巷人。幼颖敏。入慎交社，声誉大起。康熙十八年召试博学宏词，授检讨，后乞归。康熙四十七年卒，年七十三。著《南州草堂集》及续集。见《清史列传》本传、同治《苏州府志》卷一百六等。徐釚为赎归兆骞最为得力者之一。

③王摅，字虹友，号汲园，太仓人，王时敏第七子。颖敏绝人。所至，发为诗歌，幽奇悲壮。始刻诗入《太仓十子诗选》者为《步檐集》，继又为《据青集》。其后编为《芦中集》。卒于康熙三十八年，年六十四。见《太仓十子诗选》等。其诗于兆骞之遣戍，再三致意，可见其笃于友谊。

崇祯十年　丁丑　（1637）　七岁

　　少颖悟，有隽才①。

　　是年参玄文②。

　　杜夫人生五弟兆宜③。

　　李氏亦生六弟兆宸④。

　　冬，晋锡将父母之遗产，悉以析诸子。兆宽、兆宫自理之。兆骞、兆宜、兆宸，以其年幼，其母理之⑤。

　　顾贞观生⑥。

　　陈容永生⑦。

24

　　秦松龄生。

韩葵生。

① 据翁广平《松陵四子传·吴汉槎传》，见张廷济《秋筥馀韵》附录。

② 潘末《遂初堂集》梦游草上《寄怀吴汉槎表兄》："七岁参玄文，十岁赋京都。"

③ 胡渭《吴靖誉先生墓志铭》，见吴安国《吴氏族谱》卷十一。

④ 原因详见注⑤

⑤ 吴晋锡《半生自纪》："丁丑冬，将父母所遗产，悉以析诸子，宽、宫自理之。继娶杜，生宜，副室李氏生骞、宸，其母自理之，不复自留余地。人咄咄怪之曰：'析产是暮年事，年方壮而为此，将安所自给？'余则以燕雀安知鸿鹄志，不之顾也。"

按：是年冬，兆宸既能分到遗产，表明其生最晚在该时。又由于其异母兄兆宜也生于是年，则兆宸与兆宜均生于是年（即二人同岁），只不过兆宸稍晚于兆宜。

⑥ 据邹升恒《梁汾公传》，见顾贞观《顾梁汾先生诗词集》卷首。

按：贞观，字华峰（一作华封），号梁汾，无锡人。明末东林党发起人顾宪成之曾孙。早年名噪慎交社。既入都，为龚鼎孳所激赏。康熙五年顺天举人，擢秘书院典籍。七年丁外艰归。十五年复入都，馆于纳兰容若家，与容若善，为谋归兆骞，曾求援于容若。二十三年归里，构积书岩，读书以终，时为五十三年。有《弹指词》、《积书岩集》等。见《梁溪诗钞》卷二十。

⑦ 陈赓笙《海宁渤海陈氏宗谱》谓陈容永生于是年八月初三日，详本书顺治十五年谱注。

崇祯十一年　戊寅　（1638）　八岁

是年前后，入塾就读，其业师可考知者为计名。又，张拱乾

25

处殆亦受过业①。

　　兆骞最耽书，一目十行②。

　　妹文柔当为是年生（李氏生）③。

　　陈奋永生④。

　　吴祖修殆是年生⑤。

　　是年诸名士为千英之会于虎丘，彭师度得到吴伟业赏识⑥。

＊　　　　＊　　　　＊

①计名详见崇祯十二年谱注②。

　　张拱乾即张九临，详见顺治十七年谱注。又，《国朝耆献类征初
　　编》卷四百七十六张拱乾传，谓吴晋锡与之为莫逆交，"诸子及
　　孙皆受业焉"。虽未言诸子中是否包括兆骞，然细味此句之义，
　　应当包括兆骞在内。此传下文尚云："兆骞以科场事谪戍，九临
　　（拱乾）喟然太息。"感情极深，可见二人关系已超越师生界限。
　　后来兆骞寄母书亦谓："九临及甫草年兄，儿念之甚切。"可见
　　二人殆是师兼友之关系。

②汪琬《说铃》："吴四最耽书，一目十行。然短于视，每鼻端有
　　墨，则是日读书必数寸矣。同学以此验其勤惰。"

③详见崇祯十二年谱注③。

④陈赓笙《海宁渤海陈氏宗谱》谓奋永生于是年九月十七日，详
　　见康熙二十二年谱注。

⑤据邓之诚《清初纪事初编》卷一页67。

　　按：祖修，字慎思。吴江人。"才高学博，困于诸生无愠色，惟
　　惓惓造就后学为务"，著有《柳塘诗集》十二卷行世。见《震泽
　　县志》卷十九。

⑥彭师度《彭省庐先生文集》其子彭士超序："崇祯戊寅岁，诸名
　　士为千英之会，毕集文人于虎丘。时先君年甫十五，即席立成
　　《虎丘夜宴同人序》，高华典瞻。吴梅村先生于千人石上抚掌称

绝，诸名士争为识荆，以故梅村先生有江左三凤凰之目，盖谓先君与吴先生汉槎、陈先生其年也。"按：彭师度获梅村赏识在是年，但三凤之誉应在顺治十年前后。彭师度行实详见顺治十年谱。

崇祯十二年　己卯　（1639）　九岁

作《胆赋》数千余言，见者惊异①。

少时简傲，不谐于俗，不拘礼法。同学无不被其狎侮，尝溺人所脱巾冠，其师计名惩之②。

秋，吴晋锡举于乡，成举人，出倪长圩之门。场事后，买舟归，负舟值，典文柔之臂镯而偿之③。

十一月十四日，陈堪永生④。

*　　　*　　　*

①翁广平《松陵四子传·呈汉槎传》，见《秋笳馀韵》附录："九岁作《胆赋》，数千余言，见者惊异。"

②翁广平《秋笳馀韵序》："余闻汉槎之出就外傅也，同学无不被其狎侮，其傅痛惩之。"

汪琬《说铃》："吴四少时简傲，不拘礼法。在塾中见人所脱巾冠，辄窃取溺之。其师计青辚先生（名）大加捶楚，后见渠所作《胆赋》，乃嗟赏曰：'此子异时必有盛名，然当不免于祸。'至丁酉科场事起，众谓先生知言。"

胡思敬《九朝新语》卷九："吴汉槎幼慧，傲放自矜。在塾中见同辈所脱帽，辄取而溺之。塾师责问。兆骞曰：居俗人头，何如盛溺？师叹曰：他日必以高名贾祸。"

徐釚《孝廉汉槎吴君墓志铭》："初，汉槎为人性简傲，不谐于俗，以故乡里嫉之者众。"

《盛湖志》卷九："计名，字青辚，茅塔人，诸生。崇祯末与于复社，积学有识，晚岁杜门。"按：计名系兆骞友人计东之父。

③吴晋锡《半生自纪》："己卯举于乡，出倪伯屏师之门……场事后，买舟归，负舟值三金，苦不能偿。余女文柔迎于门，见余女臂镯，典而偿之，余甚嘉余女之孝，在余则已寒彻梅花也。"

按：兆宜、兆宸既生于崇祯十年，而本年秋文柔又已略解人意，并能当门迎其父，表明文柔应生于崇祯十一年。

又按：伯屏为长圩之字，详见顺治五年谱注。

④陈赓笙《海宁渤海陈氏宗谱》。

崇祯十三年　庚辰　（1640）　十岁

十岁赋京都，以赋见长，为世所罕见①。

是年，计东同其父计名，友人吴兆宫，读书于县中楞伽山寺②。兆骞亦当参与。

春，吴晋锡北上京师，参与会试，中式成进士，授湖广永州推官③。

*　　　　*　　　　*

①潘耒《遂初堂集》梦游草上《寄怀吴汉槎表兄》："七岁参玄文，十岁赋京都。竟体被芳兰，摇笔千骊珠。凌颜而铄谢，此才今则无。"

按：兆骞幼时，即以赋擅名。袁景辂《国朝松陵诗征》卷三："吾邑人文，国初最盛，经术推朱愚庵，古文推计改亭，诗赋则擅场虽多，当以吴孝廉为最。"张缙彦《域外集·词赋协音序》："汉槎吴子，能文章，擅词赋，其所著《羁鹤》、《秋雪》诸赋数十篇，读之者，至比之司马相如、扬子云。"其子吴桭臣亦谓："（兆骞）至于骈俪之体，向与陈阳羡（其年）齐名，乃集中所

有，仅此数首，尤可痛惜。"（《秋笳集》跋）考《秋笳集》所收
《春赋》为少年时作，《竹赋》为童子时作。《无弦琴赋》、《兰
赋》、《萍赋》亦疑为少年时作。至于《胆赋》及出塞后之《高
丽王京赋》、《东京赋》等则佚。

②计东《改亭集》卷五页 15—16："庚辰，予从先君子，同我友吴
子闻夏，读书于楞伽山寺。"此事既有兆骞之师计名，则兆骞当
亦参与。

按：楞伽山在吴县西南，一名上方山，山水绝胜，距吴江县不
远。

又按：计东，字甫草，号改亭，吴江人。弱冠著《筹南五论》，
上阁部史公（可法），公奇之。顺治十四年举顺天乡试，御试第
二，会遭挂误，郁郁不得志。游历几遍天下。卒于康熙十四年，
年五十二。著述极多，今传《改亭集》。见李元度《国朝先正事
略》等。

③吴晋锡《半生自纪》有详细记述，可参看。推官，又名司李、
司理，系狱官。在明代系每府所设专司刑狱之长官。

崇祯十四年　辛巳　（1641）　十一岁

正月十六日，吴晋锡葬两先人于凤凰山，二月二日赴永州任，
友人金人瑞（圣叹）以诗送行。诸子送至芜湖。三月过楚省。四
月十六日履永州任①。

兆骞从父宦游于楚湘，发为诗赋，惊其长老②。

是年吴晋锡以湖广巡抚宋一鹤等人之约，面筹地方事宜，亲
历湖广各地。兆骞亦有时随行，得以广游湖广，朝登巫山，暮宿
巴陵，西至奉节之赤甲山，东至宜昌之黄陵庙③。

*　　　*　　　*

①吴晋锡《半生自纪》："辛巳正月十六日葬（两先人）于凤凰山

祖母黄宜人之墓左。二月二之日，赴任永州，诸子送至芜湖。三月过楚者，同年沈旭轮、丁斗生，邀余登黄鹤楼，与汉阳大别山之晴川楼相望，洋洋江汉大观。过岳州，登岳阳楼。过长沙。四月十六日履永州任。余性极刚果，又极慈祥，豪强则剪之，小民则爱之护之惟恐伤。"

金人瑞《沉吟楼诗选》七言律《送吴兹受赴任永州司理》诗："我欲治经今日始，君行折狱几年平？不劳添品定知吉，大畏无情方始荣。出处规模真越绝，弟兄意思各峥嵘。临行执手各珍重，岂为悠悠离别情。"

金人瑞（1608—1661），原名采，字若采，又名喟，号圣叹，庠张姓，江苏吴县人。少补博士弟子员，以岁试之文怪诞不经黜革。及岁试，又顶金人瑞名就试，拔第一，补吴庠生。入清不仕，以批点《水浒》、《西厢》著称。顺治十八年，以哭庙案被斩。

②徐釚《孝廉汉槎吴君墓志铭》："汉槎垂髫，随至任所，过浔阳、大别，由洞庭泛衡湘，揽其山川形胜、景物气象，为诗赋，惊其长老。"

张贲《白云集》卷四《吴汉槎诗序》："吴子汉槎……髫稚时，随父游宦学于楚。"

侯研德《秋笳前集序》："季子以其髫龀之岁，岖江楚，吊沅湘，指衡霍，剑槊相摩，龙虎争搏，华年盛气，掉臂出没乎其间。"

陈维崧《湖海楼诗集》卷一《五哀诗·吴汉槎》："兆骞最年少，绮丽诚难忘。十龄跳虎子，随父浮沅湘……归来十三四，格斗日相当。一遭京阙焚，再见江东亡……"明言兆骞十岁随父宦游沅湘。十三四岁归来之际，适值京师沦陷于李自成，不久又值江东弘光朝灭亡。可见兆骞十岁确曾随父宦游于楚。

按：吴晋锡《半生自纪》未明言已携兆骞赴永州任事。然观徐釚、张贲、侯研德之记载，兆骞确已随父之任所。又，《秋笳集》所收《金陵》至《湘阴》六首诗，后附吴兆宽跋语，谓此"六首，皆家弟纪游旧作也"。而兆骞亦有"三年作客清砧断"（《秋感八首》，甲申九月在湘州作）及"三年寄短亭"（《湘阴》）之句。考崇祯十四年二月去永州至十六年九月，为时两年零八个月，诗中以三年约略言之，恰与"三年作客"句相合。由上可知兆骞确曾随父宦游作客。又，兆骞时为晋锡幼子，晋锡赴任，其他诸子均已成年，可以不携，而年仅十一之幼子，岂可不带？

③吴晋锡《半生自纪》："宋、汪两公千里贻书于永，约余面筹地方事。以是楚之十五郡，余所亲历已十有三，其未至者，郧阳与德安两郡耳。"

陈维崧《五哀诗·吴汉槎》（《秋笳馀韵》附录）："十龄跳虎子，随父浮沅湘……朝登巫山庙，暮宿巴陵旁。"吴兆骞《送宇三归楚》诗："忆昔作客潇湘滨，画船宝马骄如云。黄陵庙前鹧鸪雨，赤甲山西莎草春。"

崇祯十五年　壬午　（1642）　十二岁

秋，楚举闱事，吴晋锡任同考官，所取士皆知名士，其中姚士升、王泽弘、唐世徵与黄钺皆受知于晋锡，此后且与兆骞有唱和赠答之作①。

是年，曾返吴江②。

时，发言吐词，一座尽惊③。

兆宫中副榜④。

*　　　*　　　*

①吴晋锡《半生自纪》卷上："岁壬午，楚将举闱事……余房皆知名士，门人有七，姚子士升、张子士美、朱子盛浮、张子一敬、

黄子钛、谢子天和、李子何玮也。余房多少年，姚子年二十，为古之作手。朱子年十七，李子则年十三，为文并豪迈，人争异之……本房副卷则欧阳子鼎、万子之奇、唐子世徵、柳子天生。礼房副卷则王子泽泓……"此后姚士升、王泽弘（本文作泽泓）、唐世徵、黄钛与晋锡诸子，包括吴兆骞交往、唱和密切，兹介绍如下。

储方庆《遁庵文集》卷三："（姚士升）字子上，一字镱园，湖广江陵人。生而颖异……壬午中乡试第八。会闯贼倡乱，荆襄之民靡然从之，先生以道梗，不得赴公车……戊戌试春官，以《周易》魁进士，授广东琼州府推官，升江宁府管粮同知。生于明万历戊午（1618）。卒于清己酉（1669），享年五十有二。"

袁枚《小仓山房文集》卷二：王泽弘，字涓来，一字吴庐，黄冈人。中崇祯十五年副榜。不久，避乱九江，路遇贼劫其家属，以计救之，时公年二十一，此殆十六年事。次年明亡，归里读书。清顺治八年举于乡，十二年成进士，入翰林，督学京畿。再迁吏部侍郎、左都御史、礼部尚书。年八十三卒。有《鹤岭山人诗集》传世。

邓显鹤《沅湘耆旧集》卷五十一："唐世徵，字魏子，一字琴叠，湘潭人。顺治辛丑进士，历玉山知县。著《燕游草》等。以壬午乡试，曾受知于吴晋锡，终身事之。"廖元度《楚诗纪》卷八谓世徵卒于甲寅，即康熙十三年（1674）。

黄钛，字仲宜，一字岳生，湖南善化（今长沙）人。顺治九年进士，授辰州主事，擢吏部主事，转员外郎，迁郎中。顺治十四年以河南闱科场案牵连，遣戍尚阳堡。康熙初以认工赦还。有《洞庭钓叟诗集》。

②详见崇祯十六年谱注①。

③张贲《白云集》卷四《吴汉槎诗序》："吴子汉槎……十二三岁时，发言吐词，一座尽惊。"

④《松陵诗征初编》卷九："吴兆宫字闻夏，司理吴晋锡次子，崇
　　祯壬午贡生。"

崇祯十六年　癸未　（1643）　十三岁

　　春，自吴江复入楚，途中写有《金陵》、《夜次京口》、《扬
州》、《登汉阳晴川阁》、《岳阳》、《湘阴》六诗，为其兄兆宽所激
赏①。

　　是年作赋，始命题，为《出塞赋》②。

　　除习诗赋外，进而学习经史③。

　　大西军农民领袖张献忠于正月破蕲州，三月下黄州，五月陷
武昌，八月取岳州及长沙，全楚岌岌可危④。

　　鉴于张献忠已尽陷楚地，兆骞奉母归⑤。其路线殆为：自江
右，历闽粤，返吴会⑥。

　　九月下旬，永州以溃兵内应而失守，吴晋锡痛极愤极，突围
而出，寻北上，赴阙廷请死⑦。

*　　　*　　　*

①此六诗后，有其兄兆宽跋语："《金陵》至《湘阴》六首，皆家
　　弟纪游旧作也。时年甫十三，而境地便已尔尔。才非康乐，而
　　家有惠连，讽咏未周，为之三叹。"其中，《登汉阳晴川楼》附
　　注云："时逆献（指大西军农民领袖张献忠）已陷蕲、黄。"考
　　张献忠行事，陷蕲、黄系本年正月与三月事，据此可知此六诗
　　作于是年春。又，《湘阴》诗中有句云："二月逢寒食，三年寄
　　短亭。"自崇祯十四年二月至十六年春，为两周年，由于已进入
　　第三年，故又以三年称之。"二月逢寒食"，表明此诗作于十六
　　年二月寒食稍后，故以三月份之可能性为大。
　　按：据此六首"纪游"之作，可知吴兆骞于崇祯十六年二月之

后有自金陵过京口、扬州，经湖北之汉阳，入湖南之岳阳、湘阴（即自吴江入沅湘）之游。考吴兆骞于崇祯十四年二月已曾随父赴任永州，而十六年又有楚湘之游，表明这期间，吴兆骞曾一度返回吴江。由于文献无征，我们姑将吴兆骞一度返回吴江之事系年于十五年春。

②周廷谔《吴江诗粹》卷二十引毛漪秀之言曰："弘人为予言，季弟（兆骞）年十三作赋，始命题，为《出塞赋》。今忆之，乃成诗谶。悲夫！"按：此赋未见，殆已佚。

③吴伟业《梅村诗集》卷七《悲歌赠吴季子》："十三学经并学史，生在江南长纨绮。"

④张献忠此年行事，参见郭影秋《李定国纪年》页48。

⑤徐釚《孝廉汉槎吴君墓志铭》："张献忠蹂躏楚地，汉槎奉母归。"按：此事徐釚未明言具体时间，然既在献忠陷楚之际，则必在此年八九月之交。又，陈维崧《湖海楼诗集》卷一《五哀诗·吴汉槎》亦明言兆骞"十龄跳虎子，随父浮沅湘"，"归来十三四，格斗日相当，一遭京阙焚，再见江东亡"，可见其自楚归，确在十三四岁（实十三岁）之际。

⑥张贲《白云集》卷四《吴汉槎诗序》："吴子汉槎……髫稚时，随父游宦学于楚。已自江右，历闽粤，返吴会。"按：此事张贲亦未言具体时间，然以当时形势论，崇祯十六年秋，张献忠已据有湖南之大部分，隶属于楚境之长江航道，基本已被封锁。基于此，吴兆骞奉母归，必择他途，而张贲所言之路线，当即指此而言。

⑦吴晋锡《半生自纪》："（十六年九月）十八日孔全斌兵至永，余复朝见……孔全斌等果破永，劫库去……永溃兵前导，献（忠）骑乘之，刘（熙祚）直指（即巡按御史）为献所获……王抚军（聚奎）伺献退，从间道至省……此当日失永之公案也。余痛极愤极，以一人剿抚二万，功已成而人败之。主上圣明，不如赴

34

死阙廷，得尽一言死。余突围出，请死北上。"

按：永州失守之时日，郭影秋《李定国纪年》作是年九月十九日。考之《半生自纪》，吴晋锡虽未明言，但既言九月十八日溃兵至永，复破永，劫永库，并导张献忠来永，则非十九日明矣。估计当在九月十九日稍后，即下旬。

崇祯十七年（清顺治元年）
甲申　　（1644）　　十四岁

三月，吴晋锡赴阙廷请死，北归至金陵，其家典衣措二百金，命兆骞来送，父子聚首十日。二十四日晋锡返楚，父子挥泪而别[①]。

十月，弘光朝廷任命吴晋锡为衡、永、郴、桂团练监军[②]。

五月五日，有《五日观竞渡，因忆楚荆》，是年又有《寄怀楚黄王涓来》之作[③]。

九月，有《秋感八首》之作。其自注云："甲申九月在湘中作。"据此，则此年九月前又曾一度入楚。此八首诗，计东誉以悲凉雄丽[④]。

是年三月，大顺农民军陷北京，崇祯自缢，明亡。五月，清军入京师，大顺军西走。同月，福王朱由崧称帝于南京，建元弘光。

*　　　　　*　　　　　*

①吴晋锡《半生自纪》："甲申元旦，舟过吴江，诸子及幼孙桓臣，方出迎，扬帆飞渡，过家不入……诸子至苏，始得见……行，余长子宽、次子宫，同乘小舟追至无锡，号哭止行。余北上，兆宫送之镇江，命之归……行至青州，而楚抚何公（腾蛟）追余之檄，适遇邸中矣。……南还……寓南中之西天寺。三月朔

命宽归……十二日（下缺六字）为余典衣，措二百金，命幼子兆骞来送。余一时父子之情，不能割，勉留十日。父子相聚，或泣或歌，总是伤心处……三月二十四日解维入楚，骞幼，先命之归。余与骞言别，骞抱一大树而啼，余忍呜咽，舟竟开矣。"

②吴晋锡《半生自纪》："何抚军（腾蛟）以辰沅（道）之命未下，复题余衡、永、郴、桂团练监军道，终以无赂不得道……止加余衡、永、郴、桂团练监军。"

③《五日观竞渡，因忆楚荆》一诗，有自注云："子上计偕，至金陵，闻荆州陷，以母夫人在，遂归。"按：子上即姚士升，江陵（即荆州）人，崇祯十五年秋中乡试第八，十六年春计偕（即赴京师参加会试），然由于李自成于十五年十二月十八日已陷荆州（见徐鼒《小腆纪年》卷一），道梗难行，再加其母在乱中，行至金陵，遂归（参见本书崇祯十五年谱注②）。既然如此，则此诗必作于崇祯十六年或十七年之端午。考十六年端午，兆骞犹在楚，如系此年五日（即五月五日）作，则与"因忆楚荆"之语不合，故必作于十七年端午。

《寄怀楚黄王涓来》一诗。王涓来即崇祯十五年秋楚闱乡试中受知于吴晋锡之王泽弘。而此诗又有"笠泽（笠泽系太湖之古称）天高战气多"之句，显而易见，此诗为吴兆骞返回吴江后寄怀王泽弘之作。考兆骞返回吴江在崇祯十六年八九月之交，据此，则此诗必作于十六年冬或十七年，而以十七年之可能性为大，因此姑系于十七年。

④《秋感八首》后附计东评语："此汉槎十三岁时作也，悲凉雄丽，便欲追步盛唐。用修'青楼'之句，元美《宝刀》之歌，安得独秀千古？"按：兆骞于十六年八九月之交自楚奉母归后，楚事大坏。自十七年三月二十四日吴晋锡与兆骞分手于西天寺并"解维入楚"后，全楚形势更趋严峻，已无再次入楚之可能，因

此谓该组诗为"甲申九月在湘中作"实误,"甲申"当为"癸未"之讹。当时兆骞恰为十三岁,与计东之语正合。

顺治二年（南明弘光元年，隆武元年）
乙酉　　（1645）　　十五岁

于故乡匿迹读书①。

是年何腾蛟至长沙,命吴晋锡以长沙推官,摄郴桂道事。晋锡陈鸩楚方略数千言,腾蛟善之而不能用②。

王掞生③。

王鸿绪生。

是年五月弘光朝亡,七月唐王朱聿键称帝于福州,改是年为隆武元年。

先是,六月清兵入吴江,吴江诸生中书舍人沈自炳等起兵于太湖,兆骞之叔祖吴易(日生)起兵于长白荡,以抗清军。八月长白荡之役,失利,易溃围走,自炳战死④。

＊　　　　　＊　　　　　＊

①时楚事与江南形势均动荡不安,兆骞匿迹乡里,读书观变。
②同治《苏州府志》卷一百〇五,参见《半生自纪》。
③据邓之诚《清诗记事初编》卷三页403。
④徐鼒《小腆纪年》卷十、十一。

顺治三年（南明隆武二年）
丙戌　　（1646）　　十六岁

隆武帝擢吴晋锡广西布政使,晋锡不得行,加大理寺卿,摄道事①。

春，兆骞之师计名卒②。

表弟潘耒生③。

顾汧生。

是年秋，吴易被俘，不屈，死之，年三十五岁④。

八月，福州陷，隆武帝出亡，寻被俘，殂于汀州。十一月明桂王朱由榔称帝于肇庆，以明年为永历元年。

十二月，郑成功起兵于海上，图谋恢复。

＊　　　＊　　　＊

①同治《苏州府志》卷一百〇五页29，参见《半生自纪》。

②计东《改亭集》卷五《赠王又沂序》言其父计名"乙酉……以是年春三月哀毁呕血。至明年春……殁矣"。

③沈彤《潘先生行状》："（潘）耒，字次耕，又字稼堂，自号止止居士。康熙十七年朝廷征博学宏词之士，召试体仁阁，推二等第二，除翰林院检讨。四十七年九月二十九日病卒。"年六十有三，著《遂初堂集》。见《遂初堂集》附录。

④徐秉义《明末忠烈纪实》吴易〔按此字一作易，实误〕传。

顺治四年（南明永历元年）
丁亥 　（1647） 　十七岁

兆骞曾与其友人计东，读书于县中梅里村沈自炳宅内东楼，殆为此年事①。

八月，永历帝以吴晋锡为恢抚（全称系"奉敕巡抚湖北等处地方，兼理粮饷总督，恢复军务"）。寻又任命为湖南衡永长宝郴桂巡抚。时湖南尽为清军所据，广西又阻隔不可行，鉴于大势已去，乃祝发为僧，隐于九疑山，屡拒清人招降。后不得已，出而请清廷放归田里，十一月十七日得允放归②。

　　是年五月，杨廷枢以吴胜兆反清事牵累，不屈死之，年五十二③。

＊　　　　＊　　　　＊

①吴时森《梅里》诗注云："家叔汉槎同计孝廉甫草，曾读书于（沈中翰）所居之东楼。"按：明清时代，中翰乃内阁中书之尊称。据王昶《明词综》卷七知沈中翰即系曾任中书舍人并以抗清而死之沈自炳（字君晦）。考兆骞自七八岁入塾至十岁，以其年幼，不可能与计东独居他处读书，十一岁时，又从父宦游四年，此事亦无可能。至是，年已十六，匿迹乡里，潜心向学，实属可能。而是年春计名已卒，其子计东亦有匿迹向学，以解忧思之可能。故姑系于此。又，计名详见本书崇祯十二年谱注②。

②吴晋锡《半生自纪》："督师（何腾蛟于八月）十六日拜疏，请以余代恢抚任。二十三日下恢抚命，而八月二十四日恭（孔有德）、怀（耿仲明）二王帅兵破武冈矣……时智王（尚之信）已得永州，尚未至东安也。余单骑独行，（东安）城中虚无人……而智王兵至矣。九月初一日余……祝发为头陀矣……（九疑山属）斜岭源山最深……余往栖之。…十月朔而智王之（招降）书至矣……余复启云……女不再醮，臣无二事，素所自期……（十月初五）而怀王之书又至矣……余以启复，与智王启，大指相类。此十月初八日也。（先是，督师何腾蛟遇永历帝于沙泥湾）复面奏恢抚，以余为湖南衡永长宝郴桂抚军。上遣金吾吕元和为樵者装，入斜岭源，始知又拜巡抚湖南命……时则十月十四日，而……湖南既无寸土，广西路亦阻隔不可行，血奏拜辞。……十一月初八怀王复命王我函……以书招余。十一月二十三余至东安……至永……余因请曰……愿归省亲墓……以十七日送余行……除夕次白水度岁……"

同治《苏州府志》卷一百五："丁亥永明王（即永历帝）以晋锡巡抚衡永郴桂长宝，会湘阴、长沙兵变，腾蛟奔衡州，湖南无尺土。晋锡知事不可为，遂剃发，入九疑山为僧。大兵招降之，不可。"

蒙正发《三湘从事录》："九月初五日□兵夺永城，哨及石矶，北抚吴晋锡自东安山中纳印出降。"按：蒙正发于吴晋锡颇有微词，其叙晋锡事不能全然为据。平心而论，晋锡此举实系妥协。但大势已去，事无可为，犹能拒绝清廷荣华富贵之诱惑，仅求归省亲墓，则与真正降敌者确系有别，不可谓非以风节自励者。

③《南疆逸史》卷十三本传："丁亥四月，吴胜兆反（清），为之运筹者戴之儁，廷枢门人也。事败，词连廷枢。被执……五月朔，大帅会鞫于吴江之泗洲寺，廷枢不屈。巡抚重其名，命之剃发。廷枢曰：'砍头事小，剃发事大。'乃杀于市桥。临刑大声曰：'生为大明人！'刑者急挥刃，首堕于地，复曰：'死为大明鬼！'监刑者为咋舌，亟礼而殡之。"余详见崇祯九年谱记事。

顺治五年（南明永历二年）
戊子　（1648）　十八岁

五月二十日，吴晋锡抵吴江，奉师命，不复头陀装。以笃信道法，与炼师施道渊定交①。是后，高柴桑之节，教其子俱成名士②。

秋，南闱乡试之际，复社、几社中旧人，尽出而应秋试。诸人会于秦淮河上，订言社事，酝酿兴举文社，从而为慎交、同声两社之成立奠定基础③。

先是，释函可以撰述私史（记国变诸臣死事），于顺治四年十月被清廷察获，逮系刑部狱，寻复判处遣戍沈阳。至是年四月二十八日入沈。函可是以私史案向东北遣戍之第一人，也是东北第一个诗社——冰天诗社之发起人④。

*　　　　*　　　　*

①吴晋锡《半生自纪》："戊子正月二十日过吉水，拜瞻文信国庙
　墓。二十八日过江西……二月十三日至湖口……五月二十日抵
　吴。余拜扫先父母墓。倪（长圩）师以事至吴门，余见之于郑
　氏。倪师见余方外服，笑谓余曰：'吾以此得祸，此服非所宜，
　子为之乎？'余奉师命，不复头陀装矣。甲申过吴江，有孙恒
　臣，今则植臣、楫臣、樾臣，森森绕膝前也。余因……笃信道
　法，而炼师施亮生……与余合，以是定交。"
　按：倪长圩，字伯屏，吴江平望人，崇祯十年进士，授苏州府
　推官，内转兵部主事，以抑豪强、锄奸猾为务。博学好古，善
　书，精于文章。明亡，隐居不仕。见同治《苏州府志》卷七十、
　卓尔堪《明遗民诗》卷十二、《盛湖志》卷十一。
　同治《苏州府志》卷一百三十五释道："施道渊，字亮生，别号
　铁竹道人，生吴县横塘乡。童真出家，为朝真观道士。遇异人
　张信符授以丹诀，年十九从龙虎山徐演真受五雷法，能驱役百
　神，时为人除祟魅，疗疾苦，不以取利。初筑室尧峰，晨夕修
　炼，移住穹窿山。戊午七月果化于山观。"

②王豫《江苏诗征》卷十一："（吴晋锡）甲申后，高柴桑之节，
　教子兆宽、兆宫、兆骞、兆宜，俱成名士。"

③杜登春《社事始末》："（明亡，复社、几社中）旧人，大半伏处
　草间，至戊子科尽出而应秋试。余于是役识宋子既庭实颖、宋
　子右之德宜、宋子畴三德宏……于秦淮河上，订言社事。"

④释函可，字祖心，号剩人，自号揽揸和尚，俗名韩宗騋，广东
　博罗人。生于明万历三十九年十二月初四日（1612 年 1 月 6
　日），卒于清顺治十六年十一月二十七日（1660 年 1 月 9 日）。
　明礼部尚书韩日缵之子。诸生。崇祯十二年落发为僧。崇祯政

权灭亡之次年，即弘光元年，以请藏经入南京，并滞留该地。顺治四年出城门时，经哨兵检查，于经笥中发现藏有弘光帝答阮大铖之书稿，"字失避忌"，又有"干预时事"之《再变纪》（系函可所撰记载弘光时殉难诸臣事迹之私史著述），以此押赴北京刑部狱。五年，遣戍沈阳。在辽沈时，弘扬佛法，并结冰天诗社。有《千山诗集》、《千山剩人禅师语录》传世。见《千山诗集》附顾梦游、郝浴等撰《奉天辽阳千山剩人可禅师塔铭》及《清世祖实录》卷三十七、《贰臣传》卷三洪承畴传。

顺治六年（南明永历三年）
己丑　（1649）　十九岁

是时，原沧浪会中杨廷枢之门下高足，如宋既庭、宋德宜、宋德宏、章素文、彭云客、王其长、徐乾学、徐秉义、钱宫声等，共图兴举文社。然内部在如何对待王其长问题上，语言参商。至本年冬，沧浪亭一局，始分而为两①。

冬，由宋德宜、宋德宏、宋实颖、彭云客等发起之慎交社正式成立，佐之者吴兆骞三兄弟②。

＊　　　　＊　　　　＊

①杜登春《社事始末》："己丑秋余与……章子素文、彭子云客、王子其长……识之。并识顾子莪在（芳菁）、徐子原一（乾学）、徐子彦如（秉义）、王子禹载（复阳）、章子鹤书（诏）。因问宋子既庭，始知皆沧浪会中人，为徐（汧）、杨（廷枢）两先生门下高足。余与诸君子周旋数日，云客为余亟称者广平兄弟，而尤称畴三宋子，为海内气谊第一。素文为余亟称者彭城兄弟，而尤称宫声钱子，为吾党才华第一。余心仪之……以为沧浪合局，岂意章、彭两人已隐隐有分朋之几不知其所自也。其长者，

吴门之畸士也，尊人讳节登，己卯贤书，与杨维斗先生同上疏击珰，且辅五人击缇骑，为诸君子把臂之交。其长本名家子，而习染廛市，通字画，作骨董，以愚贵人，立意尚游侠，贾利吴阊。彭、章率中表，而彭窃轻之。彭轻之，则广平兄弟亦轻之矣。轻此一人，遂有慎交之说。而章为维斗先生门下后进，资格望地，于社稍浅，心亦轻其长，而欲引之为重，以连结吴会旧人子弟，遂有同声之说。沧浪亭一局，分而为两，在己丑之冬也。"

②佚名《研堂见闻杂记》："鼎革后……未几，而吾吴复有同声、慎交。（慎交社）为三宋所主，德宜（右之）、德宏（畴三）、实颖（既庭）。而佐之者，尤侗（展成）、彭珑（云客）也。初与同郡章素文为莫逆交，素文有《沧浪社书》一选，其表扬诸子备至。而后忽以言语相参商，与素文为敌国，遂跳而有慎交之约。"

同治《苏州府志》卷一百四十八引《震泽县志》："慎交社创于郡中，宋既庭（实颖）主之，而吾邑之在社者，则弘人兄弟为之冠也。"

康熙二十四年《吴江县志》卷十三："至本朝庚、辛之际，厨顾名贤，大半零落，兆宽筚路蓝缕，与同志创举敦槃之会，冠履云集，常数千人，所与论文莫逆者，皆燕、许巨公也。"

康熙五十九年《吴江县志续编》卷八："本朝顺治庚、辛间，吴弘人、闻夏、汉槎兄弟复与同志推广慎交社，敦槃之会，冠盖云集。"

按：宋德宜（1626—1687），字右之，号蓼天。苏州府长洲县人。顺治乙未进士，授翰林院编修。任国子监祭酒、内阁学士兼礼部侍郎、户部侍郎。康熙二十一年调吏部尚书，寻以文华殿大学士，入阁办事。二十六年卒，年六十二。见徐乾学《憺园集》卷三十三及同治《苏州府志》卷八十八。

宋德宏（1630—1663），德宜之弟，余详康熙二年谱。

宋实颖（1621—1705），字既庭。苏州府长洲人。少负盛名，有"江东独秀"之目。为诸生，受知于徐汧。顺治辛卯举顺天乡试。与吴下诸人举慎交社，声誉籍甚。生于天启元年，卒于康熙四十四年。见同治《苏州府志》卷八十八及徐釚《南州草堂集》卷十三页14。

彭珑（1613—1689），字云客，号一庵，苏州长洲人。少喜读书，顺治十六年进士，久之授广东长宁知县。卒于康熙二十八年，年七十有七，著《抽簪杂咏》。见徐元文《含经堂集》卷二十八、《江苏诗征》卷七十六。

顺治七年（南明永历四年）
庚寅　（1650）　二十岁

娶妻葛氏（采真），殆在是年①。

婚后，相依其父于膝下，溽暑祁寒，吟诵不辍②。

寻，同声社继起。主之者章素文，佐之者赵明远、沈韩倬、钱宫声、王其长③。于是，复社余波（实沧浪亭一局）分成两派，曰慎交，曰同声④。

明末以来，东南文士，以立社自豪，道不同则亲懿视同仇敌⑤。慎交与同声两社，亦各立门户，相为水头，势同敌国⑥。

八月，八弟兆穹生⑦。

杨宾生⑧。

查慎行生。

*　　　　　*　　　　　*

①徐釚《孝廉汉槎吴君墓志铭》："配葛氏，前庚午举人葛端调讳鼏之女。"

按：葛氏之名，诸书均失载，仅见于蒋钦《皇清诗初集》。又，兆骞成婚时间，诸书亦均失载。然据有关史料，可约略推知。首先，依情理以推，兆骞成婚，必在晋锡间关归来之后。吴晋锡于顺治十六年（1659）之寄兆骞书，亦云："汝性至孝……成婚后，依依如孺子之牵衣膝下，未尝有一刻相离。"既谓成婚后，始终未离其父，可见其成婚实为晋锡归来之后。考晋锡系顺治五年五月二十二日抵家，则兆骞之成婚，必在是年之后。其次，上述吴晋锡之寄兆骞书，又谓："汝大女已读书。"其大女既已读书，必已八九岁，如以九岁计，则生于顺治八年（1650）。基于此，兆骞之婚娶当在本年。而本年兆骞年方二十，正是当婚年华。

②吴晋锡寄兆骞书："汝性至孝……成婚后，依依如孺子之牵衣膝下，未尝一刻相离。我父子俱好读书，共坐楼头，溽暑祁寒，吟诵不辍。以汝惊代绝才，我历几辛勤，教汝成名。"

③佚名《研堂见闻杂记》："（慎交社既成立，章）素文于是扁舟来东，与娄东、玉峰诸子，更建旗鼓，联络四方，复有同声之约。主之者素文，佐之者赵明远、沈韩倬、钱宫声、王其长也。"

按：章素文，名在兹，苏州府长洲人。自明季至顺治间，前后所选制义，名曰《清音》，风行海内。顾久困诸生，丁酉始中副榜，入太学。才谒选，病卒。见同治《苏州府志》卷八十八。

又，王其长，字发，王贞明之子，章素文妹丈。夹辅素文，功最多。然性豪奢不检，尝骗取吴兴沈某数万金，寻入狱，被斩。见佚名《研堂见闻杂记》。另参见顺治六年谱。

④俞樾《荟蕞编》卷四《东江先生》："时复社余波判二派，曰慎交，曰同声。各各植门户，张旗帜。"

⑤朱彝尊《曝书亭集》卷七十一《杨雍建神道碑铭》："明季，东南文士，倡为复社，海内应之，著录者二千余人。其后十室之邑，三家之村，莫不立有文社。苴牲以盟，张乐而宴，与者结

路人为昆弟，道不同则亲懿视同仇敌，凶终隙末，靡所不有。"
陈康祺《郎潜纪闻》二笔卷三《国初江浙士夫以立社自豪》：
"国初，初定江浙，士大夫犹沿明季遗习，方州大县，立社自
豪。闻一知名之士，则彼此争斗入社，甚至挟兵刃弓矢以劫之。
文酒翰墨之场，至效恶少椎埋。"

⑥同治《苏州府志》卷一百四十八引《震泽县志》："（慎交与同声
两社）各立门户，相为水头。"

⑦吴晋锡《半生自纪》："余故多子，庚寅八月，果又生子，……
名兆骞。"

⑧据杨宾《大瓢偶笔》附录《杨大瓢传》及嘉庆《山阴府志》卷
十五推知。

顺治八年（南明永历五年）
辛卯　　（1651）　　二十一岁

　　兆骞与兄兆宽、兆宫，结慎交社于里中，为鸡坛牛耳之盟，
驰骛声誉。与诸名贤，角逐艺苑，援笔立就，落纸烟云，见者咋
舌①。

　　兆骞为人傲岸不群，以名士自居，不谐于俗，嫉之者众。社
事盛时，尝引袁淑对谢庄语，谓汪琬曰："江东无我，卿当独步。"
放诞如此②。

　　冬，赵庚卒，年四十九岁③。

＊　　　　＊　　　　＊

①陈去病《五石脂》："汉槎、长兄弘人名兆宽、次兄闻夏名兆宫，
才望尤夙著。尝结慎交社于里中，四方名士，咸翕然应之。"
徐釚《孝廉汉槎吴君墓志铭》："我朝定鼎江南，汉槎年方英妙，
才名大起，相随诸兄为鸡坛牛耳之盟，驰骛声誉。与今长洲相

国文恪宋公（德宜）、家司寇、司农玉峰两徐公（徐乾学、徐元文），暨诸名贤，角逐艺苑，谈论风生，酒阑烛跋，挥毫落纸如云烟，世咸以才子目之。"

周廷谔《吴江诗粹》卷二十："（兆骞）年十六，随伯兄兆宽，与吴中诸名贤，词坛角艺，援笔立就，落纸烟云，见者咋舌。"

按：此谓兆骞年十六角逐艺苑，不确。

《国朝松陵诗征》卷三："（兆骞）与弘人、闻夏两兄入慎交社，名珠玉树，照耀江左，一时名流老宿，莫不望风低首。"

②徐釚《孝廉汉槎吴君墓志铭》："为人性简傲，不谐于俗，以故乡里嫉之者众。"

汪琬《说铃》："吴四性傲岸，不为同里所喜。其友或规之。吴大言曰：'安有名士而不简贵者？'"

陈去病《五石脂》："当慎交社极盛之际，茗文（汪琬）尝来吴江。一日，汉槎与之出东郭门，徘徊垂虹桥。忽顾视茗文，引袁淑对谢庄语曰：'江东无我，卿当独步！'其放诞如此。"

按：此则记事，汪琬《说铃》所载，与此同，惟措辞略异，兹录如下："吴孝廉兆骞，尝与余辈同出吴江东门，意气傲然不屑。中路忽率尔顾予，述袁淑语曰：'江东无我，卿当独秀！'旁人为之侧目。吴不顾。"

又按：汪琬，字茗文，号钝庵，长洲人。顺治十二年进士，授主事，历迁刑部郎中、户部主事，后以疾归，学者称尧峰先生。康熙十七年举博学宏词，试列一等，授编修，纂《明史》。在馆六十日，再乞疾归，归十年而卒，年六十七。尝自辑诗文为《类稿》、《续稿》各数十卷。见《清史稿》卷二百七十一。

③据赵作舟《吴江赵氏诗存》卷五及康熙二十四年《吴江县志》卷十三页40推知。

赵庚，字涣之，号云中，晚号大庚。吴江人。崇祯癸未进士，授福建瓯宁知县。明亡，不仕，入天台山为僧。辛卯冬卒，年四十九，著《雅南堂稿》、《甲申殉节诸臣传》等。系兆骞友人赵漪、赵沄之父。见康熙二十四年《吴江县志》卷十三与《吴江赵氏诗存》卷五。

顺治九年（南明永历六年）
壬辰　（1652）　二十二岁

犹随其兄兆宽、兆宫角逐艺苑。

《秋笳集》卷六所收《拟古后杂体诗》殆成于是年或稍前①。

五月，其父吴晋锡《半生自纪》成书②。

七月，清廷命梅勒章京沙尔虎达统兵驻防宁古塔③。

＊　　＊　　＊

①该卷收有其"同学盟弟"宋实颖之序云："今秋予过松陵，汉槎出《拟杂体诗》示予，声情慷慨，格调悲凉，大有山河离别、风月关人之感焉……戏语汉槎，岁月不居，风流易散，后有作者，于弘人、研德、甫草、苕文、俊三、武功诸子，未知当作何拟？"细味其语，此卷拟古诗写于社集（顺治七年至十三年）期间，而该时杨俊三、侯武功尚未病逝（此卷首有"吴门杨焯俊三阅"之语亦可为证）。考杨俊三（焯）病逝于顺治十年，故此卷诗必作于九年或稍前。据此，姑系于是年。

②吴晋锡《半生自纪》："壬辰端阳前二日，偶忆半生所历，援笔记之。"

③《清世祖实录》卷六十六页10。

顺治十年（南明永历七年）
癸巳　（1653）　二十三岁

春，三吴友人，以文会之事，欲画异同之见，兆骞与计东、侯研德、王惟夏、章湘御，共饮于宋畴三家①。

　　吴梅村等人欲讲求慎、同合局，故是年曾多次举行各郡大会，可考知者：上巳（三月三日）在虎丘之九郡大社之会，四月嘉兴南湖（即鸳鸯湖）之十郡大会，中秋于梅花观之大会②。

　　大会之际，吴氏兄弟，三珠照耀，一座尽倾。兆骞尤踔厉超越，分题拈韵，摇笔先成，望之若神仙③。

　　兆骞曾与吴梅村学士即席唱和，学士嗟叹，一时名噪吴下④。梅村以之与陈其年、彭古晋，并称为江左三凤凰⑤。

　　七月杨焯（俊三）卒，年二十有三⑥。

　　是年侯檠（武功）卒，年仅十七岁⑦。

*　　　*　　　*

①王惟夏《硕园诗稿》卷首计东序云："忆癸巳春，三吴友人方以文会之事，欲画异同之见。余与惟夏，暨嘉定侯研德、吾邑吴汉槎、郡城章湘御，共饮酒于宋畴三家。各被酒起立，汉槎抚湘御背而泣，且大言曰：'昔袁本初死，曹孟德过其墓，哭之甚哀，人皆诃其诈。以予观之，诚然耳。'余与惟夏皆大笑，研德、畴三亦笑。其意气历历如昨日事也。"

　　按：章湘御，名静宜，吴县人，诸生。为素文之弟，擅才华，尤工于诗。见沈德潜《国朝诗别裁集》卷十五。

　　王惟夏，名昊，江苏太仓人，生于明天启七年，卒于清康熙十八年。稍长，涉猎书史，纵笔为诗古文辞，为吴伟业所知。为"娄东十子"之一。性傲岸，不肯就省试。时吴中文社盛起，争相延致。筑"当恕"轩以居，授徒自给。有《硕园诗稿》。

　　侯研德，名玄泓，后更名涵，号掌亭，嘉定人。明亡，父歧曾以抗清殉节。先生少补诸生，有文章声誉，早婴患难，流离无恒。康熙三年卒，年四十五，著有《掌亭集》。门人私谥贞孝先生。见汪琬《尧峰文钞》卷十三。

②杜登春《社事始末》："时吴梅村出山就道，次虎丘，讲求慎、同合局。"

佚名《研堂见闻杂记》："癸巳之春，（慎交、同声社）各治具虎阜，申订九郡同人，四方来者可得五百人。先一日，慎交为主，以大舰十余，横亘中流，舟可容数十席，中列娼优，明烛如星，数部伶人，声歌竞发，直达旦而后已。九郡中搢绅冠带之士，无不毕与。次日，同声为主，设席于虎阜之巅，列星（疑为'烛'）开筵，伶人迭奏。将散时如奔雷泻泉，远望山上，如天际明星，晶莹围绕。其日，两社诸公，各誓于关壮缪之前，以示彼此不相侵叛。此同声、慎交之大略也。"

王随庵《王随庵自订年谱》："十年上巳，吴中两社并兴……大会于虎丘，奉梅村先生为宗主。梅翁赋《禊饮社集》四首，同人传诵。次日，复有两社合盟之举，山塘画舫鳞集，冠盖如云，亦一时盛举，拔其尤者集半塘寺订盟。"上述二则记事，系上巳虎丘九郡大社之会。

又，《王随庵自订年谱》："四月，复会于鸳湖。从中传达者，（侯）研德、（周）子俶两人，专为和合之局。"此为四月鸳湖之大会。按：鸳湖，即鸳鸯湖，亦即嘉兴之南湖。有关此次盛会，亦见毛奇龄《骆明府墓志铭》，内云："骆姓讳复旦，字叔夜，山阴人。尝同会稽姜承烈、徐允定，萧山毛甡赴十郡大社，连舟数百艘，集于嘉兴南湖……越三日乃定交去。"参加此会者，有吴伟业、宋德宜、宋实颖、彭珑、尤侗、计东、徐乾学、朱彝尊、陆圻等名流。上述二则，系四月鸳湖十郡大社之会。

杜登春《社事始末》："癸巳中秋，集七郡才人，大会于梅花观……余以九月杪南归，不及与虎丘之会。"此为八月虎丘七郡大会。

③周廷谔《吴江诗粹》卷二十："巳、午间，吴中名士，禊社虎丘，吴氏诸昆，三珠照耀，一座尽倾。汉槎尤踔厉超越，分题

拈韵，摇笔先成，望之若神仙。"

④张贲《白云集》卷四《吴汉槎诗序》："同人会于虎阜，与娄东吴学士即席唱和，学士嗟叹，以为弗及，一时名噪吴下。传闻至京师，诸前辈巨公，恨不识吴生也。余方游公卿间，推举海内诗人某某，必首吴生。"

⑤杨钟羲《雪桥诗话》卷三："梅村目迦陵、汉槎及华亭彭师度为三凤凰。"

陈维崧《五哀诗·吴汉槎》："娄东吴学士，斯世之纪纲。常与宾客言，江左三凤凰。阳羡有陈生，云间有彭郎。松陵吴兆骞，才若云锦张……三人并马行，蹀躞紫绒缰。三人同入门，漏卮填酒浆。三人飒挥毫，秦汉兼齐梁。坐中千万人，皆言三人强……"（《湖海楼诗集》卷一）

陈维崧，字其年，号迦陵，江苏宜兴人。以明天启五年生。少负才名。康熙十七年召试宏词科，次年由诸生授检讨，时年五十四。越四年卒。工骈文及词，传世有《湖海楼诗文词全集》。见李元度《国朝先正事略》卷三十九。

彭古晋（1624--？），名师度，号省庐，华亭人。崇祯戊寅时，年十五，与于虎丘千英之会，即席成《虎丘夜宴同人序》，吴梅村于千人石上，抚掌称善，故后来梅村有江左三凤凰之目。后客死。著有《省庐诗文稿》。见《国朝松江诗钞》卷八。王惟夏《硕园诗集》卷八《赠彭古晋》诗有句云："彭子胸中本突兀，世人龌龊安得知其才？"可见其才华过人，为世所重。

⑥陈维崧《迦陵文集》卷十《杨俊三诔》："维癸巳年七月某日，余友杨文学俊三焞卒……春秋二十有三……夫人乃松陵吴兹受先生淑女，而吾友弘人、闻夏、汉槎贤妹也。"

⑦据夏完淳《夏完淳集》卷四《偶见荆隐旧庄残英未落，余露泫然，赋示武功》一诗之编者按语。

顺治十一年（南明永历八年）
甲午　　（1654）　二十四岁

春，与顾贞观结识，此后过从颇密①。

与王虹友、顾贞观、周鹰垂等结私盟②。

纳兰性德生③。

十一月陈嘉猷（即陈敬尹）被遣戍宁古塔，次年抵戍所④。

是年有《赠祁奕喜》诗⑤。

是年前后，参与吴与湛在江枫庵发起之诗社⑥。

*　　　　*　　　　*

①《秋笳馀韵》卷上顾贞观壬寅十月与兆骞书："追忆曩时，相识在甲午之春，相别在丁酉之秋……即剡溪片叶，朝而松陵，夕而梁溪……嗟乎！东园楼上，诸公云集，誓书实出君手，珠槃玉敦，吾两人遂执牛耳……嗣后虹友斋头之集，娄水西关之宴，金陵锁院之追寻，宛然如昨。"

《秋笳集》卷七《寄顾梁汾舍人三十韵》诗："昔岁家吴会，诸公问越盟。逢君发未燥，入座目俱成。倒屣才名早，披襟意气倾。高文何粲粲，雅论各觥觥。携手惭连璧，同心喜报琼。时邀山馆醉，每爱水楼晴……"据上之征引，可见吴、顾二人在社集期间交往之频与情谊之深。

②杜登春《社事始末》："时有太原王子虹友（撼），约群少为私盟。如吴子汉槎（兆骞）、顾子华封（贞观）、王子孝西（又泙）、钱子宝汾（鼎瑞）、刘子沛元（霖恒）、刘子嵺丹（霭恒）、周子鹰垂（纶）、顾子圣偕（昌时）、董子苍水并余。"

王虹友，名撼，号汲园。明亡不仕。其诗歌，幽奇悲壮。崇祯九年生，康熙三十八年卒，年六十四岁。著有《芦中集》等。

见吴伟业《太仓十子诗选》。

周纶，字鹰垂，江苏华亭人，茂源之子。贡生，官国子监学正。著有《不碍云山楼稿》等。见王豫《江苏诗征》卷八十二。

董苍水，名俞，号樗亭，江苏华亭人。童时喜读古诗，与兄含并以才名显。顺治举人，不久以奏销案斥革，因弃举业。有《樗亭》、《浮湘》、《度岭》等集。

钱宝汾，原名鼎端，又名芳标，江苏华亭人。康熙五年举人，十八年荐举博学宏词，以亲丧未与试，官中书舍人。有《金门稿》。见柯愈春《清人诗文集总目提要》卷十。

杜登春，字九高，一作九皋，号让水，江苏华亭人。生于崇祯二年，卒于康熙四十四年。官至广州同知。有《尺五楼诗集》、《社事始末》。见柯愈春《清人诗文集总目提要》卷八。

③纳兰性德生于本年十二月十二日，见纳兰性德《通志堂集》卷十九附录徐乾学《纳兰君墓志铭》。按：其生日已入公元 1655年，今按阴历，仍系入本年。

纳兰性德，初名纳兰成德，字容若，号楞伽山人，满洲正黄旗，大学士明珠长子。生于顺治十一年。年十七，补诸生，次年中顺天乡试举人。康熙丙辰应殿试，赐进士出身，授三等侍卫，寻晋一等。幼聪颖，读书过目不忘。好结纳名士，时才子顾贞观、陈维崧、姜宸英、秦松龄等，皆为其挚友。性侠义，凡坎坷失职之士，生馆死殓，无不资助。卒于康熙二十四年五月。善为词，初有《侧帽词》，康熙十七年顾贞观与吴绮重订其词，更名《饮水词》。另有《通志堂集》等。见徐乾学《纳兰君墓志铭》与韩菼《纳兰君神道碑》。

④《清世祖实录》卷八十七："（十一月辛酉）先是，广西巡抚王一品，告病回旗。病愈，复推补广西，一品以远缺图规避，贿嘱吏科给事中陈嘉猷代题，未果上，事觉，交部。至是，部议：王一品应绞，陈嘉猷应流徙宁古塔。从之。"参见谈迁《北游

录》记闻下《王一品》。该文又谓："嘉猷行时，同妇挈女一、子三、奴一，傲车刑部前，父母并七十余，惨痛，路人陨涕。"

按：陈嘉猷，即兆骞于《归来草堂尺牍》中所提及之旧吏科陈敬尹。理由如下：首先，陈敬尹自谓："我于顺治十二年流宁古塔。"（杨宾《柳边纪略》卷三）而此与《清实录》所载十一年十一月流徙宁古塔完全吻合，盖十一月系被判处流放时间，其至戍所，必已进入十二年。其次，据《实录》载，陈嘉猷系吏科给事中，而吴兆骞亦言是旧吏科。由上可见，流徙时间同、官职同，而又姓氏同。据此三点，可以断言，陈敬尹系陈嘉猷之字。杨宾、吴兆骞等出于敬重，称陈之字，而不名，是符合古人称谓之惯例。

又按：方拱乾《何陋居集》己亥年稿有《陈敬尹四十初度即席赋》一诗，据此可推知陈敬尹生于万历四十八年。

⑤《秋笳集》卷五《赠祁奕喜》诗："兰桨春涛发棹讴，兴来重泛五湖舟。胥台麋鹿非吾土，江左衣冠异旧游。已见酒家藏李燮，谁从幕下问王修？十年东府中丞节，双戟凄凉泪未收。"按祁奕喜，即祁班孙，见康熙元年谱注。本诗有句"十年东府中丞节，双戟凄凉泪未收"，当为奕喜父苏松巡抚祁彪佳殉节十年而作，故系于是年。

⑥《国朝松陵诗征》卷二："一庵遭乱后隐居湖浦之荆园，闭户读书，不闻世事，与徐介白、俞无殊、无致、赵砥之、山子、顾茂伦、樵水、陈长发、朱长孺、徐松之、其叔闻玮、兄弘人、小修、闻夏、弟汉槎结诗社于江枫庵，作《招隐》诗以见志，亦高尚士也。"

按：吴与湛，字子渊，一字樵云，号一庵，吴洪之裔孙，有《荆园诗钞》。小修即吴之纪，字天章，一字小修，号慊庵，为吴兆宽、兆宫从弟，兆骞从兄。有《适吟草》、《好我斋集》。其传清堂为慎交社雅集之社址之一。之纪顺治六年进士，官工部

主事，后转湖广按察司金事，如果为宦历时三年，则此诗社之成立最早在顺治九年；又考吴兆骞离家北上入狱在顺治十四年冬，则此诗社之成立最晚在顺治十四年，故姑系于本年。

又，朱鹤龄《愚庵小集》卷九《西郊观桃花记》："吾邑城隍逼仄，独西郊滨太湖……出西门约里许，为江枫庵，庵制古朴，开士指月熏修之所也。"

又，诗社中人行实如下：

徐介白，名白，号笑庵、竹邪居士。吴江人。俞无殊有《同徐介白湖滨晚眺》诗，内云："共有烟波兴，闲寻旁野梅。"可见为人志向高隐，性喜山水。

俞无殊，名南史，号鹿床山人。吴江人。县学生。"工诗，和雅冲澹，类其为人"。与徐介白等并称松陵五才子。有《鹿床稿》。

俞无致，名南藩，南史之弟。县学生。"其诗五古有真朴近陶者"。

徐松之，名崧，一字蒿芝，号朦庵。吴江人。壮岁有名，好远游。"遇名山大川，徘徊眺望，即一邱一壑，亦必穷搜幽妙"。所契多方外之士，故其诗能得禅理。有《百城烟水》与《诗风初集》传世。

顾樵水，名樵，号若邪居士。吴江人。擅诗画，"诗隽永"，"画入能品"。曾入惊隐诗社，以寄托故国之思。

陈长发，名启源，号见桃居士。吴江人。县学生。"性耿介，少许可"。其诗"古体悲壮，近体沉郁"。有《存耕堂集》。

吴闻玮，名锵，一字玉川，明司寇吴洪五世孙，县学生。"风流豪爽，求友如不及"。工诗，"名播远近"。有《复复堂集》。

以上诸人行实均见《国朝松陵诗征》相关小传之记载。其余诸人，如赵砥之、赵山子、顾茂伦、朱长孺等行实，各见本谱有关记载。

顺治十二年（南明永历九年）
乙未　　（1655）　　二十五岁

早春，沈荃舟次垂虹桥，与兆骞等人赋别①。

三月，吏科副理事官彭长庚、一等精奇尼哈番许尔安，以称颂睿亲王多尔衮功德，流徙宁古塔②。

彭长庚即《何陋居集》中之彭太白。而许尔安则系与吴兆骞过从甚密之许康侯③。《宁古塔纪略》所言兆骞之弟子许丙午，殆即许尔安之子。

殆是年七夕，与魏耕、朱士稚、彭师度等宴集于吴门④。

＊　　　　＊　　　　＊

①沈荃《一研斋诗集》卷五《早春舟次垂虹桥，望周氏园亭赋别钱武子、滋大、冯天垂、吴弘人、汉槎诸子》诗云："小筑垂虹畔，春流绕涧溪。紫藤一树发，翠竹万竿齐。斜日松陵道，晴云笠泽西。江城挥手别，对酒转凄迷。"

按：沈氏诗集系编年体，此诗系于顺治十二年。又，冯天垂，名濩，一字宏览，江苏娄县人。诸生。见《江苏诗征》卷一。钱武子、滋大俟考。

《清史稿》卷二百六十八："沈荃，字贞蕤，江苏华亭人。顺治九年进士，授编修，出为大梁道副使。康熙十三年擢国子监祭酒。十五年迁少詹事。十六年擢詹事。二十三年卒。"有《一研斋诗集》。

②《清世祖实录》卷九十页22"（三月己酉）……得旨：睿王逆天，擅政图篡，种种不法。彭长庚、许尔安，乃敢称颂元功，悖逆紊乱，情罪重大。本应正法，但系奉旨条奏之时，姑免死，著流徙宁古塔地方……"参见该实录卷八十八、九十其他有关记

治丁酉副榜贡生，有《叶学山先生诗稿》。见《国朝松陵诗征》卷四与《吴江赵氏诗存》卷七页3。

③按：计东是年入都，友人赋诗送行者尚有叶舒颖，其《送计甫草入都（以贡庭对）》诗系年于是年秋冬之际，故兆骞送行诗亦作于是时。（见《叶学山先生诗稿》卷一）

④按：自顺治五年社集酝酿至十四年冬科场案发生为社集时期。在此时期，兆骞异常活跃，交游日众，其诗酒宴饮、唱和赠答之交游可考知者，仅据收诗并非齐全之《秋笳集》卷六来看，有康小范、侯记原、侯研德、丁绣夫、朱宇三、宋实颖、姚子上、王泽弘、计甫草、顾茂伦、吴敬生、朱子蓉、陆圻、祁班孙、张拱乾等。据魏耕《雪翁诗集》，有魏耕、赵沄、汪琬、汪永恺、金是瀛、冯瑞振、彭师度、刘徽之、朱士稚。据叶舒颖《叶学山先生诗稿》可考知者，有张金圃、吴天麟、吴天申、吴苪如、袁古处、袁尧民、叶燮。据《一研斋诗集》可考知者，有钱武子、钱滋大、冯天垂。据《吴江诗略》可考知者，有吴海序、赵漪、陈长发、叶学山、沈二闻、吴邺衣。据《太仓十子诗选》可考知者有顾湄。据《国朝松陵诗征》可以考知者有徐介白、俞无殊、俞无致、顾樵水、吴闻玮、朱鹤龄、徐松之、吴与湛、吴之纪等。据兆骞《归来草堂尺牍》可考知者尚有王撼、徐乾学、徐元文、徐秉义、顾贞观、陈维崧、陈三岛、葛瑞五、宋畴三等。上面所列者，遗漏在所难免，但即此已足见吴氏交游之广。上述诸人终身不仕之明室逸民或参加惊隐诗社者如侯研德、张拱乾、顾有孝、朱鹤龄、陆圻与顾樵等固不乏人，后来出仕新朝者如三徐兄弟等也为数不少。但其中有数人尤应评介，即魏耕、祁班孙、陈三岛与朱士稚。因为此数人系与海上抗清义师（郑成功与张煌言）有联系之人，系地下反清组织策划者，后来浙东通海案之发生，即源于此。该案发生前，陈三岛以忧愤卒，一度因反清事泄入狱、后经友人斡旋得出之

59

朱士稚亦郁郁而卒。通海案发生时，魏耕殉节，祁班孙流徙宁古塔，此反清集团中其他人也或死或徙。社集期间，魏耕曾多次来吴江，并曾与兆骞唱和赠答，其《吴门七夕云间金是瀛、冯瑞振、彭师度、刘徽之招同山阴朱士稚、松陵吴兆骞宴集》、《奉别计东、赵沄、汪琬、汪永恺、吴兆宽、兆宫、兆骞还苕》、《望太湖柳色寄吴四兆骞》三诗，殆作于顺治十年至十三年期间。在交游中，这些人士之民族气节不能不对兆骞产生一定影响。

⑤据乾隆《震泽县志》卷一。

顺治十四年（南明永历十一年）丁酉 （1657） 二十七岁

年初，计东自都中归来，兆骞有《甫草都中归赋赠》之作①。

是年有《虎丘题壁二十绝句》②。

《秋笳集》卷六侯研德、陆圻之序亦当成于是年科场案发生前③。

八月，参加江南闱乡试，中式为举人④。

十月，北闱科场案起⑤。

十一月二十四日，南闱科场案起⑥。十二月河南闱科场案起。寻，山东、山西闱科场案起⑦。

十二月，兆骞以南闱科场案中被仇人诬陷得罪而奉命入京，接受审查与参与复试⑧。

*　　　　*　　　　*

①《秋笳集》卷六有《甫草都中归赋赠》一诗，殆作于是年初。因计东入都在去岁秋冬之际，归来当入次年，因此此诗姑系于是年。

②《虎丘题壁二十绝句》，其自序云："妾刘素素……丁亥之岁……妾时十六……是年豫章大乱，妾随母氏，避乱山中。既而北兵肆掠，遂陷穷庐。痛母姊之各分，念家山之人破……"又，本诗之二云："一别慈帏已十年，倚门消息有谁传？"据此，自丁亥（顺治四年）顺推十年，为顺治十四年，故本诗殆作于是年。

③《秋笳集》卷五各诗写作时间最晚者为《虎丘题壁二十绝句》，写于顺治十四年，而本卷侯研德之序："十余年间，洊被倾覆，群从凋丧，向者雕虫末技，兵燹散亡。"此系指明亡后十余年而言。据此，则侯研德之序最迟当写于顺治十四年，最早在十一年，即在十一年与十四年之间。既然如此，该卷陆圻之序也必作于是时。因此二序姑系于本年。

④徐釚《孝廉汉槎吴君墓志铭》："丁酉登贤书（指中式成举人）。"康熙《吴江县志》卷十三："汉槎，丁酉举于乡。"

　　按：此次乡试，吴江中式者四人，依次为"钱威，字德惟（惟一作维），北麻人；吴兰友，字苾如，焕孙；庄胤堡，字季坚，五都人"，另一人为兆骞（见乾隆《震泽县志》卷十三）。

⑤《清世祖实录》卷一百一十二顺治十四年十月甲午："先是，刑科右给事中任克溥参奏……北闱榜放后，途谣巷议，啧有烦言。臣闻中式举人陆其贤，用银三千两，同科臣陆贻吉，送考官李振邺、张我朴，贿买得中……得旨……李振邺、张我朴、蔡元禧、陆贻吉、项绍芳、举人田耜、邬作霖，俱著立斩，家产籍没，父母兄弟妻子，俱流徙尚阳堡……"此为顺天（即北闱）科场案之初起。

⑥《清世祖实录》卷一百一十三顺治十四年十一月癸亥："工科给事中阴应节参奏：江南主考方犹等弊窦多端，榜发后，士子忿其不公，哭文庙，殴帘官，物议沸腾。其彰著者，如取中之方章钺，系少詹事方拱乾第五子，悬成、亨咸、膏茂之弟，与犹联宗有素，乃乘机滋弊，冒滥贤书……得旨……方犹、钱开宗

并同考官，俱著革职，并中式举人方章钺，刑部差员役速拿来京，严行详审。本内所参事情，及闱中一切弊窦，著郎廷佐速行严察明白，将人犯拿解刑部。"此为江南闱科场案之始。

⑦参见《清世祖实录》卷一百一十、一百一十三、一百一十五、一百一十九、一百二十二，兹从略。

⑧叶舒颖《叶学山先生诗稿》卷六甲子稿《吴汉槎于十月十八日客死京邸，诗以哭之》，其二有"死别转思生别处"句，自注："前为丁酉季冬，后为甲子仲春。"意谓丁酉十二月兆骞北上，即为二人生别之时。

按：关于吴兆骞被牵累下狱，以致遣戍原因，各书说法，语焉不详。吴兆骞自言："吁嗟何罪？相率播迁。既无子幼其豆之辞，而有文渊蕙苢之痛。"（《秋笳集》卷八《与计甫草书》）其父吴晋锡谓："不意仇人，一纸谤书，遂使天下才人，忽罹奇祸，投荒万里，骨肉分离。"（《归来草堂尺牍》吴晋锡寄子书）其子吴桭臣亦谓："讵知变起萧墙。以风影之谈，横被诬陷，致使家门倾覆，颠沛流离。"（《宁古塔纪略》）其兄、弟、妹也均持此说。其友人陈堪永云："入宫生妒，投杼见疑；卞璧蒙冤，隋珠见点。"（《秋笳馀韵》卷上）钱瞻伯云："棘闱之祸，本属李代。"（《今诗粹》卷二），宋涵谓"当日以言语致祸"（《秋笳馀韵》下）。康熙年间三次修纂之《吴江县志》均谓"遭谣诼之祸"，《吴氏族谱》卷十一吴晋锡墓志铭谓兆骞"被诬遣戍"。此类记载，为数甚多，不具载。可见，兆骞之被祸，实系被人诬陷之结果。然究竟系何人，以何种原因进行诬陷？却说法不一。邓之诚先生认为："稍长，为慎交社眉目，与同声社章在兹、王发，争操选政有隙。顺治十四年罢科场之狱，遣戍宁古塔，章、王所告发也。"（《清诗纪事初编》卷三吴兆骞）嘉庆间，翁广平谓："有吴超士者，汉槎族属也，自谓有才而厌于汉槎。又，汉槎弱冠时，与两兄弘人、闻夏入慎交社，而超士不得与，心尝

衔之。至是，科场事起，超士遂以汉槎告当事。汉槎乃与弘人、闻夏同系狱。"（《秋笳馀韵》附录《吴汉槎传》）。究竟何者为是？我们认为同声社中人倾陷之可能性为大。盖兆骞寄父书曾自言："儿思我遭昌文贼奴陷害，家破人离……"又说："昌、发二贼，因文社恨儿，遂乘机构毒。"（《归来草堂尺牍》家书第六）如果将这些话，与其恃才傲物，"不为同里所喜"之现象及慎交、同声两社"势如水火"之激烈斗争形势结合起来看，问题就愈趋明朗。因为基于文社之矛盾恨吴兆骞之人，只能是同声社中人。考同声社之重要成员王其长（字发），而王其长之为人实同小人，后以不良死（见《研堂见闻杂记》），推井下石，挟嫌诬告，实属可能。因此，吴兆骞自谓之"发"，正是指王其长而言。但邓先生断言诬陷之人另有章在兹，恐不确。因章在兹人品胜于王其长，而且于兆骞流放后，兆骞挚友陈维崧还曾寄诗怀念，谓其为"大才"，详见拙著《吴兆骞传》有关章节，此不赘。惟"昌文"系指何人，尚须作进一步之考证。又，吴超士，名榷，吴焕之孙，康熙三十五年贡生，著有《复始堂稿》三十卷、《玉岩仙馆杂著》、《吴市偶存草》等。该人于吴兆骞遭戍后，与吴弘人、顾茂伦、周安节、徐釚等均曾游处或唱和。朱鹤龄有《吴超士见访，同至雨花台小饮而别》，内云"江城重见访，涕泪各潸然"，又云"故人何忍别？携手一同行"，可见关系甚近，绝不是倾陷吴兆骞之人。

又按：著名语言学家杨成凯教授，对吴兆骞素有研究。2001年4月得读拙著《诗人吴兆骞系列》后，来书倍加推奖。于信后有一段附言，对于破解陷害吴兆骞之"昌文"究为何人之谜，提供新证，亟录如下："《吴兆骞年谱》56页先生于'昌文贼奴'句有疑义。按：清初吴江有吴昌文其人，字修元，号瓶斋。清康熙初年周铭编《松陵绝妙词选》卷三录其词，列吴兆宽之前。匆促，有关资料未及检出。"杨教授怀疑此吴昌文有可能为兆骞

自谓的"昌文"。这一重要线索为解开此谜，奠定了坚实的基础。附此志谢。

按：丁酉科场案固然多关节中式者，然绝非全体如此。《震泽县志》卷三十八谓："（钱）威实公取经元，兆骞才士，时甚惜之。"戴璐《石鼓斋杂录》亦谓兆骞"审无情弊"。可见，确有真才实学如兆骞而蒙冤负屈者。

又按：诬陷兆骞者，究竟以何种理由、借口构毒，虽不得而知，然与兆骞受到大量明遗民、抗清志士（包括其父）影响所产生之故国之思、兴亡之感有关。这种得祸之由，正如李岳瑞《春冰室野乘》所言："吴汉槎以丁酉科场事谪戍绝域，晚岁赐环，侘傺以终。人但悲其数奇运蹇而已。及读《秋笳集》，乃知其于故国惓惓不忘，沧桑之感，触绪纷来，始悟其得祸之由，不随力田、赤溟辈湛身赤族者，盖亦幸耳。"

顺治十五年　戊戌（南明永历十二年）
（1658）　二十八岁

年初，驱车北上时，尝托名金陵女子王倩娘，题百余首诗于涿州驿壁，以自寓哀怨①。

三月初九日，自礼部被逮赴刑部，口占二诗，以伸冤愤。三四月之交，有上父母书，言及此事。此后一直拘系刑部狱②。

四月四日，就讯刑部江南司，清吏命题限韵，兆骞当场立成③。

四月十三日，顺治帝亲自复试丁酉科举人于瀛台。试时，武士林立，戒备森严，如临大敌。士子立冰雪中，人皆股栗，几不能下笔④。

瀛台之试，兆骞被除名，原因说法不一：或谓"因病曳白"；或谓"惊魂不定，不能执笔"；或谓兆骞见状，"叹曰：'焉有吴兆

骞而以一举人行贿者乎？'遂不复为。"然真正原因系"一纸谤书"诬陷之结果⑤。

四月二十五日，北闱科场案结案，举人王树德、陆庆曾、孙旸、张贲等20余人流徙尚阳堡，家属同徙⑥。

狱中与方章钺一家同系，因而结识其父方拱乾、长兄方孝标、次兄方亨咸。并结识以事系狱之前弘文院大学士陈之遴及其四子容永、六子堪永，另有因北闱科场案入狱之张贲等。由于他们特殊之社会地位，既免械系，又散居狱中，故有适当自由，得以游处或诗酒唱和⑦。

是年秋，有《感怀诗八首呈家大人》等诗17题29首。是年夏至秋，另有两封上父母之家书⑧。

十月二十八日南闱科场案定案。正副主考及十八房考全部处死，举人方章钺、张明荐、伍成礼、姚其章、吴兰友、庄胤堡、吴兆骞、钱威，并父母妻子流徙宁古塔。在逃举人程度渊著严缉归案⑨。

是冬有《冬日同子长赋限韵立成》等诗5首。其《冬日同子长赋限韵立成》诗，陈子长之作已佚，但陈之遴之和作尚存⑩。

是年入狱，其兄吴兆宽、友人王摅、徐乾学、顾贞观与陈三岛均有怀念或寄赠之诗⑪。

四月，恭顺侯吴惟华流徙宁古塔⑫。

是年汪退谷生⑬。

＊　　　＊　　　＊

①徐釚《续本事诗》卷十二："汉槎惊才绝艳，数奇沦落，万里投荒，驱车北上时，尝托名金陵女子王倩娘，题诗驿壁，以自寓哀怨。情词凄断，两河、三辅间，多有和者。故计改亭诗云：'最是倩娘壁题句，吴郎绝塞不胜情。'"

计东《改亭集》卷五《秋兴十二首》之三，最后一联为"最是倩娘题壁句，吴郎绝塞不胜情"，后附自注云："涿州旅壁有金陵女子王倩娘绝句，吾友吴汉槎笔也。题诗百余首，山东、三辅多有和之。"

②《归来草堂尺牍》（《诗人吴兆骞系列（三）吴兆骞资料汇编》，后称《吴兆骞资料汇编》308 页）家书第一兆骞戊戌三月中下旬上父母书："儿于三月初九日赴礼部点名，即拘送刑部。儿此时即口占二诗，厉声哀诵，以伸冤愤。礼部诸公及满洲启心郎，皆为儿叹息，称为才子。"

《秋笳集》卷四《戊戌三月九日自礼部被逮赴刑部口占二律》诗。其一云："仓黄荷索出春官，扑目风沙掩泪看。自许文章堪报主，那知罗网已摧肝。冤如精卫难填海，哀比啼鹃血未干。若道叩心天变色，应教六月见霜寒。"其二云："庭树萧萧暮景昏，那堪缧绁赴圜门。衔冤已分关三木，无罪何人叫九阍？肠断难收广武哭，心酸空诉鹊亭魂。应知圣泽如天大，白日还能照覆盆。"

《归来草堂尺牍》家书第一戊戌兆骞上父母书，言及自礼部逮赴刑部及口占二诗事。此书未署月日，但由于未曾言及四月初四日就讯刑部江南司事，故可断定为三四月之交所写。

③《秋笳集》卷四《四月四日就讯刑部江南司命题限韵立成》诗："自叹无辜系鹡鸰，丹心欲诉泪先流。才名夙昔高江左，谣诼于今泣楚囚。阙下鸣鸡应痛哭，市中成虎自堪愁。圣朝雨露知无限，愿使冤人遂首丘。"

④《清世祖实录》卷一百一十五顺治戊戌三月庚戌（十三日）："上亲复试丁酉科江南举人。"

《柳南随笔》卷一："丁酉科场之变，凡南北中式者，悉御试瀛台，题即为《瀛台赋》……是时每举人一名，命护军二员，持刀夹两旁，与试者悉惴惴其栗，几不能下笔。"

《鹤征前录》卷二十三："丁酉科场事发，九重震怒，命严鞫之。

复试之日，堂上命题，二书、一赋、一诗。监试官罗列侦视，堂下武士锒铛森布。"

《寄园寄所寄》卷十一："（是时）甲丈森严，人皆股栗。"

《研堂见闻杂记》："天子亲御前殿，士子数里外，携笔砚，冰雪僵冻，立丹墀下，顷刻成数艺。兵番杂沓，从旁罗之。如是者三试而后已。"

⑤瀛台复试，兆骞除名之原因，有三种说法：因病曳白；战栗失次，不能终卷；故意不完成试卷。兹引史料数则，以供参证。刘禺生《世载堂杂忆》："吴汉槎兆骞，惊才绝艳，江南名士也，犹交白卷而出。或曰汉槎惊魂不定，不能执笔，查初白所谓'书生胆小当前破'也。或曰汉槎恃才傲物，故意为此。"戴璐《石鼓斋杂录》："殿廷复试之日，不完卷者锒铛下狱。吴汉槎兆骞，本知名士，战栗不能握笔，审无情弊，流尚阳堡。"〔按：戍所应为宁古塔，此云尚阳堡，误。〕又，许嗣茅《绪南随笔》亦同此："同年中名士如吴汉槎、陆子元，皆战栗不能终卷。"徐珂《清稗类钞》第二十册《顾贞观救吴汉槎》："吴因病曳白，除名，遣塞外。"《宁安县志》卷四："复试南北举人于瀛台……与试者多震惧失次，则叹曰：'焉有吴兆骞而以一举人行贿者乎？'遂不复为。"

按：上述三说，平心而论，以战栗失次，不能终卷一说，近于情理。盖吴兆骞身处厄境，惴惴不能自保，有此复试机会，必然会全力与试，企图以一己之才华，证实自己之无辜。然与试之际，考场甲丈森严，人皆股栗，兆骞战栗不能终卷，实属可能，此种结果并不能证明兆骞没有才华。

⑥此案详见《清世祖实录》卷一百一十三至一百一十六及佚名《丁酉北闱大狱记略》。兹从略。

按：此案流放举人与兆骞有交游者，为张贲、孙旸。张贲行实详康熙九年谱，兹介绍孙旸事迹如下。孙旸（1626—1701），字

赤崖（亦作赤厓）。常熟人。年十五即擅文誉，所谓"弱年擢秀，盛齿知名"（吴兆骞《孙赤崖诗序》），与其兄顺治戊戌状元孙承恩齐名。以丁酉科场事流放尚阳堡。康熙二十年，为兵部尚书宋德宜等"捐金赎之还"（徐乾学《宋德宜行状》）。康熙三十八年，康熙帝第四次南巡至苏州，曾杖谒旌门。工诗，有《蔗庵集》，又名《孙蔗庵先生诗选》。见张玉兴《清代东北流人诗选注》孙旸。

⑦《桐城方氏诗辑》卷六十："方拱乾，字肃之，号坦庵。弱冠负文誉。崇祯戊辰进士，馆选第一，授编修，稍迁至左谕德，寻晋少詹，充东宫讲官。甲申南归。顺治九年以江督马国柱荐，起补弘文院学士，转少詹，与修《大训》等书。晚以举场事被诬，出关二年，旋得白，放归，年七十二卒，门人谥和宪先生。"潘江《龙眠风雅》卷二十二方拱乾，"公伟貌修髯，风神秀朗。生平酷好为诗，每制一篇，必经百虑，手《浣花》一编，探其壶奥，虽流离播迁，无一日辍吟咏"。著《何陋居集》、《甦庵集》等。

按：方拱乾享年实为七十一岁（1596—1666），详见李长祥《天问阁文集》卷二方公墓志铭，参见李兴盛《清初诗人方拱乾及其诗作》（《北方论丛》1992年2期）。

《桐城续修县志》卷十六："方玄成，字孝标，别号楼冈。丙戌举人，己丑进士，改庶吉士，历官内弘文院侍读学士，充经筵讲官……丁酉以江南科场事株连谪宁古塔，居二年，释归金陵。著有《易论》、《光启堂文集》、《钝斋诗集》。"按孝标为方拱乾长子，尚著有《钝斋文选》等。

《桐城续修县志》卷十六："方亨咸，号邵村，三岁能记典故，九岁落笔成章，十三岁补县学生。顺治丙戌举人，丁亥进士。由县令擢刑部，历谳湖广、广西两省，慎恤狱，全活千余人。旋授陕西道御史。丁酉科场狱兴，谪宁古塔，逾二年释归，遂不复仕。工诗，尤善书画。著有《楚奥使草》、《班马笔记》、《怡亭杂记》等书。"此为方拱乾次子，另有《塞外乐府》。

陈之遴（1605—1666），字彦升，号素庵，海宁人。崇祯十年进士，授编修，迁中允。入清，官至尚书，顺治九年授弘文院大学士，调户部尚书，十二年复授弘文院大学士。十三年以事发辽阳居住，是年冬令回京入旗。十五年四月以贿结内监吴良辅，被革职籍没，全家移徙盛京。康熙五年卒于戍所。著《浮云集》、《旋吉堂诗草》等（见《贰臣传》卷九、《两浙辋轩录》卷二、民国《海宁州志稿》卷四十一）。

按：陈容永（1637—1665），字直方，之遴之第四子，顺治十一年举人。之遴遣戍时，容永以病废（眇一目）得免，但至次年四月仍被遣去，康熙四年卒。堪永（1639—1667），字子长，之遴第六子，顺治十一年副榜。与之遴夫妇同遣沈阳，康熙六年卒。详见本书所附《交游考》，参见《吴梅村集》卷三十五、黎士宏《仁恕堂笔记》、陈玉璂《学文堂文集》卷二、施淑仪《清代闺阁诗人征略》卷二等。

张贲《白云集》卷四《吴汉槎诗序》："余蒙难下司败，吴生亦被诬。明年遇于请室，出所为诗，纵读之，日夕联床，极论古今诗体格……海昌陈相国从而和之，令幼子子长，日听绪论，以为取法。"

⑧吴兆骞《秋笳集》卷四收《感怀诗八首呈家大人》、《闻家信遂成》、《寄内二律》、《偶成二律》、《秋夜寄计甫草》、《答赠丁绣夫二首》、《寄怀袁文生黄平子二子》、《有感三律次陈子长韵》、《送人还江南》、《送姚子上还荆州》、《九日同陈子长饮分韵得十五删》、《即席再用前韵答赠子长》、《再和子长》、《感寄》、《夜坐柬陈子长》、《白头宫女行》、《秋雁篇》诗，均为是年秋作。又，《归来草堂尺牍》家书第二与第三上父书，亦写于是年夏秋。

⑨《清世祖实录》卷一百二十一："戊戌十一月辛酉，刑部鞫实江南乡试作弊一案，正主考方猷拟斩，副主考钱开宗拟绞，同考试官叶楚槐等拟责遣尚阳堡，举人方章钺等，俱革去举人。疏入。得旨：方猷、钱开宗差出典试，经朕面谕，务令简拔真才，严绝弊窦，辄敢违朕面谕，纳贿作弊，大为可恶。如此背旨之人，若不重加惩治，何以儆戒将来？方猷、钱开宗，俱著即正法，妻子家产，籍没入官。叶楚槐、周霖、张晋、刘廷桂、田俊民、郝惟训、商显仁、李祥光、银文灿、雷震声、李上林、朱建寅、王熙如、李大升、朱茵、王国祯、龚勋，俱著即处绞，妻子家产，籍没入官。已死卢铸鼎，妻子家产，亦著籍没入官。方章钺、张明荐、伍成礼、姚其章、吴兰友、庄胤堡、吴兆骞、钱威，俱著责四十板，家产籍没入官，父母兄弟妻子，并流徙宁古塔。程度渊在逃，著令总督郎廷佐、亢得时等，速行严缉获解。如不缉获，即伊等受贿作弊是实。尔部（指刑部）承问此案，徇庇迟至经年，且将此重情，问拟甚轻，是何意见？著作速回奏。余如议。"

按：科场案始于丁酉，止于戊戌。孟森《心史丛刊》初集有《科场案》一文，凡二三万言，述其事颇详。夏承焘先生撰《顾贞观寄吴汉槎金缕曲词征事》，节取孟文大意，殊为简明扼要，其文略谓："清初科场之案，蔓延几及全国，以顺天、江南两闱为最巨，次则河南，又次则山东、山西，共五闱……江南尤惨于顺天。清廷盖欲借此以威劫江南人士，用意甚显也。"又谓："盖明季江南义师多倡于文士，清廷怀恨最深，故泄愤亦倍烈也。"又云："盖满人旁观者极清，络中国之秀民，莫妙于其所迷信。始入关则连岁开科，以慰踬蹬者之心，继而严刑峻法，俾怏怏求之士称快。"此段论述，对于揭发清初科场案之历史背景，可谓深切简明，故节录于此。

又，科场通关节之弊，明季已然，清初益甚，然亦不可一概而

论。通关节者，固不乏人（其中或受贿，或仅以人情，尚有区别）。然无辜受牵累者，亦大有人在。如钱威"实公取经元……时甚惜之"（乾隆《震泽县志》卷三十八）。而兆骞系"审无情弊"（《石鼓斋杂录》）"以科场事论戍，而非其罪"（《辽左见闻录》），可见具体人应作具体分析。

按：流徙宁古塔之八名举人，方章钺字世五，方拱乾之第五子；伍成礼字谋公，金陵人；钱威字德维（一作德惟），吴江人；姚其章，字琢之，金陵人；吴兰友，字芯如，吴江人；庄胤堡，字季坚，吴江人；张名荐，字升季，镇江人。另加吴兆骞，共八人。

⑩吴兆骞《秋笳集》卷四有《冬夜同子长赋限韵立成》、《冬夜同诸子饮方坦庵先生斋即席赋呈》、《夜同子长过方娄冈学士赋赠》、《送张绣虎南行和陈相国》诗，俱作于是年冬。

按：张绣虎即张贲，本于是年四月判处流徙尚阳堡，在左都御史龚鼎孳帮助下，不知以何法斡旋未徙，是年冬有南行之举，十二年后未知以何种原因再次流徙宁古塔。

又按：其《冬日同子长赋限韵立成》一诗，陈子长之诗已佚，但陈之遴之和诗尚存。诗云："长空横断雁，故国杳双鱼。谁道颠连久，今方患难初。名污轻性命，身废怨诗书。他日重携手，应（连）〔疑应作怜〕万死馀。"（《浮云集》卷五）

⑪吴兆宽《忆弟》（时闻下部）诗："当世才名推小谢，飞扬跋扈竟无俦。竞看健笔题鹦鹉，谁惜流言争鹬鸠？吏议淹留燕市月，功名溇落灞亭秋。怜才莫解当时网，极目长安迥自愁。"（《吴江诗略》上册）

王摅《怀吴汉槎在狱中二首》，其一云："寂寂圜扉景易斜，衔冤知尔恨无涯。共欣白雪才难和，不道青蝇谮已加。千里羁魂惊夜鼠，数行哀泪洒晨鸦。可怜马援南征日，岂有明珠载一车。"其二略。见《太仓十子诗选》步檐集。

徐乾学《怀汉槎在狱》诗："吴郎才笔胜诸昆，多难方知狱吏尊。谁为解骖存国士？可怜一饭困王孙。蝉吟织室秋声静，剑没丰城夜气昏。闻道龙沙方议谴，圣朝解网有新思。"（《憺园集》卷二）

顾贞观《寄吴汉槎》（时在秋曹，有诗寄余）诗："尺书自远道，叙意无暄寒。上言千载期，中有平生欢。今君履朔雪，令我愁南冠。入宫掩蛾眉，当门刈丛兰。生不伤罗网，安知惜羽翰。皦皦穷秋日，悠悠清川澜。挥涕一水间，延瞩层云端。精诚两相鉴，鉴之摧肺肝。"（《顾梁汾先生诗词集》楚颂亭诗卷上）

陈三岛《夜宿吴江道中怀吴汉槎》诗："鸡鸣残月晓钟微，怅望燕城戍不归。春酒葡萄愁绝塞，乱云羌笛湿征衣。十年故苑交游隔，万里营州客梦稀。零落江南才子尽，孤城绿草自芳菲。"（孙铉《皇清诗选》卷十九）

⑫《贰臣传》卷九："吴惟华，顺天人。先世本蒙古，有巴图特睦尔者，仕明，赐姓名曰吴允诚，封恭顺伯。子克忠进侯爵。七传至惟英，崇祯十六年十二月卒，未袭。惟华，其弟也，明诸生，顺治元年投顺。二年叙迎顺功，封恭顺侯。十五年与原任大学士陈之遴等交结内监吴良辅，诏贷死，杖戍宁古塔，籍其家。圣祖御极，惟华以输工作赎罪，恩旨赦还。七年入旗，寻死。"

按：方拱乾《何陋居集》中之吴实宰与吴兆骞《秋笳集》中之吴稚恭与吴惟华实即一人。前二者当为惟华之字与号。

⑬据沈彤《果堂集》卷十一。

顺治十六年（南明永历十三年）
己亥 （1659） 二十九岁

三月，兆骞家属解押苏州府，不久除六第兆宸监候吴县外，余人均被亲族保出，居于吴文柔家（即杨家）。其父将兆骞长女送与杨家为媳，次女过继给娘姨李家抚养①。

秋冬之际，吴兆宽、吴兆宫被押赴京师刑部狱。时杜夫人已披缁出家②。

闰三月初一日，将狱中诗共 37 首辑成《西曹杂诗》一卷③。

闰三月初三日，自京师出塞。出塞时，友人季沧苇等助银百十余两，得以整料衣资④。

出塞时，送吏无不呜咽，而兆骞独赁牛车，载所携书，挥手以云⑤。

其出塞系与同难诸公同行，可考知者有方拱乾、方孝标、方亨咸父子一家数十口人，另有钱威（字德维）、吴兰友（字苾如)⑥。

出塞时，"一时送其出关之作遍天下"。可考知者王摅有《闻汉槎谪戍宁古塔》，徐乾学有《怀友人远戍》，祁班孙有《遥送吴汉槎》，毕映宸有《遥送吴汉槎谪戍塞外》，唐世徵有《慰吴汉槎》，叶舒颖有《见吴汉槎〈将谪辽左别吴中故人诗〉有感》，董以宁有《遥送吴汉槎戍宁固塔》等，尤其是吴伟业《悲歌赠吴季子》诗更是脍炙人口⑦。

闰三月十五日出关，应方拱乾之命题，赋《出塞送春归》诗，方孝标、方亨咸、钱威均有和作。这期间有上父书，言及闰三月初三日启程赴戍，吴兰友有家书及四月中旬可到沈阳事⑧。

闰三月末，行抵沈阳。先已至沈阳之陈堪永出城十里迎候。居沈二十余日，陈之遴与堪永解衣推食，挥涕赠金，临行复赠鞍马⑨。

在沈阳拜见释函可，有诗奉赠⑩。

动身前一日，吴兰友病卒于沈阳，兆骞周济其葬事，纤悉备至⑪。

次日与方拱乾、钱威等人赴宁古塔，释函可与苗君稷赋诗送

行⑫。

六月二十日由吉林乌喇（今吉林市）行至混同江（即松花江）畔，有《宿混同江明日立秋》诗。次日立秋，渡江而行，七月十一日抵戍所宁古塔旧城（今黑龙江海林旧街)⑬。

宁古塔系满语，为汉语六个之意。总管（后改将军）治所之宁古塔旧城，初建时，内城方圆一里许（一作城方二里），居民数家。外城周五里许。至顺治十三年时，城内外仅三百家。其地重冰积雪，非复世界。至其地者，九死一生⑭。

至戍所后，吴晋锡有寄兆骞书，告知多次寄书，竟付诸浮沉⑮。

本年出塞至宁古塔途中之诗，今存41首。至宁古塔后，在戍所所写之诗有8首⑯。

中秋后十日，陈堪永有与吴汉槎书⑰。

本年八月至十二月，方拱乾与兆骞唱和赠答之诗计7题8首⑱。

十一月中旬（十一月初九日至十七日之间），适值兆骞二十九岁生日，方拱乾与方孝标均有诗贺之⑲。

季秋，陈之遴有《寄怀吴子汉槎》二首⑳。

冬，陈之遴有《奉答汉槎》七律二首㉑。

冬，方孝标有赠兆骞诗3题4首：《答吴汉槎借读〈通鉴纲目〉》2首，《依韵答汉槎见问》1首，《为汉槎生日》1首。其中《为汉槎生日》写于十一月兆骞二十九岁生日之际㉒。

十二月，兆骞与方亨咸提议写拟古乐府诗，方拱乾案节以和，方孝标亦和之。今拱乾与孝标之作尚存，亨咸之作略存，而兆骞之作仅存《芳树》等12首传世㉓。

是年，叶舒颖有寄怀吴兆骞之诗三首㉔。

是年正月，镇守宁古塔昂邦章京（即总管）沙尔虎达病卒，清廷命其子巴海代为昂邦章京㉕。

十一月二十七日函可卒，年四十九㉖。

陈三岛卒，年三十四㉗。

汪文柏生㉘。

是年，徐元文成进士第一名。

是年五月，郑成功、张煌言大举北上，六月连下瓜州、丹徒、镇江等地，七月徇江南北州县，下二十九城，远近响应，东南大震。不久，以郑成功败绩于江宁，退入海，所得州县尽失。事后，清廷大兴"通海"之案，诛死与流放者甚众。

*　　　*　　　*

①吴兆骞《归来草堂尺牍》吴晋锡示兆骞书（《吴兆骞资料汇编》350—351页）："可恨抚房以我们无使用，于二月中飞檄下县，要提家口，尽下府司。我自分必死。三月初一解府，赖府尊怜我与汝母年老，汝妇多疾，八弟年幼，允亲族递保，止六弟发吴县监候。我与汝母，汝八弟俱保出，住汝妹家……汝大女已送至汝妹处为媳，今业已读书。汝次女已送李宾侯家，过继与娘姨抚养。"

吴桭臣《宁古塔纪略》："我父汉槎公遭丁酉科场冤狱，遣戍宁古塔……我母葛孺人日夕悲哭，必欲出塞省视……（我大父）遂为料理出塞计。以大姊许字吴郡俊三杨公长子岵瞻，二姊就昆山李氏姨抚养。"

吴翌凤笺注《吴梅村诗集》卷十一《王烟客招往西田，同黄二摄六、王大子彦及家舅氏朱昭芑、李尔公、宾侯兄弟赏菊》诗注："顺治十二年进士李开郙，字宾侯，改名可汧，历官湖广提学。"

袁行云《清人诗集叙录》卷五《花聚庵诗集叙录》："李可汧撰。可汧字处厚，号元仪，江苏昆山人。顺治十二年进士，榜名开郙。康熙五年官湖北学政，迁少参，以丁忧还里……生于明万

历四十三年。"

②叶舒颖《叶学山先生诗稿》卷一有《吴弘人、闻夏之燕》诗。诗云："大枀长枕共嬉游，才笔时时更唱酬。此去南冠相劳苦，深怜不是旧风流。"点明赴燕入狱者为吴兆宽、兆宫兄弟。此诗写于顺治十六年秋冬之际，当为吴氏兄弟启程时间。又，吴兆宽有《西曹除夕》诗三首（见《吴江诗略》卷四），当为是年除夕刑部狱中之作；吴兆宫有《西曹寄内》、《西曹忆母》诗各一首（上书卷五），当为是年狱中之作。该二诗前尚有《通州早发（北上作）》诗云："月落燕山晓，冲寒事远征。沙深留马迹，人语杂风声。魂断江南梦，心惊蓟北城。不须儿女叹，慷慨死生轻。"细味此诗，当为此次北行之作，而据"冲寒"句，也可证其北行在秋冬之际。《忆母》诗自注："吾母已披缁。"此已出家之母，即指杜夫人而言。

③本岁元日至闰三月初一日，有《己亥正月朔夜同子长小饮口占》、《人日同子长赋》、《答赠陈子长》、《正月九日同子长望月》、《元夕同直方、子长赋》、《春雪篇》、《感示子长》、《闰三月朔日将赴辽左留别吴中故人》诗8首，连同去岁狱中诗29首，辑为《西曹杂诗》，见《秋笳集》卷四。

④《归来草堂尺牍》家书第二上父书（《吴兆骞资料汇编》309页）："儿（在狱）凡事承右与甫，骨肉至爱，重为周全，儿真感恩入骨，两兄真千古一人也。季沧老之为儿意气，亦可为当今所少。"

《归来草堂尺牍》家书第四上父书（《吴兆骞资料汇编》311页）："儿已于闰三月初三日起身，道路之费，赖各位年伯及季沧苇助银三十两，约有一百十余金，做衣袄及各项杂物外，尚存四十金……沧老，真肝胆士也。"

《秋笳集》卷八《与计甫草书》："昨岁出塞时，长安诸公，哀其穷乏，饷以百金，稍得整料衣资，支离道路。"

《江苏诗征》卷一百二十七："季振宜，字诜兮，号沧苇，泰兴人。顺治丁亥进士，官御史，著《静思堂诗稿》。"

⑤徐釚《汉槎吴君墓志铭》："蒙世祖章皇帝宽宥，遣戍宁古塔，荷戈绝域，极目惨沮……送吏无不鸣咽，而汉槎独赁牛车，载所携书（《国朝松陵诗征》卷三作'以牛车载书万卷'），挥手以去。"

⑥见本年谱注⑧与⑪。又，方拱乾《何陋居集》自序："老人以己亥闰三月十五日出关，迄辛丑十月十八日生还，流离荒塞，凡一千日……纵观史册，从未有六十六岁之老人，率全家数十口，颠连于万里无人之境，犹得生入玉门者。"可见方氏系全家数十口流徙塞外。

⑦叶恭绰《清代学者像传》第二册吴兆骞："一时送其出关之作遍天下。"徐乾学有《怀友人远戍》七律四首（《憺园文集》卷二），祁班孙有《遥送吴汉槎》诗（《紫芝轩逸稿》），毕映辰《遥送吴汉槎谪戍塞外》（《吴江诗略》下册）。此外，唐世徵有《慰吴汉槎》（《楚诗纪》卷八），叶舒颖有《见吴汉槎〈将谪辽左别吴中故人诗〉有感》（《叶学山先生诗稿》卷一），王摅有《闻汉槎谪戍宁古塔》（《芦中集》卷一），董以宁有《遥送吴汉槎戍宁固塔》，均为送行慰藉或感慨之作。其中，吴伟业之《悲歌赠吴季子》一诗尤为脍炙人口（见《吴梅村诗集》卷七），兹将该诗转录如下："人生千里与万里，黯然消魂别而已。君独何为至于此？山非山兮水非水，生非生兮死非死。十三学经并学史，生在江南长纨绮。词赋翩翩众莫比，白璧青蝇见排抵。一朝束缚去，上书难自理，绝塞千山断行李。送吏泪不止，流人复何倚？彼尚愁不归，我行定已矣。八月龙沙雪花起，橐驼垂腰马没耳，白骨皑皑经战垒。黑河无船渡者几？前忧猛虎后苍兕，土穴偷生若蝼蚁。大鱼如山不见尾，张鬐为风沫为雨。日月倒行入海底，白昼相逢半人鬼。噫嘻乎，悲哉！生男聪明慎

勿喜，仓颉夜哭良有以，受患只从读书始。君不见，吴季子？"
顾湄《吴梅村先生行状》："先生讳伟业，字骏公，姓吴氏，吴
为昆山名族……年二十补诸生，未逾年，中崇祯庚午举人，辛
未会试第一，殿试第二……授翰林院编修……升南京国子监司
业……乙酉南中（弘光）召拜少詹事加一级，越两月……拂衣
归里，一意奉父母欢。易世后，杜门不通请谒。每东南狱起，
常惧收者在门。如是者十年……会荐剡交上，有司敦逼……难
伤老人意，乃扶病入都，授秘书院侍讲、国子监祭酒……间一
岁，奉嗣母之丧南还……卒于今康熙辛亥十二月二十四日，享
年六十有三。"伟业工诗，甚负盛名，以诗倡海内，海内宗之，
与钱谦益、龚鼎孳并称江左三大家。有《梅村集》等。

《清人诗集叙录》卷九《正谊堂诗集》："董以宁撰。以宁字文
友，号宛斋，江苏武进人。贡生。工诗词兼通天算、乐律。与
陈维崧、邹祗谟、黄永称四才子。康熙八年卒，年四十一。"

《国朝松陵诗征》卷七："毕玮前字西临，一名映宸，字宿宫，
县学生，有《西临诗钞》。"

⑧方孝标《钝斋诗选》卷七《出塞送春归》诗序云："是日立夏，
大人从车上以此命题，余及二弟邵村、吴子汉槎、钱子德惟同
赋。"诗云："出塞送春归，天心无是非。柳同官舍绿，马逐战
场肥。草木深兵气，关山壮客衣。芳菲随地满，何异故园扉？"
方拱乾《何陋居集》己亥稿《出塞送春归》诗："出塞送春归，
心伤故国非。花应迷海气，雪尚恋征衣。时序有还复，天心何
忤违？攀条对杨柳，不独惜芳菲。"惜兆骞、钱威与方亨咸之和
作已佚。

又，《归来草堂尺牍》家书第四兆骞上父书（《吴兆骞资料汇编》
311页），内云："儿已于闰三月初三日起身，道路之费，赖各位
年伯及季沧苇助银三十两，约有一百余金，做皮袄及各项杂物
外，尚存四十金。儿此去，尚可暂住沈阳，或能俟家眷到，同

往彼中……"

按：此书据"此去尚可暂住沈阳"云云，必写于是年赴沈阳途中。

⑨ 吴兆骞《同陈子长坐毡帐中话吴门旧游，怆然作歌》诗云："辽城四月春风来"，可见抵沈已近四月。又，其《忆旧书情寄陈子长一百韵》注谓："予至沈，子长迎予十里。"

方孝标《钝斋诗选》卷七《东征杂咏·发襄城》："盛京……馆此二十余日。"

居沈期间，与陈堪永（子长）唱和之诗今存 4 首，均载于其《秋笳集》卷二。该书卷八《与计甫草书》："及届沈京，便已悬罄，赖陈子长解衣推食，事事周全，挥涕赠金，情款绸悉。既将东发，复赠我鞍马，以济崎岖……"又，其《戊午寄顾舍人书》亦言："海昌相公（陈之遴）欲留弟共居一年，沈帅不许。濒行时，其令子子长赠我车马衣裘。"

⑩ 《秋笳集》卷七《奉赠函公五十韵》诗。内云："半生辽海月，几度朔边秋。已道禅心定，宁增客思不?"可见其客思（实即怀念家国之思）之深。函可事参见顺治五年谱之纪事。

⑪ 孙旸《孙蔗庵先生诗选》沈西草《哭吴苾如（即兰友）》诗，内云："辽城四月雪纷纷，华表山头哭送君。"该诗后一诗为《送吴汉槎之宁古》，诗序云："葬苾如之次日，汉槎即行。"诗有句云："昨朝会葬黑山头，又听骊歌动戍楼。"

叶舒颖《叶学山先生诗稿》卷一己亥稿《苾如姑父出关至沈阳道卒，哭之》其一："扶病才闻到沈阳，惊魂没地最仓惶。可怜一样为迁客，君并无家住异乡。"

又，《归来草堂尺牍》吴晋锡寄兆骞书（《吴兆骞资料汇编》349页）云："汝遇苾叔之变，当此悲楚中，汝又能为之周全葬事，纤悉备至，具见汝之敦厚道也。"

叶舒颖《叶学山先生诗稿》卷一《苾如姑父出关，至沈阳道卒哭之》诗。其一云："扶病才闻到沈阳，惊魂没地最仓惶。可怜一样为迁客，君并无家住异乡。"

⑫释函可《千山诗集》卷十二《送宁古塔诸公》："已到边庭苦不禁，崎岖重复度荒岑。不因客梦今逾远，谁识君恩此独深。匝地总应承露遍，长途终自怯风侵。天心无外春将到，自有金鸡出上林。"

苗君稷《焦冥集》卷上《送别宁古塔诸子》："远谪难为别，诸君更可哀。馀生犹圣泽，弃掷是良才。故国重云蔽，长途宿雨催。传书吾辈在，行矣莫徘徊。"

《盛京通志》卷三十九："苗君稷，号焦冥，昌平人。明季诸生，遭时多难，早岁流离，国朝崇德间隶旗籍，黄冠，居盛京之三官庙。喜读儒书，究心史学，年逾六十，手不释卷……与陈心简相伯仲。府丞姜希辙序其诗梓行之，翰林高士奇谓其人不役役于富贵，不陨获于流俗，有古隐君子风。"

⑬《秋笳集》卷八《寄顾舍人书》云："六月廿一，渡松花江。时暑甚，因浴于江，遂得寒疾，着毡衣骑马行大雨中，委顿欲绝。抵大乌稽，送吏以弟垂笃，特憩三日，同行者皆谓不起，忽梦准提而愈。七月十一至戍所。戍主以礼见待，授一椽于红旗中。"

按："特憩三日"之地点，兆骞谓在大乌稽（今张广财岭），殆误。核之其行程道里与时间，应为在小乌稽（今老爷岭）时事。详见拙著《江南才子塞北名人吴兆骞传》第五章注⑧。

⑭吴桭臣《宁古塔纪略》："宁古塔在大漠之东……虽以塔名，实无塔。相传昔有兄弟六个，各占一方，满洲称六为宁古，个为塔，其言宁古塔，犹华言六个也。"

张缙彦《宁古塔山水记》石城："城方二里，垒石成垣，城内居民，寥寥数家，东西各一门，以通往来，大帅公署在焉……近来……当事者□〔疑为扩〕城址，□□□□〔疑为复建外城〕，方四五里，开四门，立集场，教民贸易。"

康熙二十二年《宁古塔副都统衙门行文档》："宁古塔旧城（即上文所谓之石城），在新城（今黑龙江宁安）西北五十余里海浪河南，方圆一里许，东西两门（内城）。外城为四门，周围五里许。此城（康熙二十二年时）已无人居住，周围设有田庄。"（转引自王佩环《〈宁古塔纪略〉史事钩补》，载《东北地方史研究》，1986年第1期。）

吴晗《朝鲜李朝实录中的中国史料》第九册，（顺治十二年四月）宁古塔旧城"木城颇小，城内外仅三百家"。

佚名《研堂见闻杂记》："宁古塔在辽东极北，去京师七八千里。其地重冰积雪，非复世界。"

董含《三冈识略》："宁古塔近鱼皮岛，无庐舍，掘地为屋以居。地极寒，四月尽，布火烧之冻始解。五月可锄，急种蔬菜，六七月便采食，一交白露即枯，至寒露则根亦腐烂矣。或曰，此即昔之五国城也。桐城方孝廉膏茂曾至其地，为予道其详如此。"

《清世祖实录》卷八十八顺治十二年正月癸丑："兵科都给事中魏裔介奏言……又闻宁古塔地远严寒，至其地者，九死一生……"

⑮《归来草堂尺牍》吴晋锡寄兆骞书（《吴兆骞资料汇编》349页）书："自春徂秋，汝所寄手字及所寄诗，我已一一见过……我寄汝手字亦不一而足，岂料止到其一，余竟付诸浮沉？"按此书言及"蕊叔之变"，即吴蕊如四月病逝于沈阳事，可见晋锡此书系接阅兆骞来书之复书。惟不悉兆骞之书究系四月下旬在沈阳所寄，抑系七月至宁古塔时所寄。倘寄自沈阳，则晋锡此书必写于六七月，而辗转托人送至宁古塔已抵冬季。倘兆骞寄自宁古塔，则晋锡此书必于年底或次年初抵戍所。

⑯兆骞遣戍途中之诗今存41首，均载《秋笳集》。其中卷六收3

首，即《抚顺寺前晚眺》、《经灰法故城》、《奉赠函公五十韵》。卷二收《晓发抚宁题逆旅壁》至《大乌稽》等37首，另有《宿混同江明日立秋》1首（写于六月二十日）。其中唱和赠答所涉及之人物，除已介绍过之释函可、陈子长与方楼冈外，还有《赠赤公》、《抚顺别孙赤崖、刘逸民》、《赠陈心简》三诗涉及到的赤公、孙赤崖、刘逸民与陈心简。

《赠赤公》："怜君杖锡欲何依？寂寂花宫一磬微。欲使边城传白拂，却教汉法到缁衣。灯燃鹿苑诸天静，杯渡狼河杂部归。知是随缘无远近，不将迁谪扰清机。"

《抚顺别孙赤崖、刘逸民》："边程不可驻，杯酒暂相亲。共此羁孤地，还成去住身。中宵辽海月，万里塞垣春。明发单车别，谁怜绝域人？"

《赠陈心简》："白祫翩翩马上逢，襟期怜尔尚雍容。王章有子称迁客，李燮无家托酒佣。梦里白门人万里，愁中玄塞嶂千重。月高毳帐悲歌发，醉揽边筇对雪峰。"

按：赤崖，或作赤嵓、赤峃，即赤岩，人遵称为赤公。出家前姓氏不详。清初曾在临济宗的寺庙中参修。长于诗文，精通佛法。顺治十二年"为时宰所忌"而被流放盛京，与释函可、丁澎、方拱乾、张缙彦等流人均有交往。约康熙十一年卒于辽东。见张玉兴《孙赤崖与赤嵓和尚考》。

刘逸民，即潘隐如，亦即潘子见，字逸民，刘为其本姓。江苏吴县人。陈之遴誉为"潘郎江左知名久"，"吾子下笔如春花"，可见是一位富有才华的名士。因北闱科场案流放尚阳堡，不久卒于戍所，"其妇为盗所害"。见陈之遴《浮云集》卷四，尤侗《看云草堂集》卷五。

《江苏诗征》卷二十五："陈易，字心简，溧阳人。"

按：陈易又名掖臣，系故大学士陈名夏之子，名夏于顺治十一年以党争失势被处死，其子陈掖臣被流放至盛京（见《清世祖实录》卷八十二、八十三）。至康熙三十五年援捐马例放还。又，乾隆《溧阳县志》卷八十一："掖臣，御前侍卫，著《阳斋集》。"此集已佚。

自抵戍所至年底所作之诗可考知者 8 首，即收入《秋笳集》卷二中之《交河山中夜行》、《过乌孙法噶》、《北风》、《雨雪》、《逤逻晚望》、《海边独眺》、《赠吴稚恭散骑》、《径僻》等诗。其中，吴稚恭即吴惟华，详顺治十五年谱注。

⑰《秋笳馀韵》卷上陈堪永《与吴汉槎书》。内云："东郊执手，出涕潸然，眷言思之，回肠欲绝。顷接惠书，益增凄惋，一身多病，万里长征，惟我汉槎，何堪此跋涉耶？忆昔患难缔交，情逾骨肉……岂期凤城一别，余也前驱，龙塞长流，君焉后至……犹幸揽辔晴原，引舸良夜，悲歌慷慨，少慰寂寥……"据此，可知兆骞于七月至戍所后，曾致书堪永，此为堪永八月中秋后十日之复书。

⑱本年八月至十二月在戍所，方拱乾与兆骞赠答之诗多首，依次为：《吴汉槎见过》、《儿亨雪中遣小童持〈史记〉向吴汉槎易〈汉书〉》（以上为八月）。《同汉槎谈黄山名胜分赋》、《汉槎以黄山诗来惮夜遄归》（以上为十月）。《汉槎索墨赠之》（十月与十一月之交）。《寿吴汉槎》、《与汉槎及儿辈论诗》（以上为十一月）。这些诗均见方拱乾《何陋居集》己亥稿。

⑲方拱乾之诗为《寿吴汉槎》："吴郎明岁才三十，名著多年废两年。诗老还惊人似玉，祸深谁问笔如椽。读书日月归才富，历险冰霜炼骨坚。莫恨倚闾心缱绻，春风行帐即堂前。"方孝标之诗，见本年谱注㉒。

⑳陈之遴《浮云集》卷八《寄怀吴子汉槎》诗。其一云："已度重关更出边，江东才子独颠连。流年转眼人三十，故国伤心路八千。拔帐怒风深夜里，没阶飞雪季秋前。金鸡莫道无消息，只在天心一转圜。"其二云："藜藿充盘裋褐完，殊方风俗渐相安。

新诗率意成篇易，旧疾多端饵药难。仅有东林堪憩息，翻思北寺共盘桓。黄花不异乡关色，那得持杯共尔看？"

按：此二诗写于顺治十六年季秋。

㉑陈之遴《己亥冬月奉答汉槎》二首，其一云："乌龙江外海东陲，白月黄沙夜夜悲。自是汉家常远戍，相传唐将有丰碑。千群鸣镝凌风出，四野哀筇带雪吹。犹有惊人诗句在，醉濡柔翰一扬眉。"其二云："异日平津阁已空，如云宾客散秋风。三冬积雪长辽塞，万里层霄自汉宫。家破最伤缃帙尽，使稀犹喜素书通。天涯苦忆吴公子，凤翩摧残昨岁同。"二诗并见《秋笳馀韵》卷上。

㉒方孝标《钝斋诗选》卷七《答吴汉槎借读通鉴纲目》诗，其一云："可与言今古，荒边只有君。赋诗能渐朴，观史不徒文。我已中年后，心难强记分。幸将成败理，抉要与同闻。"其二云："胡天汉日月，宋代鲁春秋。彤管当年笔，牙签昔日楼。行厨原自富，腹笥更相谋。茅屋清灯意，宁徒慰旅愁？"卷十三《依韵答汉槎见问》诗："悔不深山带女萝，十年冰署漫婆娑。此来明主恩犹厚，得傍衰亲幸已多。吴客自怜公子病，渔人谁知大夫歌。绿蓑归遂沧浪志，莫更劳劳说玉珂。"又，同卷《为汉槎生日》诗："三十登科放逐随，多才坎壈似君奇。汉宫未入眉先妒，秦法初严翅已垂。缝线亲怀辽鹤梦，捣衣人寄塞鸿诗。万端悲转欢颜慰，宣室宁无召贾时？"此三题四首诗均写于本年冬。其中《为汉槎生日》诗，内虽言及"三十登科"，但仅举三十整数而言，非谓兆骞是年三十岁。

㉓方孝标《钝斋诗选》卷七《拟古乐府诗》序："以五言拟乐府诗，六朝人好为之……盖其时之贤人君子，流落不偶而感时兴事，恐伤怨悱，故托言往事，以自摅其抑郁无聊之思耳。己亥之冬，余弟邵村，同吴子汉槎倡之，大人案节以和，余亦为之。"

按：方拱乾之作，今全部传世，见《何陋居集》己亥稿《王昭君》诸诗。方孝标之作部分保留，方亨咸之作稍存。至于吴兆骞之作，今仅传 12 首，即《芳树》、《巫山高》、《铜雀伎》、《中山孺子妾》、《结客少年场》、《湘妃怨》、《长门怨》、《妾薄命》、《将进酒》、《采莲曲》、《春曲》、《闺怨》，均为是年冬作，见《秋笳集》卷二。

㉔叶舒颖《叶学山先生诗稿》己亥年（顺治十六年）稿有三首寄怀吴兆骞之诗《见吴汉槎狱中送张绣虎南行诗次韵寄怀》："苦忆延陵吴季子，新诗吟罢奈愁何？羁栖北寺添华发，高会南皮逐逝波。自古文章憎命达，如君坎壈患才多。涛声树色江乡在，几日重来携手过。"《馆舍杂咏》之五："永夜黄花酒，怀人涕泪看。三年羁北寺，万里对南冠。铁岭飞霜早，金笳叫月寒。新词传塞下，萧瑟莫轻弹（见吴汉槎狱中诗）。"《见吴汉槎〈将谪辽左别吴中故人诗〉有感》："燕山杨柳殢春寒，折向河梁道路难。留得袖中三岁字，黄云白草怕重看（汉槎向代豫章女子诗，有'明朝更向边州去，白草黄云马上看'句）。"

㉕《清世祖实录》卷一百二十三载，顺治十六年正月甲辰谕吏部："宁古塔系边疆要地，昂邦章京沙尔虎达在彼驻防年久，甚得人心，今已病，其子巴海素著谨敏，堪胜此任，著即代其父为昂邦章京，前往驻防。"

《清史稿》卷二百四十三巴海传："沙尔虎达，瓜尔佳氏，（顺治）九年七月，命帅师驻防宁古塔，十六年卒，以其子巴海袭，授宁古塔总管（即昂邦章京）。康熙元年，改设宁古塔（原书误作黑龙江）将军，仍以命巴海。十七年抚辑新满洲有功，予世职一等阿达哈哈番，兼拖沙喇哈番。二十二年罢将军，二十三年授镶蓝旗蒙古都统，三十五年卒。"

㉖函可《千山诗集》附函昰所撰之塔铭。

㉗朝鲜佚名《皇明遗民传》卷四："陈三岛，字鹤客，长洲人。崇

85

祯末为博士弟子有声。清初，晦迹授徒，眷顾故国，中怀孤愤，卒成疾以死，年仅三十有四。有《雪圃遗稿》。尝作《当泣草序》，以叙眷顾之意，凄惋可诵。"徐晟《存友札小引》："陈鹤客三岛，负逸才而有奇志，年仅三十有七，咯血死，古诗追风苏、李，律诗亦在王、孟间。"此谓卒年三十有七，虽与上异，但作为陈三岛之友人，徐晟之说当得其实。又，朱彝尊《曝书亭集》卷七十二朱士稚墓表谓三岛卒于己亥。

按：三岛亦为魏耕、祁班孙反清集团成员之一，与兆骞关系颇密，其怀念兆骞戍燕之诗见去年谱。

㉘汪文柏，字季青，号柯庭，浙江桐乡人。康熙中官北城兵马司指挥，著有《柯庭馀习》十二卷，刻于康熙四十四年，时年四十七，卒年未详。见邓之诚《清诗纪事初编》卷七页827。

顺治十七年（南明永历十四年）
庚子　（1660）　三十岁

在戍所，与旧迁客三四公诗酒唱和，过从甚密。并赖诸人资助，得免饥寒①。

春，张拱乾有寄兆骞书，谓其遣戍，"不独一邑之痛，而实天下之所痛也"②。

兆骞至戍所后，曾有寄魏耕之诗（已佚），殆是年春，魏耕有唱和之作③。

三月初十日谷雨，方拱乾有《谷雨后大雪兼忆吴汉槎》诗④。

五月初，方拱乾有《过儿标屋》诗，招吴兆骞来观⑤。

上诗作过稍后，方拱乾以诗约兆骞游东京城⑥。

又稍后，方拱乾有长诗《游东京旧址》。既然方氏已游，则兆骞也必会应约同游，惜兆骞之作已无可征考⑦。

夏，方拱乾三子育盛、四子膏茂依例遣戍至宁古塔⑧。

86

中秋后十日，陈堪永（子长）致书兆骞，追忆顺治十六年三月十二日双方自京师东郊分手后之感伤，四月分在沈阳"揽辔晴原，引觞良夜"之快晤及自沈阳分手后思念之情⑨。

九月十三日夜，方氏诸子至许尔安、姚琢之处酤饮吹箫赋诗，兆骞咏之以诗，方拱乾次晨闻讯，用兆骞原秋字韵赋诗咏之⑩。

十月二十六日，巴海入朝，兆骞托巴海寄一信上其父，一字寄两兄，一字与计东、宋既庭⑪。

岁暮，叶舒颖有怀念兆骞之诗⑫。

是年春，有《寄怀陈子长》、《寒食大雪》、《可汗河晓望》诗；秋有《晓望》诗；冬至日（十一月二十日）有《庚子至日书怀三十韵》诗⑬。

是年正月，清廷严禁社盟，形成家家闭户，人人重足之局面⑭。

二月，礼部郎中吕朝胤以葬荣亲王时不遵所择时刻，鞭责流徙宁古塔⑮。

七月，巴海疏报，在使犬部落地区（古法坛村）痛击罗刹，斩首六十余级，淹死者甚众，获妇女四十七口⑯。

十一月，工部侍郎张缙彦因事被判处流徙宁古塔⑰。

殆是年秋，吴晋锡以兆骞之牵累至京师，依例将徙塞外。但至十八年正月，父母兄弟全家遇赦（详见顺治十八年谱）⑱。

选有兆骞诗歌之《今诗粹》，由其友人魏耕、钱瞻伯辑录成书⑲。

章湘御卒⑳。

朱士稚卒㉑。

＊　　　＊　　　＊

①《秋笳集》卷八《寄顾舍人书》："旧迁客三四公，皆意气激昂，六博围棋，放歌纵酒，颇有友朋之乐。然一身飘寄，囊空半文，

赖许总戎康侯、孙给谏汝贤，解衣推食，得免饥寒。"

张缙彦《六博围棋说》，谓宁古塔"在穷塞之东，地近高丽，流徙来者多吴、越、闽、广、齐、楚、梁、秦、燕、赵之人，乡里朋侣，近耽六博围棋，晨夕自好。是果意有所托而偶有所为乎？果情有不能忘而聊用以自遣乎？果事虽出于是，而志之所存全不在于是乎？"（《域外集》）此文对于研究当时流人文士"六博围棋"之心态，颇有参考价值。

孙汝贤事迹已不可考。许康侯即许尔安。许尔安详顺治十二年谱注②。

②《秋笳馀韵》附录张拱乾致兆骞书："与君分手，不过公车之别耳，乃有迁谪之行，谗人之相中，一至于此，此天地之所不容，神人之所共愤。不独一邑之痛，而实天下之所痛也。虽然，自古才人，如吾兄者岂少哉？刺刺者灰飞烟灭，负谤者名重金石，此不足为知己患也。绝塞山川风土之奇，人物珍怪之异，古今来英雄豪杰出没战斗，鬼神施设之迹，非兄不能赋。而冰天雪窖，悲惨凛冽，非吾兄之奇姿强干，不足以试其武也。况一时多文章巨公，得兄相聚，抒其怀抱，以树千古未经见之奇，以传于无穷耳！□以同人为兄悲，弟辈几人，独破涕而笑，李白夜郎，子瞻海外，于今何如哉？然弟辈穷愁万状，远我良友，不能奇文共赏，疑义相析，为造物扼我，可叹也！时时候见老伯、老伯母，都善饭无恙，倚门倚闾，朝夕无欢。而弘人、闻夏诸昆，相对唏嘘，知兄孝友，至性萦怀，痌瘝万里之隔，不能缩地，尤足悲矣。勉矣！吾兄努力自爱，共图不朽，舌尚存也！弟辈时诵兄佳句，以当握手谈笑，不啻如少陵之怀青莲：'文章憎命达，魑魅喜人过。'临风叹息，不尽依恋。汉兄大人如手。庚子春仲弟拱乾顿首奏记。"

按：张拱乾（1615—1688），字九临，号愧庵，吴江人。少沉潜好学，为诸生有名。吴晋锡与之为莫逆交，诸子及孙皆受业焉。

明亡，拱乾以不剃发，为镇将吴某捕系，后因知其为三吴才士，特原之。拱乾乃祝发为黄冠，杜门不出。坐卧一小楼，颜曰独倚。兆骞遣戍，拱乾喟然太息。生于万历乙卯，卒于康熙戊辰，年七十四。见温睿临《南疆逸史》卷四十四、孙静庵《明遗民录》卷八、《国朝耆献类征初编》卷四百七十六。

③魏耕《雪翁诗集》卷六《越州邸舍酬吴四兆骞塞垣见寄之作》诗。内云："茂苑才人戍塞北，四明狂客多惋惜。忆昨论文待月来，吴江淡淡苇花白。"又云："迁居远隔越州春，浣纱石上思杀君。几度双星望牛斗，天汉微茫一片云。"

④方拱乾《何陋居集》庚子稿《谷雨后大雪兼忆吴汉槎》诗云："春雪不积地，连山高尺余……吴子日数过，三日隔城隅。"

⑤方拱乾《何陋居集》庚子稿《过儿标屋》诗，诗序云："偶作诗书其几上，招汉槎来观。"诗有句云："棐几墨醋留句老，著筒香静识经灵。隔墙求仲招寻惯，踏湿应来户莫扃。"

⑥方拱乾《何陋居集》庚子稿《游东京先一日柬汉槎》诗云："久有东京约，非关浪出游。知君能吊古，此地是神州。穷迹思先哲，孤怀赖胜俦。踏泥须借马，山色雨堪留。"可见二人早有共游东京城（实唐代渤海国上京龙泉府遗址）之约会，至是拱乾约兆骞同游。

⑦方拱乾《何陋居集》庚子稿《游东京旧址》诗。此诗之后为《五日》诗，据此则《游东京旧址》诗，当作于五月初四日（因该诗集系编年体）。

⑧《何陋居集》庚子稿《儿育、儿膏至》诗六首。其一云："是亦名团聚，何如离别愁？周详劳圣泽，踪迹岂人谋。勿问稻粱计，聊纾道路忧。夜阑休秉烛，留梦守江楼。"此诗系年于庚子夏。方氏原被判决携带家属流徙，但细味此诗，育盛、膏茂于其父拱乾，兄孝标、亨咸，弟章钺遣戍时未在京师，又经斡旋，故未同徙，至本年夏始至宁古塔。

《桐城县志》卷十六："方育盛，字与三，宫詹拱乾子，读书敏悟，工诗赋，顺治甲午举人。性至孝，拱乾侨寓邗上，育盛遍历四方，谋所以养者备至。著有《栲舟诗集》、《无目诗集》行世。"另有《其旋堂诗集》，详后。潘江《龙眠风雅续集》卷二十五："方育盛，字与三，别号栲舟，顺治甲午举人，宫詹坦庵公第三子。性敦敏，好古文辞……戊戌以弟事株连，谪居塞外。与同难吴子汉槎祀斗姥，朝夕虔祷，冀赐环，以慰二亲，卒得白贲还，公之力多焉。"

《桐城县志》卷十六："方膏茂，字敦四，号寄山，宫詹拱乾第四子，倜傥英俊，博极群书，年二十三领乡荐，两上公车不第，归遂不复出，以著书自娱，事亲以孝闻。著有《馀垒集》。"

按：方拱乾共六子，除上述长、次、三子与四子之外，还有五子章钺，六子奕箴。以其与兆骞无唱和诗文可征，故从略。

⑨张廷济《秋笳馀韵》收录陈堪永致吴兆骞之书信二封，其一云："东郊执手，出涕潸然，眷言思之，回肠欲绝。顷接惠书，益增凄惋。一身多病，万里长征，惟我汉槎，何堪此跋涉耶？忆昔患难缔交，情逾骨肉，蕙兰托契，金石铭心，尚拟虎阜桂轮，武林画舫，遂风雨之思，寻湖山之胜。岂期凤城一别，余也前驱，龙塞长流，君焉后至。边笳羌笛，听来总是伤心；白草黄沙，独处无非泪眼。犹幸揽辔晴原，引觞良夜，悲歌慷慨，少慰寂寥。乃复攀渭水之长条，唱《阳关》之几叠。把臂无多，忽焉分袂。嗟乎！伤哉！何余两人相遇之艰也。李陵有言：人之相知，贵相知心。余与汉槎有同然耶……"

⑩《何陋居集》庚子稿《九月十三夜月明，儿辈就许、姚诸子酣饮吹箫赋诗，诘朝向老夫称说，亦为勃然》（用汉槎原韵秋字）。兆骞原诗已佚。

按：许为许尔安，行实详前；姚为姚其章，行实详康熙三年谱。

⑪《归来草堂尺牍》家书第五辛丑二月十九日寄父母书（《吴兆骞

资料汇编》313页）："去岁（指庚子）十月二十六日巴公入朝，儿寄一信上父亲，一字寄两兄，一字与甫草、既庭。今巴公回时，何以都无回信。"《秋笳集》卷八《与计甫草书》："昨岁冬至，巴公入都，曾勒长札并排律三十韵奉寄两兄，而此札竟属浮沉，可为惆怅。"

⑫叶舒颖《叶学山先生诗稿》卷一《岁暮怀远诗》，其三云："菰城雨雪连床日，扬子波涛把酒馀。回首故人今万里，霜风猎猎正愁予（吴汉槎在辽左）。"

⑬上述诸诗均见《秋笳集》卷二。

⑭《清世祖实录》卷一百三十一。又，杜登春《社事始末》亦谓是时"刘正宗执柄，（将社事）列之不赦之条。家家闭户，人人重足，不敢片言只字涉及盟会矣"。

⑮《清世祖实录》卷一百三十二："（顺治十七年）二月己亥，刑部题：原任礼部郎中吕朝胤、笔帖式额勒穆，当葬荣亲王时，不遵所择时刻，拟斩监候，今遇恩赦，应否减等？请旨。得旨：吕朝胤、额勒穆著各枷号两个月，鞭责一百，流徙宁古塔。"按后来吴兆骞授读之同患难子弟有吕氏昆季者，当即吕朝胤之子。

⑯《平定罗刹方略》卷一："（顺治十七年）巴海大败之（指罗刹，或称老羌、老枪，即沙俄侵略者）古法坛村。"按：此村在伯力以下约二百里。

《清世祖实录》卷一百三十八："（顺治十七年）七月丁丑，镇守宁古塔总管巴海等疏报：臣等率兵至萨哈连、松噶里两江合处，侦闻罗刹贼众在费牙喀部落西界，随同副都统尼哈里、海塔等，领兵前进，至使犬地方，伏兵船于两岸。有贼艘奄至，伏发，贼即回遁，我兵追袭。贼弃舟登岸败走，斩首六十余级，淹死者甚众。获妇女四十七口，并火炮、盔甲、器械等物。招抚费牙喀部落一十五村、一百二十余户。捷闻，命所司察叙。"

按：此次大捷，方拱乾于同年九月以《海上凯歌》诗咏之，估计兆骞亦有讴歌之作，但已佚无征。

⑰张缙彦，字坦公，原字濂源，号大隐，外方子、篆居先生、筏喻道人等，河南新乡人。明万历二十七年（1599）生，崇祯四年进士，历任知县、户部主事、兵部尚书。明亡，降清，任山东、浙江布政使、工部右侍郎。顺治十七年以"刻有《无声戏》二集一书"，坐"煽惑人心"与"交结党类"（指党附大学士刘正宗），减死流徙宁古塔，康熙九年（1670）卒于戍所。有《宁古塔山水记》、《域外集》等。见乾隆《新乡县志》卷二十七、三十三，《清世祖实录》卷一百三十九、一百四十二与《吴氏族谱》张缙彦行状。

⑱周亮工《赖古堂集》卷十《兹受吴公至，公以令子汉槎累将徙塞外》诗，其一云："衰年更遣度幽遐，泪眼平增雾里花。万里夕阳人抱病，一行断雁老无家。鹑衣密补关门雪，鸠杖牢扶塞外沙。报尔奇寒吴季子，穷边词赋艳如霞。"

王泽弘《鹤岭山人诗集》卷一《赠吴兹受先生》有句云："君忧东去我怀归，塞漠乡园意总违。谁念老人离少子？独怜孤客忆双闱。"

又，吴伟业《梅村诗集》卷十八亦有《送友人出塞（吴兹受，松陵人)》诗。其二："此去流人路几千，长虹亭外草连天。不知黑水西风雪，可有江南问渡船？"

按：以上诸诗均写于是年。考周亮工之诗前第四首诗为《七夕》，则此诗当写于秋冬之际，据此可知吴晋锡当于是年秋以兆骞牵累北上京师，依例判处流徙宁古塔。吴氏父子遇赦当在十八年初，详顺治十八年谱。

⑲《今诗粹》由魏耕、钱瞻伯二人同辑。此书共六卷，收吴兆骞之诗12首，其中卷二5首，卷六7首。写作时间最晚之诗为《将赴辽左留别吴中诸故人》（顺治十六年闰三月），而浙东通海案始于顺治十八年夏，故此书之成书在十六年夏至十八年夏之间，

今姑系于十七年。

⑳章湘御卒年据王惟夏《硕园诗稿》卷十八《哭章六湘御》诗。

㉑朱彝尊《曝书亭集》卷七十二朱士稚墓表作卒于是年十二月。

顺治十八年（南明永历十五年）
辛丑　（1661）　三十一岁

正月初，其父母兄弟遇赦，不久自京师南还，叶舒颖、朱鹤龄、顾贞观、赵沄、陈锷、陈锐、陆瑶均有喜吴氏兄弟南还诗。途中，适遇王昊自京师南归，双方同时南下，昊亦赋《喜遇吴弘人、闻夏兄弟》诗①。

其从弟吴兆宣南还途中有怀兆骞之作，叶舒颖于上述喜吴氏兄弟南还诗后另有怀念吴兆骞之诗②。

二月十八日，巴海自京师归，闻知全家遇赦，次日写上父母书③。

四月十三日，张缙彦至宁古塔，出吴晋锡手书，始知其父确已遇赦还乡④。

四月十五日，同案遣戍之同年程涵及其父程宾梧父子奉到赦归诏书，不久启程南归，十七日兆骞以《与计甫草书》（一）相托，告以久沉异域，语言习俗，渐染边风⑤。

四月十八日，徐元文有寄兆骞书，告知晋锡举家放还，但葛氏旋当远从戍所⑥。

五月下旬，为方与三塞外诗稿《其旋堂诗集》撰序⑦。

闰七月，从吴调御游沙岭，并再游东京城⑧。

九月初四日，从方拱乾等17人登宁古台觞饮竟日⑨。

十一月初，方拱乾父子遇赦南归，拱乾有《留别汉槎》五律诗四首。兆骞有家书托其寄归，并有《寄计甫草书》之（二）与排律一首，托方敦四转寄⑩。

兆骞与方氏父子同谪三年，情好殷挚，谈诗论史，每至夜分。拱乾曾嘱兆骞与其子等为宁古塔撰志，而不先就，于是先自为《宁古塔志》。自方氏南还，兆骞倍感寂寞[11]。

方拱乾临行，将兆骞托付给许尔安照管，从此兆骞馆于许氏[12]。

是年，方拱乾与兆骞唱和赠答之诗计11题24首[13]。

顾贞观另有《山左蒙阴山中七歌》诗，其一系寄兆骞之作[14]。

是年有《赋得春风和方邵村作》、《送人之浑蠢》、《校猎纪事》、《忆旧书情寄陈子长一百韵》、《辛丑七夕》、《送人之粤东》、《瓜儿伽屯值雨晚过村叟家宿即事书寄孙赤崖、陈子长五十韵》、《送人之粤东》诸诗[15]。

约是年初，陈堪永（子长）于沈阳"两接徽音"后复兆骞之书信，先述兆骞高才沦落，衔冤远戍，次述自己处境之凄凉，复述自己"勉志玄功"，栖心仙道。兆骞接书后，有《忆旧书情寄陈子长一百韵》之作[16]。

由友人张拱乾、董二酉、顾有孝编辑之《吴江诗略》，约成书于是年初，内收兆骞之诗18首[17]。

是年，杜夫人卒[18]。

正月初七日，顺治帝福临死，初九日，其子康熙帝玄烨即位，大赦天下。

奏销案起，苏松等地士绅褫革者一万三千五百余人。兆骞兄兆宽，友人吴伟业、宋实颖、王昊、徐乾学、徐元文、计东、顾贞观、秦松龄、顾湄、汪琬、董含、董俞等均以此案褫革或降谪[19]。

七月，父执金人瑞（圣叹）以哭庙案被杀[20]。

十二月，缅人执永历帝献于吴三桂，南明政权灭亡。

是年底吴惟华自宁古塔赦还[21]。

　　　　　*　　　*　　　*

①叶舒颖《叶学山先生诗稿》卷一有《喜吴弘人、闻夏出狱，侍
　燕勒先生南还，兼忆吴汉槎塞外》诗；朱鹤龄《愚庵小集》卷
　五有《喜吴弘人、闻夏归里兼怀汉槎》诗；顾贞观《顾梁汾先
　生诗词集》卷上有《喜吴弘人兄弟放还，有怀汉槎二首》。此
　外，陈锷有《喜弘人、闻夏归自燕都，兼忆汉槎辽左》，见《吴
　江诗略》下册；赵沄有《喜弘人、闻夏南还，并忆汉槎》，见
　《国朝松陵诗征》卷二；王摅有《喜吴弘人、闻夏南还》，见
　《芦中集》；陆瑶有《喜弘人、闻夏北归》，见《吴江诗略》卷
　五。上述诸人之诗均写于是年初，仅王摅之诗系年于十七年十
　月，未知何故？
　按：吴弘人《爱吾庐诗集》有《同王惟夏出都》诗，内有"携
　　手斜阳出帝都，低回话旧语不胜"之句，诗意与王昊（惟夏）
　　下诗相吻合。
　王昊《硕园诗稿》卷十九《喜遇吴弘人、闻夏兄弟》诗："残阳
　　草店拂征尘，下马相见意倍亲。旧友幸逢多难日，归途况值故
　　乡人。风吹辽海三年梦，花发吴江二月春。悲喜几番难话尽，
　　前程杯酒且连句。"此系王昊自京师南下归途恰遇吴氏兄弟之
　　作。上述诸诗，除叶诗系写于顺治十八年秋冬之际外，其他诗
　　均为该年春作。据此，吴氏全家遇赦在十八年初。遇赦原因可
　　能为是年初顺治卒，康熙立（正月初九日）大赦天下之故（当
　　然也包括吴氏之托人斡旋），但全家虽然赦还，而葛氏之出塞却
　　未能获免。
②《吴江诗略》下册吴兆宣《南还途中怀四兄汉槎》诗："江南蓟
　　北马头云，行近乡关暮色分。鸣雁天边增怅望，鹡鸰原上重离
　　群。春风驿路黄沙暗，杨柳津亭玉笛闻。偏恨龙堆恩未遍，生
　　还此日倍思君。"细味此诗，兆宣亦系劫后生还者。按：兆宣字

95

贡君，晋锡从子，汉槎从弟，"为人英爽有出人之致"（《国朝松陵诗征》卷九）。

叶舒颖《叶学山先生诗稿》卷一辛丑年稿《喜吴弘人、闻夏出狱，侍燕勒先生南还》诗之后一诗为《兼忆吴汉槎塞外》诗："昨岁冲霜雁足过，曾传边信下长河。文章到处知君好，风景如斯奈尔何？寒尽几声鸣腊鼓，愁来一盏问新椠。连枝落叶分今昔，坐倚庭柯发浩歌。"

③《归来草堂尺牍》家书第五（《吴兆骞资料汇编》313—314页）："二月十九日儿兆骞百拜父母两亲大人膝下；昨晚昂邦巴公自都中来，云父母及诸骨肉，俱已遇赦。儿闻此信，不觉欢喜欲狂……父母所寄二两余银已到矣，父亲所致楼、邵及许康侯札，俱一一送到。"

④《归来草堂尺牍》家书第六辛丑四月十七日上父母书（《吴兆骞资料汇编》315页）："四月十七日儿兆骞百拜上父母两亲大人膝下…及四月十三，张坦翁来，接父亲手字，始知父母及诸骨肉，悉遇浩荡，已还故乡。"

⑤《归来草堂尺牍》家书第六辛丑四月十七日上父母书（《吴兆骞资料汇编》316页）："昨十三日申刻，忽有北京差章京赍诏而来，召程年伯（宾梧）、程年兄（涵）父子回去。"按程涵即以丁酉南闱科案牵累而被流放之举人程度渊。盖古人名字相辅相成。渊，深水也。涵，包含也。义正相辅。又，明清之际，凡同一乡试或会试中式之人，彼此称同年，兆骞谓程年伯、程年兄，又谓"同案得还"云云，均足以说明程涵系程度渊之字。

又，方拱乾《何陋居集》辛丑稿有《送程宾梧父子南归》诗四首，写于顺治十八年四月十六日至三十日之间，与《归来草堂尺牍》之说吻合，故可推知程涵之父为程宾梧。

又，《秋笳集》卷八《与计甫草书》（一）云："兹因程年兄归南，勒此布心，相思之深，非笔所悉，遥瞻南斗，涕泗何云。"

又云："弟久沉异域，语言习俗，渐染边风，大雅惛惛，磨灭尽矣。"可见此书系托程涵捎归者。

按：此书作《与计甫草书》疑误，实应作《与宋既庭书》，原因详见《吴兆骞资料汇编·书信辑存》本书信之按语。

⑥《汉槎友札》徐元文四月十八日书："金鸡之赦，老伯举家放还，知陟岵陟屺，甚慰远情。独是老嫂初返家园，旋当远从客戍……来都之日，倘可相周，当殚力是视，老伯所留旧衣一簏，亦将并入老嫂行装矣。"味此书，葛氏亦曾离乡拘系或保出候审，但由于北上京师等候出塞者为晋锡夫妻及其子兆宽、兆宫等，因此葛氏当系于苏州府监候或保出候审，故徐元文书谓葛氏遇赦，"初返家园"云云。

⑦《秋笳集》卷八《方与三其旋堂诗集序》，内云："方子与三，才为艺苑之宗，名在俊流之右……开缄写怨，流翰陈弦，客路山川，塞天风雪。或车中之赠别，或马上之行吟，以至真番土风，鲜卑国语，无不调成金石，丽错琼瑶。名曰《其旋》，都为一集。寄羁臣之幽愤，写逐客之飘踪……允为传世之篇，聊当述征之作。"

张缙彦《域外集》其旋草序："与三所著播迁以后诗二千余言……写流人之幽恨，发万古之悲凉……汉槎吴子已序于左，今为与三氏之请……安可以辞？故为说诗者如此。"

考方拱乾《何陋居集》辛丑稿《坦公适至，留偕升季小饮》诗有句云："君为论文至，蓬窗花适开。"自注："时携所作儿育诗序来。"此序即《其旋草序》。按此诗下一首为次日所作之《偕诸君子出郭看花》诗，内有"浓阴已送夏至雨"之句，考是年夏至为五月二十五日，而兆骞之序虽稍早于张序，但亦必在该月下旬。

⑧《何陋居集》辛丑稿《汉槎从调御之沙岭，值雨怀之》诗，有句云："带雨出游好，将毋湿马蹄？"此诗下隔一诗为《再怀汉

槎》，诗云："东京似解游人意，特向秋霖乞晓晴。渡入断桥应忆板，车经深轨尚疑城。莲花古佛台痕破，苔藓前王殿脚明。好付奚囊尽收拾，莫令异代笑张衡。"可见兆骞游沙岭之际，又再次游东京城。

⑨游宁古台轶事详见张缙彦《域外集·游宁古台记》与方拱乾《何陋居集》辛丑稿《九月四日偕诸君子登宁古台，更临前溪，凡十有八人觞咏竟日》诗。

⑩方拱乾《甦庵集·留别汉槎》诗四首。其一有句云："穷荒应疾离，恋子转迟迟。欲语绪非一，先驱意若痴。"其二云："同来不同返，处处动人悲。此去回车地，前年并辔时。冰河冲雪渡，土屋压烟炊。鸡唱灯明候，知君共我思。"其四云："眠餐虽细事，怜尔只身难。鸿案几时到？鸡窗彻夜寒。拾薪冰爪脆，数米铁衣单。犹记霜天曙，喧呼苜蓿盘。"难分难舍之深情，流露笔端，令人不忍卒读。

《归来草堂尺牍》家书第七壬寅正月十九日上父母书（《吴兆骞资料汇编》321页）云："顷十一月初，方年伯南归，儿寄有家信，想必不浮沉。"《秋笳集》卷八《与计甫草书》（二）："怀念之什，颇有数章，欲便录寄，以当良觌。恐此札达时，正兄等春明得意之候……聊托敦四，书排律一首奉正，想兄见之，当相凄恻也。"

按：方氏系以认修京师前门城楼工得以赦归。顾景星《白茅堂集》附《耳提录》云："方楼冈、邵村兄弟自塞外赦归，华亭周釜山赠以诗曰狱中拔取双龙剑，天上修成五凤楼云云。盖邵村兄弟以修前门楼自赎。"

⑪《秋笳集》卷八《寄顾舍人书》："龙眠（指方氏）父子，与弟同谪三年，情好殷挚，谈诗论史，每至夜分。自彼南还，塞垣为之寂寞。"又，该书卷八《与计甫草书》："放废以来，万缘都废，惟雕虫一道，犹尚缠绵。塞天无事，寂坐荆扉，斫冰炊稗，

以充饥渴。所携故簏，尚有残编，每啜糜之暇，辄与龙眠诸君子，商榷图史，酬唱诗歌，街谈巷曲，颇成一集，取扬子云哀屈之义，命曰《质龣》。"方拱乾《宁古塔志》自序："记与吴汉槎及儿辈，屡属其撰志，而不先就，亦曰此生岂有还理？"

⑫《归来草堂尺牍》家书第七壬寅正月十九日上父母书（《吴兆骞资料汇编》321页）："方年伯临行时，以儿托付许康侯，要他照管。康老于去年十一月二十日，即请儿到他家，与他讲《汉书》。今岁儿竟馆于许氏了。"

⑬是年方拱乾与吴兆骞唱和赠答之诗依次为：《问汉槎病》三首、《移居雨后月将圆》、《再出郭看花》（以上为五月）、《闻汉槎小恙昼卧招之》（六月）、《中元步虚词》八首（七月）、《汉槎从调御之沙岭值雨怀之》二首、《再怀汉槎》、《汉槎示予〈金刚经〉，乃予乙酉春手录寄林子可任不克，壬辰复检识界儿章持示者，慨而作此》（以上为闰七月）。以上并见《何陋居集》辛丑稿；《留别汉槎》四首（十月）、《阿稽林子忆及汉槎、德维》（十一月）、《将至沈阳》之四（十一月）。以上并见《甦庵集》。

⑭顾贞观《顾梁汾先生诗词集》卷一《山左蒙阴山中七歌》之一（余系寄老父及家兄诸作）云："延陵季子世无两，徙籍穷边属亭长。禹鼎不铸海外洲，天生才人御魑魅。我行霜露犹苦寒，冰雪摧残不可想。泪满李陵身上血，生当归来死永诀。"

按：康熙元年十月顾贞观有寄兆骞书云："去年（指顺治十八年）走山左，今年走长安。"可见此诗写于本年。

⑮以上诸诗见《秋笳集》卷二、卷三。

⑯张廷济《秋笳馀韵》收陈堪永致兆骞书信之二云："弟堪永再拜汉槎盟兄足下：玄阴素节，两接音徽，回想故人，各在天末（下阙五字）骨凄然，复诵瑶章，远怀羁旅，相思千里，乃如是耶？思吾汉槎，负梁苑之鸿林，抱长沙之深痛，入宫生妒，投杼见疑，卞璧蒙冤，隋珠见点。虽玉关落日，莫可照其深愁；

金塞悲风，未足吹其积思矣。至如弟者，事异幼安，乃同避地；人非梅福，亦复逃名。衰草愁云，目断黄龙之外；寒烟积雪，心摇玄菟之间。每当边笳暮动，寒鼓宵传之时，一望荒凉，寸心凄折，即相与如汉槎者，犹不能分题良夜，晤对晴窗，聚朋友之欢，托生平之契，兴言及此，复何言哉？然而达士略情，哲人知命，当蒙难屡艰之日，正潜修养晦之时。用是勉志玄功，栖心静室，半灯碧火，一卷《黄庭》，以伯伦愤世之思，作灵运生天之业。时或香篆浮空，降紫鸾于清昼；神光绕室，闻玉磬于中宵。即悟仙踪，殊非风影，乃知生事，复镜夙因。惟汉槎长深遗世之思，更具异人之质，正宜假兹慧业，厉我清修。若乃忠拟屈平，而材难遇主；文如迁史，而生不逢时，斯固才子途穷，文人运厄，不难呼神而伸诉，问天以自明者，又何必效其悲愁，增其郁结乎？汉槎知我实深，故敢举以相告，他人闻之，则必聋耳听声，瞽聪辨〔色〕（下阙）。"

⑰《吴江诗略》向无刊本，民国初年有柳亚子先生抄本。此书收吴兆骞诗18首，内《庚子至日书怀三十韵》既写于顺治十七年冬至（十一月二十日），则其成书必在此后。又考此书编者之一的董二酉，在康熙二年五月庄氏史案结案时，由于受此案株连，虽然已卒二年（黄兆枋《续平望志》卷十八），仍被开棺戮尸，据此其卒当在顺治十八年。根据上述原因，《吴江诗略》成书当在十八年初。

⑱《吴氏族谱》卷十一吴晋锡墓志铭："后夫人杜氏……先公一年卒。"按晋锡卒于次年七月，故知杜氏卒于本年。

⑲此案详见《清圣祖实录》卷三。孟森先生有《奏销案》一文，考证殊详，可参阅。孟先生又谓："（此）特当时以故明海上之师，积怒于南方人心之未尽贴服，假大狱……以威劫江南人士也。"

⑳金圣叹《沉吟楼诗选》有《送吴兹受先生赴任永州司理》诗，

内有"出处规模真越绝，弟兄意思各峥嵘。临行执手各珍重，岂为悠悠离别情"之句，可见其与吴晋锡之关系。

㉑《贰臣传》卷九："吴惟华……戍宁古塔，籍其家。圣祖御极（指本年正月玄烨即位），惟华以输工作赎罪，恩旨赦还。"

按吴惟华在戍所与方拱乾交往较密，方氏有诗赠之。考方氏系本年十一月初因被赦而起程南归，而其编年体之诗集从未涉及吴惟华赦归事，可见吴惟华之赦归当在本年十一月或十二月。

康熙元年　壬寅（1622）　三十二岁

正月十九日，有上父母，言及方拱乾赦归，自己馆于许氏①。

年初，葛氏采真携带家人吴御与沈华之妻自吴江起行，拟至京师赴刑部，准备依"例"出塞。三月底，于京师附近与出都南下之方拱乾父子之舟相遇。至京师后，陈容永赋七律两首与长诗《松陵行》寄怀兆骞②。

葛氏赴京，小姑文柔，即兆骞之妹一路相送③。

四月十九日，徐元文有致兆骞书，内言及"老伯举家放还"，"独是老嫂初返家园，旋当远从客戍"④。

七月初八日，吴晋锡卒，年六十四。卒之日语弘人等曰："某生不能死国难，死当表我墓曰前进士某人之墓足矣。"⑤

七月中，顾贞观有《壬寅燕郊却寄》诗四首寄赠兆骞⑥。

十月初，葛氏犹在京师刑部羁候，文柔仍留京师，顾贞观将吴文柔陪伴葛氏入京事告知龚鼎孳，鼎孳大为赞赏，写信谓文柔有缟綦中义烈之风。贞观感而赋《声声令》词以颂之⑦。

十月，葛氏行后，顾贞观将自顺治十五年以来所赋怀念兆骞之诗十章并长信一封奉寄兆骞。此外，复摘录龚鼎孳寄方与三札中盛称兆骞之语以寄⑧。

是年陈之遴有《寄怀吴子汉槎》诗四首⑨。

清廷改驻防宁古塔昂邦章京（总管）为将军，宁古塔将军仍为巴海。

四月，永历帝父子被吴三桂绞死于昆明。

五月，郑成功卒于台湾，其子郑经代领其部。

六月初一日，浙东通海案结案，魏耕、钱瞻伯、钱缵曾、潘廷聪被杀害，祁班孙、杨越、李兼汝、周长卿、钱瞻伯之弟虞仲、方叔、丹季长流宁古塔，并于本年仲冬出塞⑩。

六月，李定国病卒于勐腊。

七月，庄氏史案发生，友人陆圻牵连入狱。

*　　　　*　　　　*

①见《归来草堂尺牍》家书第七吴兆骞康熙元年正月十九日上父母书（《吴兆骞资料汇编》321页），内云："正月十九日，儿兆骞百拜父母两亲大人膝下：顷十一月初，方年伯南归，儿寄有家信，想必不浮沉。两亲身子安否？闻欠钱粮事甚重，父亲能脱然否？儿悬念不可言。儿颇平安，无烦两亲远虑，诵佛经、读古书以消岁月。父亲见方氏昆弟，自能悉儿之近况也。腊月间见程涵有字云：父亲将至京师，为儿谋接济之事。儿闻此音，为之酸楚累日。儿媳出关，想不能免，不知家中又作何举动，作何光景，想俱是儿前生罪业，故受此苦报，念头到此，惟皈依三宝一着而已。吾家当破巢之后，人情凉薄，此不待言，父亲当勿介意，恐伤怀抱，试观金沙、丹徒诸公，则吾家又厚邀天幸矣。方年伯临行时，以儿托付许康侯，要他照管。康老于去年十一月二十日，即请儿到他家，与他讲《汉书》，今岁儿竟馆于许氏了……"

②《归来草堂尺牍》家书第七吴兆骞康熙元年正月十九日上父母书（《吴兆骞资料汇编》321页）："儿媳出关，想不能免……儿计此信到家，必已孟夏，儿妇此时想已出门已久，不知家中又如何

悲恸也。"据此葛氏自吴江出门殆在是年初。又，陈容永谓：
"汉槎嫂夫人例赴戍所，因以小诗附怀良友，敢祈赐玉斧正之。"
（《秋笳馀韵》卷上）可见吴晋锡系经斡旋，全家始得免于流徙，
然葛氏之出塞，却是依"例"而行。

方拱乾《甦庵集》壬寅稿《遇吴江诸年家妻子》诗："羁人犹未
返，妻子竟何来？行李破家办，音书隔岁裁。天心高易格，人
事迮难猜。耿耿别时语，归舟惭独开。"可见此诸年家妻子中不
仅有兆骞之妻，还有他人之妻子。又，此诗写于是年三月底，
可见葛氏等自吴江起程当在年初（最晚二三月之交）。

吴桭臣《宁古塔纪略》："我父汉槎公遭丁酉科场冤狱，遣戍宁
古塔……我母葛孺人日夕悲哭，必欲出塞省视……庚子冬，自
吴江起行，遣家人吴御及沈华夫妻同送我母至宁古塔。"按：本
则记事，其误有三：一、葛氏自吴江起行时间并非庚子冬，而
是壬寅春；二、葛氏出塞并非出于自愿，而是依"例"赴戍；
三、葛氏所携婢仆，除吴御外，只有沈华妻一人，并非沈华夫
妻二人同往。基于此，兆骞家书多次言及"沈华妻平安，可向
沈华讨一字"（家书第十一），又嘱其妹文柔"《今诗粹》及《吴
江诗略》所选我诗，妹可着沈华将细字写了……寄我一看"（家
书第十一），可见沈华并未至宁古塔，仅其妻随葛氏前往。

又，顾贞观《弹指词》声声令词，系咏葛氏出关、吴文柔远送
之事。该词最后一句为"本意儿身作木兰"，自注云："时尊府
君蒙恩免戍，竟以忧卒。"味此词句与自注，葛氏出塞又有如木
兰代父从军（即代晋锡远戍）之意。

陈容永《汉槎嫂夫人例赴戍所，因以小诗附怀良友汉槎》诗两
首。其二云："混同江水共肠回，重画愁眉向镜台。已恨劳人歌
草草，更伤游子赋哀哀。朱颜暗逐青春换，雪顶都缘绿鬓摧。
独上高冈东望处，满天霜雾雁还来。"其《松陵行》有句云：
"才出玉关肠已断，不知还在玉关东。穷边相见相持泣，罗衫更

觉青衫湿。"

③陈容永《松陵行》云："就逮间关伴者谁？小姑巾帼怀豪气（即
杨夫人）。偏舟相送抵京华，抱哭津亭稚女嗟。"顾贞观《弹指
词》卷上《声声令》词注云："松陵吴汉槎夫人出关，令妹昭质
（即文柔）以孤孀远送。"

④《汉槎友札》之三徐元文致兆骞书，内云："知己暌携，晦明遥
隔，极望边关，只劳感叹，犹幸尺素时通，殷勤念忆，阔绪离
怀，历历在纸，捧览周环，仿佛一亲良觌耳。金鸡之赦，老伯
举家放还，知陟岵陟屺，甚慰远情。独是老嫂初返家园，旋当
远从客戍，虽双飞天末，无复形影参乖，然朔边迢遥，治严非
易，恐老兄念此，不能不转萦心曲耳。来都之日，倘可相周，
当殚力是视，老伯所留旧衣一篚，亦将并入老嫂行装矣……"

⑤《吴氏族谱》卷十一《燕勒吴公墓志铭》："康熙元年七月初八日
卒。卒之日，语其子曰：'某生不能死国难，死当表我墓曰前进
士某人之墓足矣。'"

陆文衡《啬庵随笔》卷三："我邑吴兹受，故永州司理，避乱遁
归，未经本朝录用，而自署为巡抚。近日物故，大书衔于铭
旌。"言下颇有微辞，然晋锡巡抚之衔，实经明永历帝授予，并
非自署，陆氏不知此中底细，故所言似是而非。据此亦可见晋
锡眷怀故国之情怀。

⑥顾贞观《壬寅燕郊却寄（时七月中，尚未闻老伯之变）》四首
（见《秋笳馀韵》卷上）。其一云："好梦吹忽破，觉来秋风生。
相思鉴微月，流影若生平。掬泪不盈把，当欢反纵横。苍蝇尔
犹在，白璧何明明。"可见此四诗系顾氏梦中见到兆骞醒后怅然
之作。其四有"梦来秋水白，魂返枫林青"之句，沉痛之情，
堪与杜甫《梦李白》诗相伯仲。

⑦顾贞观本年十月寄兆骞书（见《秋笳馀韵》卷上）。内云："十
月中，询知嫂夫人在部，愧旅次萧然，不能赆送，负汉槎于数

千里之外，真不复可语于朋友之谊。登车洒泣，至秋曹相送者，惟弟一人而已。"又云："令妹杨夫人，尚留邸次，弟以语龚芝老，芝老手札示弟，谓有缟綦中义烈之风。至云弟妇，深为心折，亦轩冕中最不易得者。"其《弹指词·声声令》，词序云："松陵吴汉槎夫人出关，令妹昭质，以孤孀远送，芝麓龚公盛称为缟綦义烈，因赋此词，并寄汉槎。"此词蒋景祁《瑶华集》卷二十一所载者，与《弹指词》所收者相比，颇有异同，窃以为《瑶华集》所载者，当为初稿，《弹指词》所收者为改定稿。兹将《瑶华集》所载者转录如下："铁衣初卸，孤月新弯。旧书生，绝域红颜。钟情多病，那奈直恁摧残，只透烟霜两鬓顽。甚日生还？酒泉郡，玉门关，燕颔小妹上书难。穹庐举案泪偷弹，筑刀环，强说儿身是木兰。"

⑧此十章诗、一封书信、龚鼎孳复方与三之信（摘录），均见《秋笳馀韵》卷上。顾贞观之信，首先追忆与吴兆骞之交谊游处，其次叙述自己之坎坷遭遇，再次言及葛氏在京状况。结尾写道："倘有机缘可乘，为汉槎作生还之计，固是古今一幸事，但不敢必耳。拙吟录十章附正。嫂夫人以何日到（宁古塔）？迩来何以度日？相与何人？体中好否？一有便，即悉以相慰。至嘱。临纸气结，不能长语。"其尾书"壬寅十月"。

龚鼎孳寄方与三之札道："足下既返玉门，汉槎尚淹留沙碛，读其篇章凄然，哀动心魄，子山之赋《江南》，孝穆之序《玉台》，殆无以过。才人薄命，有识同悲，中郎所以寄赏于焦桐，昌黎所以兴嗟于穷鸟也。"

按：龚鼎孳（1615—1673），字孝升，号芝麓，安徽合肥人。崇祯七年进士，授兵科给事中。李自成陷京师，受直指使职。顺治元年五月，清师入京师，鼎孳迎降，授吏科右给事中，寻改礼科。二年九月迁太常卿。十年擢刑部右侍郎。十一年二月转户部，五月迁都察院左都御史。后以事降级调用。康熙元年以侍郎补用，明年起都察院左都御史。三年迁刑部尚书，后转兵部、礼部。十二年九月卒，谥端毅。有《定山堂集》。见《贰臣传》卷十二。其气节本无足取，惟喜奖掖士人，振恤孤寒，为人所称。如顾贞观就是由于其延誉而"名益腾起"。

⑨陈之遴《浮云集》卷六《寄怀吴子汉槎》五律四首。其二云："夫征犹绝徼，妇叹复长途。稍慰三年隔，难胜百感俱。天长家更远，草白泪同枯。太息终军妙，于今悔弃繻。"据此可知此四诗写于葛氏赴戍途中。

其四云："老病知胡底？心期属后贤。敢云千古在，犹望片言传。学道馀今我，逃名失壮年。故山如可到，待子白云边。"可见其盼望赦归之心态。

⑩此次通海案，清代学者杨宾、全祖望、杨凤苞，近代与当代学者谢国桢与何龄修先生均有论述。兹将此案始末与重要人物略述如下。

魏耕，原名璧，字楚白，后改名耕，号雪窦居士，慈溪人，生于明万历四十二年（1614）。少失业，学为衣工。喜为诗，酷嗜李白。明亡后，志图恢复，结交湖州钱瞻伯、钱缵曾、潘廷聪、山阴杨越、朱士稚、张宗观、祁班孙，长洲陈三岛，吴江周长卿等，以期有所作为。魏耕曾投书郑成功，建议入长江，下金陵。顺治十六年郑成功兵临金陵城下，但功败垂成，仓猝东归。魏耕又遮道上书张煌言，劝其入英霍山寨，徐图再举。不久，清廷大兴"通海"之狱，于是魏耕等先后被捕。康熙元年，魏耕、钱缵曾、钱瞻伯、潘廷聪等先后被害，祁班孙、杨越、李兼汝、周长卿及钱瞻伯之三个弟弟虞仲、方叔、丹季则被押赴京师，长流宁古塔。余人以先卒幸免于难。耕之妻凌氏与次子高自缢死，长子乔戍尚阳堡。耕时年48岁，有《雪翁诗集》。此即浙东通海案，详见谢国桢先生《记清初通海案》，何龄修先生《关于魏耕通海案的几个问题》及拙著《东北流人史》与

《中国流人史》有关章节。

钱瞻伯，名价人，归安人。明吏部郎中元懋之子。诸生。少工文词，"二十一史俱综贯，诗律亦刚劲不靡"，有《河渭间集选》十卷，另与魏耕同辑《今诗粹》六卷。其大弟虞仲，字志熙，魏耕誉之道："虞仲英姿磊砢，皎皎若仙，不愧王谢家风。尝与其兄瞻伯，弟方叔、丹季刻烛联句，予以四皇甫目之。"《今诗粹》卷一、四、六选有其出塞前诗数首。出塞后，为七子诗社成员之一。瞻伯之二弟方叔、三弟丹季亦能诗，均为七子诗会成员。吴兆骞《寄顾舍人书》谓："苕中三钱，才笔特妙。不意大者有山阳之痛，而小者复为濮阳之匿。"杨凤苞据此推断"方叔、丹季尝逃归矣"。详见《今诗粹》、《国朝湖州诗录》、《存友札小引》有关记载及杨凤苞《秋室集》卷一与卷五。

刘献廷《广阳杂记》卷一："祁班孙，字奕喜，山阴之梅市人。父彪佳，崇祯时巡按南京，弘光时又为巡抚，俱有清节，国变，衣冠正笏，坐荷花池沉死。班孙不应试，肆力为诗古文，好结客。康熙元年，以与魏耕交，流宁古塔。至则赂其督帅弛约束，四年，脱身归。匿梅市一年，颇为人知，守令以下物色之，乃下发为尧峰僧某弟子，号咒林明，主常州马鞍山寺。喜谈议古今，而恶讲佛法，缙绅先生多疑之，而莫知其姓名者。言明末事，辄掩面恸哭。十二年十一月十一日，忽沐浴曳杖绕室大呼曰：'我欲西归，有缘者随我。'如是者终日，观者如堵，骇不敢近。入暮，踟跌垂眉，久之，忽张目曰：'动一念矣。'遂卒云。"杨宾《大瓢先生杂文残稿》祁奕喜传谓班孙"逝年三十九，无子，所著有《东书堂集》行世"。此集今不传，仅《紫芝轩逸稿》传世，系后人所辑。另参见崇祯八年谱有关记载。

杨越（1622—1691），初名春华，字友声，号安城，山阴人。少喜读书任侠，年十七为诸生，康熙元年以"通海案"被流放宁古塔。康熙三十年，卒于戍所，年七十。见姜宸英《西溟文钞》

卷十四、俞樾《荟蕞编》卷五杨安城。

李兼汝，名甲，一作达。萧山人，诸生。明亡，结客谋恢复，康熙元年以"通海案"流放宁古塔。康熙八年逃归，卒于杭州。见杨宾《杨大瓢先生杂文残稿》有关记载。又，魏耕《雪翁诗集》中多次出现之李文达，当即李兼汝。

周长卿，名不详，吴江人。钱缵曾（允武）入狱后，暗中写信，嘱其妻以幼子托付给杨越、李兼汝与周长卿，事泄，三人均被捕。长卿入狱，与以张煌言抗清案牵连入狱之高宇泰为邻。（参见何龄修先生《关于魏耕通海案的几个问题》）长卿遣戍时，友人高宇泰有《送吴江周长卿戍辽西》诗："我住勾章子具区，相逢何事作邻居？长卿有日传巴檄，元发徒能读汉书。谁是交情同患难，敢从天意识乘除。遗民尚说熊经略，不仅伤心君到初。"

按：此诗谓长卿遣戍辽西，不确，应为宁古塔。又，康熙二十八年，杨宾至宁古塔省亲，曾见到周长卿，有《次韵酬周长卿》诗二首。次年正月初七日，又有《人日陪家大人、周长卿过李召林侍御》诗，可见二十九年长卿犹未赦归。

康熙二年　癸卯（1663）　三十三岁

去冬接到顾贞观十月所寄之书，今春曾报以手书①。

二月初五日，葛氏至宁古塔，携二三婢仆，小有资斧，生活稍给②。

四月，祁班孙等抵戍所，兆骞赋《祁奕喜初至留饮》诗，深以"途穷"为叹③。

秋，陈之遴有《寄吴子汉槎》诗二首④。

本年有家书两封⑤。

108

宋德宏卒，年三十四⑥。

许虬有怀念兆骞之诗《寄吴弘人、闻夏，并怀汉槎》⑦。

是年，庄氏史案狱决，死七十余人，百余人戍边。书中所列参阅诸人，实有未与其事，仅以名高而为庄氏所假托者，如吴炎、潘柽章等亦不免。罹此案而免者，仅陆圻等三人⑧。

＊　　　＊　　　＊

① 《归来草堂尺牍》与顾华峰书："自壬寅冬，获承手书，卯春一缄奉报。"惜此书已佚。

② 《秋笳集》卷八《寄顾舍人书》："癸卯，弟妇来，携二三婢仆，并小有资斧，因以稍给。"又，《归来草堂尺牍》家书第十五："二月初五午间，娘子到宁古。"

按：吴桭臣《宁古塔纪略》，谓其母葛氏"于辛丑二月初五到戍所"，其月日可与兆骞之说相印证，然其年作辛丑则系追忆之误。

又按：其所携婢仆为家人吴御及沈华之妻。

③ 祁班孙《紫芝轩逸稿》载《有怀》、《渡混同江》二诗，均为流放途中所作。前者有"孰怜三月路"句，后者有"三春波欲涨"，可见渡混同江（即松花江）时为三月。据此，行抵宁古塔则为四月事。

《秋笳集》卷二《祁奕喜初至留饮》诗："清霜羸马古城东，笳管声凄帐影空。一别朱门瑶草后，相逢紫塞战尘中。交游只讶当时尽，樽酒翻怜此夕同。莫道朔边冰雪地，迁人何处不途穷？"

④ 陈之遴《浮云集》卷八《寄吴子汉槎》诗。其一云："翩翩公子滞遐荒，日夕山窗事缥缃。经笥偶然倾万卷，史才犹自晦三长。依松月共秋情澹，挟叶风侵晓梦凉。险阻备尝身更重，莫将鸡骨久支床。"其二云："二千远道数行书，每发缄题恨有余。日月给人俄老大，性情经难转迁疏。频仍俭岁虚藏峪，迫促公旬

敝役车。风物旧京萧索甚，乌龙江外更何如?"

⑤《归来草堂尺牍》家书第十二康熙三年春上母书（《吴兆骞资料汇编》323 页）："去年四月八（日）〔疑作月〕，共有两信，寄到方年兄（章钺）处，不知俱得到母亲前否?"惜此二书已佚。

⑥计东《改亭集》卷十六宋德宏行状："德宏字畴三，伯兄御之，仲兄右之。畴三为季子，生崇祯庚午〔三年〕。十三补弟子员，戊子仲兄举于乡。辛卯偕（族兄）既庭同举顺天乡试，又称二宋，时年二十二。壬辰下第，偕仲兄及既庭南归。乙未，畴三迫于母命，从仲兄计偕入都……畴三复下第，以念母遄归。归途闻母夫人丧，哀毁几至灭性，竟以哀不胜丧，呕血数升而殁，年三十四。"据此，自崇祯三年（1630）顺推 34 年，为康熙二年（1663），即为其卒年。

同治《苏州府志》卷八十八："宋德宏，字畴三，少负才名，出两兄上，与诸文士倡慎交社。顺治辛卯举顺天乡试，年甫三十四卒。"

⑦许虬《万山楼诗钞》今体诗《寄吴弘人、闻夏，并怀汉槎》诗："别来心事竟如何？身世终难付薜萝。厦栋经霜杞梓老，物华照日凤麟多。国恩家难吹箫乞，白发青樽击剑歌。弱羽鹳鸧飞不返，萧萧辽海起风波。"

按：此诗在《万山楼诗钞》中处于《遥哭宋畴三同年》诗之后，而畴三系卒于康熙二年，故此诗亦当写于是年。

许虬，字竹隐，号敏庵，江苏长洲人。顺治十五年进士，官至永州知府。有《万山楼诗钞》、《万山楼诗集》。见柯愈春《清人诗文集总目提要》卷八。

⑧此案始末详见翁广平《书湖州庄氏史狱》与杨凤苞《记庄廷鑨史案本末》。罹此案中人与兆骞有交往者为陆圻。

《鲒埼亭集》卷二十六《陆丽京先生事略》："陆圻，字丽京，杭之钱塘人。兄弟五人，而先生为长，与其弟大行培并有盛名……乙酉之难，大行里居自经死。先生匿海滨，寻至越中，复至福州，剃发为僧……事去乃返……会庄廷钺史事发……械系按察使狱。久之，事白，诏释之。既得出，叹曰：余自分定死，幸而得保首领，宗族俱全，奈何不以余生学道也？贻书友人，封还月旦，不知所知……所著有《威凤堂集》……"

按：陆圻与查继佐、范镶三人于史案初发生时，闻该书参阅姓氏中窜列三人之名，事先至学官具呈检举，方始免于此难。

康熙三年　甲辰（1664）　三十四岁

春，幕府以老羌之警，治师东伐，令流人供役军中，或以金代役。兆骞以递呈认太常寺衙门之工得免赴乌喇服役，陈敬尹、祁班孙、李达、杨越、陈卫玉、杨骏声、伍成礼皆往乌喇服役①。

二月，有上母书，言老羌之警与官庄之苦②。

九月初九日，与御史冯炳文游眺河上，钱虞仲以五言长律相赠③。

十月十四日，葛氏生子吴桭臣④。

十二月，有上母书，言及今年共有六七次信寄归与生子桭臣事⑤。

是年五月，大将军巴海乘大雪，袭破老羌于乌龙江，自是边患稍息，此即黑喇苏密之役⑥。

有《奉送巴大将军东征逻察》诗⑦。

康小范卒⑧。

侯泓卒，年五十四。

＊　　　＊　　　＊

①《秋笳集》卷八《寄顾舍人书》："甲辰春，幕府以老羌之警，治师东伐，令流人强壮者供役军中，文弱者岁以六金代役，于是

石壕村吏，时闻怒呼，无复昔日之优游矣。"

《归来草堂尺牍》家书第十二甲辰二月上母书（《吴兆骞资料汇编》325—326页）："不意旧年，因西海外逻车国（又名老枪）国人造反，到乌龙江来抢貂皮，其锋甚锐。将军差人到京讨救，即奉部文，今年元宵后到宁古，凡一应流人，除旗下流徙及年过六十外，一概当役。要选二百名服水性者做水军，到乌喇地方演习水战，与老枪打仗。又要立三十二个官庄，囤积粮草。此令一到之日，将军即差管家请各绅袍，到家中面谕云：'我家养你们几年，念你们俱是有前程的，并无差徭累及，不意上面因有边警，俱着你们当差。水营、庄头、壮丁这三件，任凭你们拣一件，三日后到公衙门回复，此即是我的情了。'儿辈一闻此言，莫不相向落泪。将军亦为凄惶。蒙将军又云：'若肯认工，便俱免了。'儿回寓，与各位老成人细商，俱云：'这三件都是死数，不若且认工为妙。'因此儿与钱、姚两年兄只得递呈。儿认太常寺衙门……此二月初二日事也。……他们充水手者，以二月十一日起身……旧吏陈敬尹在将军家处馆，教他儿子，然亦选入火器营管炮。至若山阴祁奕喜、李兼汝、杨友声、宜兴陈卫玉、苏州杨骏声、同年伍谋公俱做水兵往乌喇去矣。惟儿与姚、钱两年兄因系认工，暂且照旧，等候文书回来定夺……"

吴桭臣《宁古塔纪略》将此事系年于其五岁时（即康熙七年），则系追忆之误。惟言此事结局，尚有可资参证之处。其文云："二三年后，予家无力认工，逻车国亦讲和，复得部文，俱以绅袍例优免。往乌喇戍者，亦得回宁古。"

又，伍谋公即系丁酉南闱科场案发遣宁古塔八名举人之一伍成礼。杨宾《晞发堂集·伍敬玉五十寿序》谓，"顺治间，君之尊甫谋公先生，以事谪塞外"，并谓系金陵人，而兆骞书中又称其为同年，凡此（遣戍时间、籍贯、称呼）皆可为证。至于陈卫

玉（宜兴人）、杨骏声（苏州人）身世事迹则已无考，仅知卫玉为陈维崧之叔（可能为族叔）。

②《归来草堂尺牍》家书第十二上母书（《吴兆骞资料汇编》324页）写于甲辰春。此书除言及老羌之警外，尚言及官庄之苦云："至若官庄之苦，则更有难言者。每一庄共十人，一个做庄头，九个做壮丁。一年四季无一闲日，一到种田之日，即要亲身下田，五更而起，黄昏而歇。每一个人名下，要粮十二石，草三百束，猪一百斤，炭一百斤，官炭三石斤，芦一百束。至若打围，则随行赶虎狼獐鹿。凡家所有，悉作官物。衙门有公费，皆来官庄上取办。儿每见官庄人，皆骨瘦如柴者，况一书生，岂能当这般苦楚？总之，一年到头，不是种田，即是打围、烧石灰、烧炭，并无半刻空闲日子，此官庄之必不可入者也。"

③《秋笳集》卷三《九日登东山忆甲辰此日同冯炳文侍御游眺河上，钱虞仲茂才以五言长律相赠……》诗："苍茫岩径抱烟稠，落日攀登动昔愁。雁塞云山低薄暮，龙沙冰雪乱清秋。衔杯彭泽仍佳节，吹笛山阳已旧游。三载夜台人不见，空将沉醉哭西州。"

④《归来草堂尺牍》家书第八甲辰十二月上母书（《吴兆骞资料汇编》326页）："媳妇今年十月十四日丑时幸生一男，因有孕之后，即每日吃人参二三钱，故分娩甚快。子时腹痛，丑时即生……抱腰及洗儿者，乃周长卿令政及沈华妻也。产后身子健旺之极，此总是人参之功。儿取小男小名为苏还，取苏武还乡及早还苏州之意。"又，上书家书第十三康熙七年三月上母书（《吴兆骞资料汇编》329页）云："儿取孙子之名为桭臣，原按着端侄排行木旁，而辰字则以父亲庚辰甲科，此子甲辰生也。此子寅时生，可算其八字寄来为妙。"可见桭臣之生辰，兆骞自言前后矛盾。

吴桭臣《宁古塔纪略》："甲辰十月十四日寅时生予，命名曰桭臣，以大父庚辰甲科，而余甲辰生也。小字苏还，取往还故里之意，且以苏属国相况，字曰南荣。"桭臣之言与兆骞寅时生之说同。

按：以上丑时与寅时二说，虽然有异，但考兆骞甲辰十二月上母书丑时之言，距桭臣之生时仅两月，而康熙七年三月寅时之言，距桭臣之生已三年又七月有余。以情理论，后者既系多年后追忆之语，容易致误，自然可能。而兆骞又将已误之生辰告知桭臣，自然桭臣之言也随之致误。据此，桭臣生辰仍以丑时为是。

⑤《归来草堂尺牍》家书第八甲辰十二月上母书："儿今年共有六七次家信寄归，不知俱到母亲前否？又六月、九月两信，俱寄在甫草族人计安甫处，不知不浮沉否？儿今岁止见大、二两兄及大妹去秋一字，又见大兄在江宁姚年兄家四月所寄一字，略知家中近况（下述生子桭臣事，略）。儿今年仍在宁古城中居住，因认工免差，恐明年二月间不能免，奈何！奈何！"

⑥陈仪《萨布素传》："（康熙）三年，（萨布素）以骁骑校击鄂罗斯（老羌）于黑喇苏密有功，署防御。"

《秋笳集》卷二《送阿佐领奉使黑斤》诗注："老羌屡侵掠黑斤、非呀哈诸种，宁古岁出大师救之。康熙三年五月，大将军巴公乘大雪，袭破之于乌龙江，自是边患稍息。"

张贲《白云集》有《宁公台杂诗》。其七云："渡海惊烽火，殊形怪老枪。双瞳鹰眼碧，乱发茧丝黄。五月飞寒雪，三更拂剑霜。军威歼勍敌，贺捷报长杨。"在第三联下注云："是年五月大雪夜破贼。"

按：黑喇苏密在黑龙江下游恒滚河（今阿姆贡河）口一带。

⑦《秋笳集》卷三《奉送巴大将军东征逻察》（逻察，一名老羌，乌孙种也）诗云："乌孙种人侵盗边，临潢通夜惊烽烟。安东都护按剑怒，麾兵直度龙庭前。牙前大校五当户，吏士星陈列严

鼓。军声欲扫昆弥兵，战气遥开野人部。卷芦叶脆吹长歌，雕鞬弓矢声相摩。万骑晨腾响朱戟，千帐夜移喧紫驼。驼帐连延亘东极，海气溟蒙际天白。龙江水黑云半昏，马岭雪黄暑犹积（冻解沙飞，山雪皆作黄色）。苍茫大碛旌旗行，属国壶浆夹马迎。料知寇兵鸟兽散，何须转斗摧连营。"

⑧康小范，名范生，江西安福人（《名家诗咏》卷十一）。明诸生。清军陷江南，曾从明督师大学士杨廷麟起兵抗清，恢复临江、吉安等。顺治三年十月，斗争失败，廷麟殉节，小范"兵败被缚下狱，濒死而免。吴门叶圣野赠之诗曰：'卢谌流落刘公死，回首章门一惘然。'亦侠烈士也"（《梅村诗话》）。康熙三年卒（《盦山集》续集卷三岁暮哭友诗）。

康熙四年　乙巳（1665）　三十五岁

以授徒自给。其夏，与张缙彦等结七子之会（一作七子诗会），分题角韵，月凡三集，后以成役分携而罢①。

十月初六日，祁班孙自乌剌逃归②。

祁班孙《复还兀嗽，留别松陵吴生，感怀夙昔，率成三十五韵》诗，当作于是年逃归前③。

有《代姬人寄赠钱茂才方叔》诗④。

是年，巴海歼罗刹80余人于索伦部⑤。

丁彪卒⑥。

四月二十八日，陈容永卒于戍所⑦。

＊　　　　＊　　　　＊

①《秋笳集》卷八《寄顾舍人书》："乙巳，以授徒自给。其夏，张坦公先生集秣陵姚琢之、苕中钱虞仲、方叔、丹季兄弟、吾邑钱德维及鄙人，为七子之会，分题角韵，月凡三集。穷愁中亦

饶有佳况。其后，以戌役分携，此会遂罢。"

《国朝松陵诗征》卷三吴兆骞："孝廉虽遭放废，其嗜古如故。出关时，以牛车载书万卷。在塞外日与羁臣逐客饮酒赋诗，曾结七子诗会。七子者，孝廉与张坦公、姚琢之、钱虞仲、方叔、丹季、同邑钱德维，分题角韵，月凡三集。困厄中有此韵事，能穷其境，不能夺其才，彼工上官术者究何益哉？"

《寄顾舍人书》又谓"钱德维议论雄肆，诗格苍老"，"苕中三钱（虞仲、方叔、丹季）才笔特妙"，"姚琢之诗如春林翡翠，时炫采色"，"张坦公先生，河朔英灵而有江左风味"。

按：姚琢之即系以南闱科场案遣戌宁古塔八名举人中之姚其章。其章字琢之，江苏金陵人。在此次科场案中，"以时忌，流寓塞外，楗户谢客，灌畦蓺卉以自好"。在戌所，"不闻说诗"，但其诗如"孤城临落日，万木冷秋山"等句，"一座叹以为胜绝"。曾选唐诗 1563 首为《唐人诗略》，张缙彦曾为之作序。见《域外集·唐人诗略序》。

钱德维（维又作惟），名威，吴江震泽北府（一作保障里）人。与其兄昌（字继升）"皆能文"。顺治初，钱昌因吴日生抗清事连累入狱，后事解得免。德维中顺治十四年南闱乡试，"实公取经元"，但仍"遭谤议流塞外"，"时甚惜之"。牵连所及，其妻吴氏同徙，钱昌亦逮至京师病卒。是时德维有一女一子。吴氏之妹（即徐釚之妻）怜该女"幼无所依，抚以为己女，及长为择婿出嫁"。康熙二十一年，德维曾南还（是赦归还是暂还，不得而知）。一作"终于漠北"。见同治《苏州府志》卷一百四十八、乾隆《震泽县志》卷十三与三十八、《南州草堂集》卷三十先室吴氏行述、《叶学山先生诗稿》卷五《闻钱德惟南还》诗以及《国朝松陵诗征》卷二。

②《归来草堂尺牍》家书第九康熙六年七月廿一日上母书（《吴兆骞资料汇编》328 页）："祁奕喜于丁巳十月初六日，自乌喇逃归

故乡矣，可与大兄知之。"全祖望《祁六公子墓碣铭》亦同此。

按：此说时间不确。考丁巳为康熙十六年，而班孙卒于康熙十二年，此其误显然者一；又，兆骞此信既写于康熙六年，焉能言及未来（十六年）之事，此其误显然者二。考刘继庄《广阳杂记》卷一谓班孙"康熙元年，以与魏耕交，流宁古塔……四年，脱身归，匿梅市一年"，而康熙四年为乙巳。又，杨宾《晞发堂文集》卷三亦谓"乙巳冬，祁先生亡归"，与刘继庄之说合，可见丁巳必为乙巳之讹，故年从乙巳，月日则为十月初六。

③祁班孙《紫芝轩逸稿》有《复还兀嗽，留别松陵吴生，感怀夙昔，率成三十五韵》诗："寂寥子云阁，当日赋长杨。独羡射雕技，难分彩笔光。少年良意气，壮岁各烟霜。感激丝催鬓，踟蹰泪满裳。盛衰谁可料？离合讵能量。忆送河梁别，先攀御苑香。才华真武库，星斗动文昌……烽尘多颓洞，蓬梗会飘扬。去自怜同调，来犹幸异方。路令游子怯，饭为故人强。扫径除篱落，倾囊具酒浆。青宵欣把臂，达旦笑联床。偃仰聊苏息，驰驱又断肠。兹行沉弱水，何夕话吴阊……思君应侧召，嗟予更投荒。藉草愁牵袂，临流泣举觞。征笳吹野碛，前旆促危冈。木脱乌巢覆，山深兔穴藏。明朝白云路，惨绝此相望。"

考祁班孙系康熙二年春至宁古塔，三年二月遣往乌喇做水兵，而其逃归之地为乌喇，这期间又曾有"复还兀嗽（即乌喇）"之行。据此，则复还乌喇当在三年夏后至本年十月前，故姑将此诗系于本年十月前。

④《秋笳集》卷三《代姬人寄赠钱茂才方叔》诗。内云："昨逢边使自辽东，闻君万里尚从戎。刁斗三年出玄菟，楼船百战度乌龙。"

按：钱方叔系康熙元年冬出塞，据"刁斗三年"句，顺推三年，则在本年，故可推知该诗约写于是年。

⑤杨宾《柳边纪略》卷一："康熙四年乙巳，阿罗斯（即俄洛斯、

117

老枪、老羌，亦即沙俄）率八十余人入索伦部，取貂皮而淫其妇女。卧未觉，宁古塔将军巴海率轻骑往袭之，尽歼其军，脱者四人耳，于是筑城于雅克萨，为边患者二十余年。"

⑥叶舒颖《叶学山先生诗稿》卷二有《病中得丁子绣夫讣音，泫然成此》诗。此诗写于乙巳，故可推知丁彪卒于是年。

《吴江诗粹》卷二十丁彪："丁秀才彪，字绣夫，少补诸生，有才誉，美如冠玉，谈唾风生，一座尽倾，四方交游雅称之。"有《丁绣夫诗集》（《苏州府志》卷一百三十八）。

⑦详见本书所附《交游考》陈容永、陈堪永。

康熙五年　丙午（1666）　三十六岁

四月，修建宁古塔新城（今黑龙江宁安），数月工竣，宁古塔将军治所自旧城（今黑龙江海林）迁至新城①。

十月十二日，移居新城东门外姚琢之所造新屋②。

某一春夜，有《春夜归自西郊不寐阅顾华峰旧所寄札》诗③。

一次看到友人出示描绘明黔国公沐氏之《春草园林图》，为赋《春草园林图歌赠友》诗④。

是时，从兆骞受学者，均为流人子弟，有陈昭令、叶长民、孙毓宗、毓章、许丙午、沐忠贞、田景园及吕氏昆季⑤。

陈之遴卒⑥。

五月二十六日，方拱乾卒，年七十一⑦。

*　　　　*　　　　*

①《吉林通志》卷二十四谓康熙五年十二月工部议准修建新城，而《清圣祖实录》卷二十一谓六年"四月己酉，建宁古塔木城"。据此则建城与迁城之举当在六年。然杨宾《柳边纪略》卷一谓："宁古塔城（指新城），旧在觉罗城北五十二里，康熙五年移于

觉罗城西南（去觉罗城八里）。今梅勒章京所居者，新城也。新城建，旧城遂废，人呼之为旧街上。"考张缙彦《宁古塔山水记》新城谓："自丙午夏四月，主帅与二副帅身先士卒，支毳帐，考工程，于是满汉蚁聚，伐木结茅，不数月而比屋可居。"可见新城之建，始于本年四月，数月后已粗具规模。以后，"越丁未、戊申，甫三易星霜"，才使新城趋于完备。基于此，姑采用五年建城与迁城之说。

②《归来草堂尺牍》家书第九吴兆骞康熙六年七月廿一日上母书（《吴兆骞资料汇编》327 页）："旧年，宁古塔迁城觉罗，去旧城六十里，在一片荒野中，建造城郭屋宇。凡流人中有前程者，皆在东门外，儿与钱德惟年兄，相去百步，其余张（缙彦）、孙（汝贤）、许（康侯）诸家俱相近。儿以十月十二日移居新城，以八两买琢之年兄所造新屋。琢之共费二十金造成，减价与儿，止取木料原值而已，其情甚厚。"

按：吴振臣《宁古塔纪略》云："（新城）内城周二里许……外城周八里，共四门，南门临江。汉人各居东西两门之外。余家在东门外，有茅屋数椽，庭院宽旷，周围皆木墙，沿街留一柴门，迎窗牖俱栽花树，余地种瓜菜，家家如此，因无买处，必须自种。"

③《秋笳集》卷二《春夜归自西郊不寐阅顾华峰旧所寄札》诗："天寒转玉绳，独夜旅愁凝。野色延残雪，春流响断冰。检书人独远，忆别梦相仍。磨灭三年字，因君欲抚膺。"

按：自兆骞出塞，顾贞观仅于康熙元年十月寄过诗十章、书一封。兆骞所阅旧札，即系此书。考本诗有"磨灭三年字"之句，自元年十月顺推三年为康熙四年十月，然本诗又谓春夜阅札，故必写于次年（即五年）春夜。

④《秋笳集》卷二《春草园林图歌赠友》诗："昔逢楚台客，为说黔公园。楼台照海水，花石亘山樊。十年南望纡长想，铜柱天

涯未能往。忽漫披图朔塞前，恍然置我昆池上（下面描绘明黔国公沐氏园林之风光景色与显赫声势，略）。一自烽烟暗滇海，朱门青闼知何在？鹤归犹叹市朝非，燕去宁论台榭改。雨雪飘摇大漠昏，风尘谁识故王孙？空将吹笛思金谷，几度闻笳怨玉门。怜君迁谪何时返？独抱丹青意愤懑。东陵衰贱欲摧眉，南诏云山如在眼。落日荒台故国秋，六王茅土竟谁留？莫将鸣鹄园中赏，来作和龙塞外愁。"

按：此诗系赠沐天波之子沐忠显之作。考南明永历王朝覆灭后，明黔国公沐天波殉难于缅甸，其三子（前二子早卒）忠显于顺治十八年十月降清，被安置在京师正白旗。不久，其妻龙氏生一子，名神保。至康熙四年三月，云南少数民族头人王耀祖、禄昌贤以拥戴沐氏后裔神保为名起兵抗清，七月失败后，忠显被逮系，结果被遣戍宁古塔。《宁古塔纪略》谓兆骞学生中有沐中贞者（余懋杞《杨安城传》作忠祯误），当即为神保之学名。据此，《春草园林图》为忠显所携，兆骞此诗所赠之友人即为忠显。又考，忠显既于康熙四年十月逮系，则其至宁古塔必在本年（五年）春，而沐中贞之从兆骞游，系在康熙六年（详康熙六年谱）。则忠显出示此图及兆骞为此图作诗之时间，亦必在此两年之内，今姑系于本年。

⑤吴桭臣《宁古塔纪略》："予父惟馆谷为业，负笈者数人，同患难子弟为陈昭令、叶长民、孙毓宗、毓章、许丙午、沐中贞、田景园及吕氏昆季。"

陈昭令，名光启，闽人，疑为陈敬尹之子，但无佐证，录此存疑。被兆骞誉为"文采风流，绝类南士"（《奉吴耕方书》），"秀而嗜学，北州少年，此为之冠"，与兆骞"居止接近，拥炉啜茗，靡夕不共也"（《寄顾舍人书》）。后经兆骞"言于将军，称其精通满汉文理，将军即用为官庄拨什库，总三十二庄。后复兼管笔帖式事，办事勤能，不数年，遂得实授八品笔帖式"

（《宁古塔纪略》）。

叶长民，为叶之馨之子（详康熙十六年谱注）。

孙毓宗、毓章，当为孙汝贤之子。惜孙汝贤行实已无考，仅于
方拱乾诗与兆骞书中得知其字。

许丙午当为许康侯之子。

吕氏昆季殆系吕朝胤之子。

田景园俟考。

⑥《两浙輶轩录》卷四十："徐灿（湘蘋）……大学士海宁陈之遴
继室……后从素庵（之遴）谪居塞外七年，素庵殁，诸子亦先
后摧折。"考陈之遴系顺治十六年出塞，顺推七年，适为本年。
民国《海宁州志稿》卷二十九文苑："陈之遴，字彦升，号素
庵……康熙丙午卒于谪所。"

按：焦君稷《焦冥集》卷一丙午稿《挽素庵相公》诗，其一有
"霜飞风急触忧繁，寂寞悲君非一言"句，其二有"那堪秋已
尽，雨雪更弥漫"句，可证之遴之卒在本年初冬。又，陈赓笙
《海宁渤海陈氏宗谱》谓之遴生万历乙巳（三十三年）七月二十
七日，卒康熙丙午（五年）九月十八日。

⑦李长祥《天问阁文集》卷二和宪先生桐城方公墓志铭。

康熙六年　丁未（1667）　三十七岁

正月初五日，因将军卧病，副都统某令兆骞及钱威两家迁往
乌喇。次日动身，行至三日，险葬身雪海，幸将军发觉，命飞骑
追回，始免于难①。

春，陈维崧有怀念兆骞之诗②。

七月二十一日，有上母书，言及宁古塔迁建新城及祁班孙逃
归、钱德维年嫂产故等事③。

九月初九日，曾经赴宁古塔新城东山登眺④。

是年在孙汝贤家处馆，又有云南沐公之子（即沐中贞）相从，束脩共十六金，但仍债负极多，穷苦万分⑤。

是年有《少年行》、《九日登东山忆甲辰此日同冯炳文侍御游眺河上，钱虞仲茂才以五言长律相赠，今冯钱皆逝，溯怀畴昔情见乎辞》诗⑥。

四月，清廷停止流人认工赎罪例⑦。

五月二十九日，陈堪永卒，年二十九岁⑧。

安珠护任宁古塔副都统⑨。

*　　　　*　　　　*

①《归来草堂尺牍》家书第九丁未七月廿一日上母书（《吴兆骞资料汇编》327页）："今年正月初五日，副都统因大将军卧病，忽发令，遣儿与德老两家，立刻往乌喇地方。此时天寒雪大，又无牛车帐房，赖孙、许两家合力相助，才得动身。其室中什物，尽寄孙家。儿与媳妇以初六平明起身登车，雪深四尺，苦不可言。山草尽为雪掩，牛马无食，只得带豆料而行。一车所载不过三百斤，牛料人粮重有百斤，儿与媳妇、孙子复坐其上，除皮褥之外，一物不能多载。行至百里，人牛俱乏，赖湖州钱方叔复借一牛车，沈华妻与吴御始免步行……行至三日，将军命飞骑追回，倘再行两日，到乌稽林，雪深八九尺，人马必皆冻死，将军真再生之恩也……吴御手足鼻皆冻至流血，可怜！可怜！"

按：此事吴桭臣《宁古塔纪略》亦曾记载，惟将时间系于其二岁（即康熙四年）时，则误。

②陈维崧《湖海楼诗集》卷二《春日杂感》之四（忆吴汉槎）："与尔当年共隐沦，若为怊怅误风尘。一樽惯下中年泪，万事徒伤去国春。白草琵琶乡思切，浑河烽火客愁新。李陵台畔应思我，塞雁南归是故人。"

③《归来草堂尺牍》家书第九。此信虽未署写作之年（仅署七月二十一日），但可推知。因此信言及"旧年宁古塔迁城觉罗"，而迁城事在康熙五年，旧年又指过去之年（即去岁），基于此，此信必写于旧年之次年，即本年七月二十一日。考本年吴桭臣四岁，以四岁之孩童，"已能读《诗经》四五句"，与信中所谓之"甚聪明"，完全吻合。可见此信写于本年。

④参见本年谱注⑥。

⑤《归来草堂尺牍》家书第九丁未七月廿一日上母书（《吴兆骞资料汇编》328页）："儿今年在孙家处馆，又有云南沐公之子相从，然两家束脩共得十六金，只堪一年柴米之用，其余当差及人情分子各项诸费，一无所出，奈何！奈何！儿盘费久尽，债负极多，千乞母亲设处数十金寄来，以救儿与媳妇之命。儿旧年字中，已屡屡痛切言之，今已穷困至万分，必不可迟，今年若非束脩，已不能存活矣。"

⑥《秋笳集》卷三《少年行》（丁未年作）诗，系抒发一少年"有功不解谒权贵，战如熊虎谁知之"的有功不得其赏的不平之鸣。同卷《九日登东山，忆甲辰此日同冯炳文侍御游眺河上，钱虞仲茂才以五言长律相赠。今冯、钱皆逝，溯怀畴昔，情见乎辞》诗："苍茫岩径抱烟稠，落日攀登动昔愁。雁塞云山低薄暮，龙沙冰雪乱清秋。衔杯彭泽仍佳节，吹笛山阳已旧游。三载夜台人不见，空将沉醉哭西州。"此诗虽未载明写作时间，但据"三载夜台"句，可知系甲辰游眺河上后冯、钱二人已逝三年之作，据此自甲辰（康熙三年）顺推三年为康熙六年，故知此诗写于本年九月初九日。

⑦《清圣祖实录》卷二十一："四月壬戌，左都御史尼满疏言：顷者流徙宁古塔、尚阳堡犯人，许自认修造城楼及部院衙门，释所犯之罪。此等犯人，家产先已籍没入官，计修工之费不啻数万金，何自而得？一经奉旨回籍，视稍赡之家，挟诈逼勒，致

良民受害。嗣后有认工赎罪者，请概行停止。从之。"

⑧施淑仪《清代闺阁诗人征略》卷二徐文琳传："文琳为徐湘蘋族侄女，许配其子子长。嗣子长随父陈之遴谪戍沈阳，卒于戍所。文琳赍志母家，或劝他适，答曰：富贵而许，患难而背，我不为也。越四载，徐湘蘋得请而归。文琳曰：我有家矣。遂孝养以终。"（引《正始续集》）此言陈子长卒后越四年徐湘蘋赦归，考徐湘蘋赦归在康熙十年，逆推四年，为康熙六年，故子长之卒，当在本年。又，陈赓笙《海宁渤海陈氏宗谱》谓陈堪永（子长）"卒康熙丁未（六年）五月二十九日，年二十九"。

《秋笳集》卷八《寄顾舍人书》："弟患难之交，陈子长最笃……此君文采，不减华峰，意气亦复相类，惜其无命，流落而死，为之痛心。"

⑨《吉林通志》卷八十七安珠瑚（"瑚"他书亦作护）传："安珠瑚，姓瓜尔佳氏，亦苏完人，隶满洲正黄旗。父阿喇穆力战殒于阵，恩赏云骑尉世职……以安珠瑚袭。三遇恩诏，晋轻车都尉，任参领，兼刑部郎中……康熙六年，擢宁古塔副都统（时年三十六）。十五年，增设吉林乌喇副都统，调任焉……十七年，诏奖巴海及安珠瑚，实心任事，抚辑新满洲户口，咸令得所，下部议叙，晋世职一等，兼一云骑尉。寻擢盛京将军。（二十二年以邀誉沽名）著革往吉林乌喇效力。二十四年，授索伦总管。明年卒。"

吴桭臣《宁古塔纪略》："奉天将军（安珠瑚），即丁酉刑部江南司问官，当时极怜我父之才。"

按：此事系其任刑部郎中时事。

又，《吉林通志》本传引王燕绪《安将军行状》云："喜接文士，钱威、吴兆骞等皆以遣发至，暇则引接，与共谈论……先是，遣发之文士多不能充当苦差，公行文咨部，令每人纳粮一石，免其役。由是士人得无苦。"

康熙七年　戊申　（1668）　三十八岁

二月二十一日，清廷特许优复，遂得为塞外散人①。

三月二十三日，有上母书，言及去岁至今有五六封家信、馆资十六金，苦不可言及绅袍优免诸事②。

十一月，张缙彦之《宁古塔山水记》初步成书，此书系黑龙江第一部山水记与地名学专著。吴兆骞与钱威曾经协助张氏进行山水之考察与搜访③。

是年，徐釚有怀念兆骞之诗④。

《九月八日病起有怀宋既庭、计甫草，因忆亡友侯研德、宋畴三、丁绣夫》、《九日》诗，殆写于是年九月⑤。

*　　　*　　　*

①《秋笳集》卷八《寄顾舍人书》："戊申蒙恩，绅袍特许优复，弟遂得为塞外散人矣。"又《归来草堂尺牍》家书第十三戊申三月廿三日上母书（《吴兆骞资料汇编》329页）："儿与德惟于二月廿一日，俱以绅袍例优免，此亦一可喜事也。"

②《归来草堂尺牍》家书第十三（《吴兆骞资料汇编》329页）。内云："儿自旧年到今，有五六封家信寄上母亲，不知有两封到否？……儿盘缠久乏，苦不可言，虽有馆资十六金（即去岁七月二十一日信中言及之孙家与沐家束脩十六金），如何济得？乞母亲必定设处，寄姚年伯家为妙……儿与德惟于二月廿一日，俱以绅袍例优免。"

③张缙彦《宁古塔山水记》康熙七年长至前一日之自序。内云："予窜身万里，自辽沈出阴沟关，道经十八道岭、十八道河，询之土人，皆不能名。予以为骤遇之，不能知也。及再历百余山、百余河，亦迄无能名者。迨至今所已二年，环堵皆山，即予亦

125

终不能指其一峰一壑也。乃知域外之观，非耳目之可及，心思之可测，名字之可类，意天固留之，以待幽人放逐之臣，有如是哉……呜呼！穷乡僻壤，耳目有穷，意兴无极，又乌可以已乎？乃与吴江钱德维、吴汉槎谋再搜索，撰为山记。山无名，姑以其地，以其里，以其所居之人姓氏名之。亦曰由其山性，与幽逐之人见弃于世者，同归之无名焉耳。"可见，兆骞与钱威曾参与山水之搜索与考察，功不可没。

④《秋笳馀韵》附录徐釚戊午（康熙十七年）冬至日寄兆骞书后附录："蓟门云黑飞霜雪，苦忆征人倒玉鞍。归雁似随沙际没，穹庐时向碛中看。投荒漫拟崔亭伯，浮海何如管幼安。无那故交摇落尽，思君不置泪阑干。"后附自注："是诗十年前作也，向未奉寄，并书请正外，附拙刻《菊庄词》一部求教。祈并示德兄。"据此，自康熙十七年逆推十年为本年，姑系于此。

⑤《九月八日病起有怀宋既庭、计甫草……》与《九日》诗，均见《秋笳集》卷三。在本卷中，此二诗紧相衔接。后诗有"黄花故国十年思"之句，表明离开故国（京师）已十年，自顺治十六年赴戍始，至本年恰为十年，故此诗应为本年九月九日写。又因前诗与此诗紧相衔接，前诗写于九月八日，此诗写于九月九日；前诗是病起怀友，此诗写"抱病频惊节序移"；前诗写明朝登高无侣可伴，此诗写次日"欲上荒台（指宁古台山）愁极目"，即未登临，与前诗遥相呼应。凡此均可见此二诗殆写于本年九月。

康熙八年　己酉　（1669）　三十九岁

夏，吴弘人进京①。

十二月二十九日，三女生②。

是年正月初五日，姚士升卒③。

春，李兼汝自宁古塔逃归故乡④。

八月，张缙彦为城西吉陵峰下之泉命名泼雪泉，并倩石匠勒石。此后该泉成为诸流人游赏宴饮之地⑤。

＊　　　　＊　　　　＊

①叶舒颖：《叶学山先生诗稿》卷二己酉年稿《送吴弘人之京》诗二首。其二云："思君驱马处，十载路重经。独树栖乌鸟，高原叫鹡鸰。望云南去白，梦草北来青。感事留题咏，淋漓长短亭。"此诗系年于己酉。"十载路重经"句，意谓吴氏兄弟顺治十六年曾被押解北上，十年后之今日，再次北上，重行旧路。《归来草堂尺牍》家书第十四康熙九年八月廿九日上母书（《吴兆骞资料汇编》330页）："昨廿七晚，接去年十月廿八日八弟所寄之字……大兄夏间进京，寄有家信，何竟不到？大兄何故远涉风尘？想援例就北试耶？两兄旧秋无一捷者，诸弟又不闻有入泮之信，何家门沦落一至于此？"

②《归来草堂尺牍》家书第十四康熙九年八月廿九日上母书（《吴兆骞资料汇编》330页）："旧冬（指去岁冬）十二月廿九巳时又生一女，今已能将双手扶着炕台子立了。其貌颇似次女。"又，吴桭臣《宁古塔纪略》："己酉十二月二十九日生三妹。"

③储方庆《遁庵文集》卷三《姚缵园先生行状》："先生讳士升，字子上，一字缵园……生于明万历戊午年四月十九日，卒于皇清己酉年正月初五日，享年五十有二。"

④杨宾《晞发堂文集》卷三《先府君补臂图小像记》："己酉春，李先生（兼汝）亦逃亡。壬子冬，死杭州。"

⑤张缙彦《宁古塔山水记·泼雪泉》："新城迤西，离郭才数里，山下出泉，清湛可鉴毛发。土人冬月饮马得之，都统命缙流建刹山上……此泉方不过三四尺，深可容膝，自山坎旁出，沙青河碧，与越之龙井相似……盖水泉冬燠，土气所蒸，故能凌冰破

雪，涓涓之流，直达长河，名之曰泼雪泉，盖不诬云。"

是年八月，张缙彦为此泉命名泼雪，并请石匠帅奋于该泉附近摩崖石壁上勒石，中书"泼雪泉"三大字，左书"岁次己酉帅奋勒石，河朔张缙彦题"，右书"泉在山之右"，从此，此泉成为吴兆骞诸文士修禊宴饮游乐之地。后兆骞归来，陆元辅《喜汉槎自塞外还燕》诗有"曾序雪泉修禊事，流觞谁与弄潺湲"之句，正是指此而言。

康熙九年　庚戌　（1670）　四十岁

正月二十一日，接大兄（兆宽）、六弟（兆宜）去岁正月所寄之信①。

春，徐灿自沈阳以一马载《纪事本末》一书相赠②。

春夏间，宁古出痘，毙者千余，惟兆骞子女得脱③。

八月二十九日，有上母书，除言及宁古出痘、徐灿赠书诸事外，又鉴于是时顾贞观再次提出为其长子聘兆骞次女为媳而李姨不允事，嘱其母予以劝说④。

秋，宁古受灾，米价上涨，度日甚难，赖安珠瑚以米相饷，龚鼎孳、宋德宜、徐乾学等复有见贻，得以幸免沟壑⑤。

张贲遣戍宁古塔，兆骞有《赠张绣虎》、《与张绣虎饮》等诗⑥。

康熙初，东京城（唐代渤海国上京龙泉府）遗址内石佛，忽堕其首，鼻端微损。张缙彦、吴兆骞、钱威等琢而小之，重安其首。此为本年张贲至宁古塔后、张缙彦卒前之事⑦。

十月十四日，张缙彦卒于戍所之外方庵。临卒前撰次其谪后所为文若干篇曰《域外集》，内有为吴兆骞《词赋协音》所撰之序，具体写作时间不详，姑系于此⑧。

是年吴郡大水，道路饥馑相望，因家中无力接济，益难度日⑨。

　　徐乾学以进士第三人及第，授内弘文院编修⑩。

＊　　　　＊　　　　＊

①《归来草堂尺牍》家书第十四庚戌八月廿九日上母书（《吴兆骞
　资料汇编》331 页）："今年正月廿一日，接大兄、六弟去岁正月
　十八、廿一日之信，并此奉闻。"

②同上书（《吴兆骞资料汇编》331 页）："今春蒙陈相公夫人（徐
　灿），自沈阳以一马载《纪事本末》相赠，纸札精妙，对之如逢
　旧友，目下儿正批阅此书也。"

　《清史稿》卷五百八徐灿传："陈之遴妻徐，名灿，字明霞，吴
　县人。之遴自有传。徐通书史，之遴得罪，再遣戍，徐从出塞。
　之遴死戍所，诸子亦皆殁。康熙十年，圣祖东巡，徐跪道旁自
　陈。上问：'宁有冤乎？'徐曰：'先臣惟知思过，岂敢言冤。伏
　惟圣上覆载之仁，许先臣归骨。'上即命还葬。徐晚学佛，更号
　紫𥿄，有《拙政园诗词集》。词尤工，陈维崧推为南宋后闺秀第
　一。画得北宋法。"

③同上书（《吴兆骞资料汇编》330 页）："今岁春夏间，宁古出痘，
　凡满汉二三千家无一脱者，以痘毙者不啻千余，德维年兄之女，
　亦以痘殇。惟我家一男一女，俱得脱然，竟不出痘，亦奇事
　也。"

④同上书（《吴兆骞资料汇编》330—331 页）："闻华峰（贞观）欲
　为其长子（顾统钧）聘次孙女，此大妙之事，母亲决当许允，
　若出家一说，万万不可……儿今岁已曾两次信归，俱叮嘱此事，
　想俱未达耶？乞母亲即以儿与媳妇不欲次女出家之意达之李大
　姨，兼致感激抚养之恩可也。"

　《归来草堂尺牍》与顾华峰书（《吴兆骞资料汇编》333 页）："曩
　岁，弟妇东来，云华老欲以令子婚我次女。近岁，屡接家邮，

知华老笃念故人，期以必践前诺。伏闻此音，衔感入骨……但小女抚于玉峰李氏，闻李有相靳之意，弟已屡札致之，又启之家母，期以必谐，以无负我华老盛念耳。"

《梁溪诗钞》卷二十七："顾别驾统钧，字珊公，号葹湄，梁汾先生长子，著《葹湄诗钞》。"

⑤《归来草堂尺牍》家书第十四庚戌八月廿九日上母书（《吴兆骞资料汇编》330页）："儿今岁馆资，可得二十金，仅足米薪之费，而衣服及油盐等项，尚须经营。今秋又以七月即霜，田禾尽槁，谷价大增，竟至三两一石。我辈贫窭之人，甚难度日，奈何？奈何？"

《秋笳集》卷八《寄顾舍人书》："庚戌，诸徒皆散，而岁复早霜，米石十金。副帅安公，雅重文士，怜弟之贫，以米相饷。而合肥先生（龚鼎孳）及蓟溪（宋德宜）、玉峰（徐乾学），复有见贻，于是翳桑饿人，幸免沟壑。"

按：上信谓馆资二十金，下书谓诸徒皆散（即已无馆资）；上信谓米石三两，下书谓米石十金，前者当指八月前之事，后者指八月后之事，可见是年年底困境益深。

⑥《秋笳集》卷三《赠张绣虎》诗："昨年闻汝系京华，忽漫边头度玉骢。昔去白衣悲击筑，今来红袖泣吹笳。断肠水咽三秋戍，绝脉城遥万里沙。谁道飘零非壮士，姓名久已属轻车。"

上书卷三《与张绣虎饮》诗："十载一相见，怜君气未除。天涯今夕会，旧国隔年书。白发边愁里，青山战哭余。不须悲异域，能醉即吾庐。"

张贲《白云集》卷十五有《辛亥元日在徙所作》诗。既然辛亥（康熙十年）元日已在戍所，则其遣戍必在九年或其前。考《白云集》卷四《吴汉槎诗序》谓顺治十五年与吴兆骞"遇于请室……又十二年余至徙所"。自顺治十五年顺推十二年，为康熙九年，此说与十年元日已在戍所说合，故张贲之遣戍宁古塔在九年。

《秋笳集》卷三《赠张绣虎》诗，有"断肠水咽三秋戍"句，知其遣戍在是年秋。

按：张贲，字绣虎，号白云道人，钱塘人，明吏部尚书张瀚之后。少以文名于世，十五去乡井，交游甚广。以丁酉北闱科场案，拟遣戍尚阳堡，经龚鼎孳为之斡旋，得释。十二年后，未知何故，再次遣戍，惟戍所已为宁古塔。居宁古塔三年，又改徙吉林乌喇，并卒于该地。有《白云集》。

⑦杨宾《柳边纪略》卷一："沙兰城（即土著人所呼东京城，亦即渤海国上京龙泉府）内存石塔一，石观音一。康熙初，观音首脱，鼻端微损，新乡张司空坦公（名缙彦）琢而小之，今高九尺，而石座又三尺余。"

《宁安县志》卷三："石佛高二丈余，后石首坠地，有石工欲凿为碾，甫举锤，头涔涔痛，遂置之。是夕，吴汉槎、钱德维等同感异梦，于是举石首，凑法像，冶铁固之。"

张缙彦《域外集·重安佛顶缘起疏》："粤稽肃慎遐区，临（湟）〔潢〕旧域，爰有古佛，石相巍然，历万劫之岁年，阅千秋之风雨……□〔疑为今或忽〕耳鼻舌委弃草莽之中……今乃发心忏悔，共□□□。鸠工料物，期法相缺而复完；芟蔓除烦，使众生罪而还福……于是作此善果，广结因缘，凡我同心，期襄盛举……"

按：此事诸书均未言其具体时间（仅杨宾笼统言及康熙初）。考张贲《东京记》一文言及此石佛"今堕其首，好事者装而复之"，既言为"今"，而好事者又指张缙彦而言，可知此事曾为张贲所目睹。按张贲是年秋至宁古塔，而张缙彦又卒于是年十月十四日，据此，此事之具体时间必在是年秋张贲至戍所之后、十月十四日张缙彦卒前。

⑧吴安国《张氏族谱》卷下《司空公行述》。

131

又，张缙彦《域外集》第二篇散文为《词赋协音序》。《词赋协音序》："汉槎吴子，能文章，擅词赋，其所著《羁鹤》、《秋雪》诸赋数十篇，读之者，至比之司马相如、扬子云。乃以文事下西曹，试以囚诗立就，然卒以同事徙塞外。又究极古今词苑，取古韵转注，合以古乐府、骚、赋，调叶成书，曰《词赋协音》，以序属予……"惜吴兆骞此书已佚。

⑨吴燕兰《汉槎友札》之二，徐乾学康熙十一年闰七月廿五日寄兆骞书："昨岁弘兄累次信至，以去夏水灾特甚，深切忧煎。今少得恩蠲，灾民谅渐有生色矣。"

按：本年吴江天灾，叶舒颖《叶学山先生诗稿》庚戌稿有《六月谣》（大水）、《七月谣》（大旱）二诗，可以参看。又，朱鹤龄《愚庵小集》卷九《孙义士鸣灾记》："岁在庚戌夏，（吴江）雨浃三旬不止。至六月十二日，飓风西来，太湖水横溢，平地涌丈余，浸城郭，漂屋庐，人畜溺死无算，浮槥以千百计，风猛涛翻，声如万弩齐发，竟日夕乃稍杀，诚百年未有之变。"

⑩韩菼《有怀堂诗文稿》卷十八徐公行状。

康熙十年　辛亥　（1671）　四十一岁

正月三十日，徐元文有寄兆骞书，追述康熙四年后处境，兼解释久未致信及将俸无多之故①。

四月，陈志纪以上书弹劾天下督抚贪污不法状，劝上用威刑，为忌者所中，不久被遣戍宁古塔②。

秋，有《送友人》诗③。

十二月二十日，附一信在陈志纪家报中④。

岁暮，陈维崧有怀念兆骞之诗⑤。

是年，张贲有《苦雨同吴汉槎》诗⑥。

九月，康熙帝东巡，谒福陵、昭陵。十月，召见将军巴海，谕以新附瓦尔喀、虎尔哈宜善抚之，罗刹尤当加意防御。至十二月始还京。

康熙东巡至盛京，徐灿陈请归先臣陈之遴之骨，清帝许之，遂荷赐环。

十一月，明珠为兵部尚书。

十二月二十四日，吴伟业卒，年六十三。

＊　　　＊　　　＊

①《秋笳馀韵》附录辛丑正月晦日徐元文寄兆骞书，内云："弟自乙巳南归，即遭先人大故……阕服之后，迁延半岁，始得脂车北首。随以典秦闱事，猝遽西行，昨春始还榖下，入秋大病，累月始愈。计自乙巳来，忽忽多故，曾不得有尺素寸笺，寄言相忆，每感营度。长安桂玉为忧，且修途难赴，将俸不多，想知己谅之也……"

按：此信未署写作之年，然由于元文典秦闱事在康熙八年，九年春还京师，秋后又大病累月，则此书必写于康熙十年正月。

②《池北偶谈》卷九："陈编修（志纪）上书论督抚大吏贪污，又劝上用威刑。上亲鞫，遣戍宁古塔，连及台省数人。"

《汉槎友札》札二徐乾学康熙十一年闰七月二十五日致兆骞书："雁翁纲纪行，弟适抱病，未及肃书，而依恋之私未可名状……雁翁直谅远徙，举朝皆为太息，环召当自有日，与吾兄晨夕共对，谈诗论史，亦塞外一快事也。"

按：陈志纪，字雁群，泰州人，顺治十六年进士，十八年官编修。康熙十年四月初七日，以"天气亢旱不雨"，康熙帝"戒饬各官修省过愆"，志纪上疏弹劾天下督抚七人贪婪不法状，为忌者所中，加以"越职言事"罪名遣戍宁古塔。在戍所，"贫甚，以医自活"。与兆骞"情致特深，唱酬亦富"，约卒于康熙十六年。有《塞外吟》。惜其所上之疏今仅部分犹存。

③《秋笳集》卷二《送友人》诗："日落单车发，沙平迥路分。一樽频送客，孤剑独从军。大野生秋气，荒台足暮云。最怜俱绝塞，犹自泣离群。"

按：徐乾学刻本《秋笳集》，此诗题下注有"辛亥送仵馨久赴兀喇"九字（其他版本均无）。邓之城先生题识，认为或系此书藏者刘得天手书，"或汉槎墨迹，始添人者"。故此诗编年定为本年作。又，此诗有"大野生秋气"句，殆本年秋作。

又按：仵馨久行实不详，仅知为夏阳人，以事遣戍吉林乌喇，曾与张贲游处唱和。

④《归来草堂尺牍》家书第十壬子四月十九日上母书（《吴兆骞资料汇编》331 页）："旧冬十二月二十日，附一信在陈雁群年兄家报中……托公肃（元文）转寄家内。"

⑤陈维崧《湖海楼诗集》卷五《岁暮客居自述，仿渭南体柬知我数公》，其中之一系柬陆庆曾、吴兆骞。诗云："此生自断只由天，僦屋睢阳也偶然。闷喜墙头赊秫过，慵贪床脚拨书眠。定辜旧隐梅花约，判结他乡柏酒缘。总苦差强穷塞主，阴山雪窖十多年（谓陆子玄、吴汉槎诸子）。"

⑥张贲《白云集》卷十四《苦雨同吴汉槎》诗："异域关河邈，淫霖越五旬。阴风连北海，巨浸隔西邻。旅病愁长夜，朝饥畏及晨。百忧无倚赖，肠转逐车轮。"

按：此诗写作具体时间不详，据"淫霖越五旬"句，当在夏秋之际。

康熙十一年　壬子　（1672）　四十二岁

二月初十日，原钦天监鲍武侯自宁古塔赦归，附一信于鲍武侯，托徐元文转寄①。

四月十九日，有上母书，言及附信于鲍武侯，值水潦早霜，谷价异常，殊难度日，乞将旧日所刻诗稿二种寄来及沈华妻平安诸事②。

吴树臣以贡生入国子监教习③。

闰七月二十五日，徐乾学有寄兆骞书，言及十年来两承手翰，陈志纪直谅远徙与吴树臣适膺成均之选诸事④。

是年顾贞观又提出求配兆骞次女之事，但仍为李姨所阻⑤。

※　　　　※　　　　※

① 《归来草堂尺牍》家书第十一壬子四月十九日上母书（《吴兆骞资料汇编》331页）："顷二月初十日，附一信于钦天监鲍武侯处……托公肃转寄归家，未知得达否？"

张贲《白云集》卷四《送鲍司历还朝序》："今上御极十有一年，春正月，司历鲍君武侯在宁古塔徙所，奉诏还朝，徙所士大夫咸出郭西以送之。鲍君困苦冰雪中，盖六年矣……先是，歙人杨君（光先）之排西学也，坐死西市者累累，鲍君坐受赇，徙化外。至是，西学复进……乃召还。"此云鲍武侯正月奉诏还朝，则吴兆骞托其寄信之二月，当为起身时间。

② 《归来草堂尺牍》家书第十一壬子四月十九月上母书（《吴兆骞资料汇编》331—332页）："宁古塔因召募鱼皮达子为兵，又值水潦早霜，连年谷价异常，目下竟至五两五钱一石，比二月间，又踊贵矣。羁旅之子，更逢凶岁，殊难度日，如何？如何？儿自接旧年二月大妹，六、八弟所寄之字，迄今年余，不见一信，心甚怅惘，不知母亲近况如何……儿旧日所刻诗稿二种，乞寻出，订好寄来……若有新刻时人诗选，可寄一部来，千万！千万！沈华妻平安，可向沈华讨一字……"

③ 同治《苏州府志》卷一百六："吴树臣字大冯，兆宽子，康熙十一年以拔贡生入国子监教习。"

④ 《汉槎友札》之二徐乾学康熙十一年闰七月廿五日寄兆骞书：

135

"鱼雁杳隔，遂复十年，塞上故人，刻刻在念，两承手翰，惠觊殷勤，伸纸发函，有如把袂……令侄名树臣者，昨因舍弟（元文）条奏成均乏才，令各学贡诸生一人，令侄适膺此选，即日至都门，今尚未到也。"

按：贡入成均，即指以贡生入国子监教习。盖成均古代指最高学府，此指国子监也。

⑤《秋笳馀韵》附录顾贞观丁巳望日寄兆骞书："壬子岁，弟为长兄求配二令爱，为李姨所阻，甚怅然。幸而不就，豚犬今极不肖，言之痛心。"

康熙十二年　癸丑　（1673）　四十三岁

年初，有《与顾华峰书》，言及所携婢仆，奄忽都尽，岁比不登，米价八倍之困境①。

徐乾学曾来书，谓欲刊印兆骞诗文②。

春夏之际，张贲自宁古塔改徙吉林乌喇（今吉林市）③。

张贲改徙吉林乌喇前，写有《吴汉槎诗序》④。

六月，吴兆宫入京⑤。

时清廷拟东征罗刹，大治水军于松花江，以流人之习水者充棹卒⑥。

秋，有《秋日杂述》诗五首。又，其《秋夜师次松花江，大将军以牙兵先济，窃于道旁寓目，即成口号示同观诸子》、《城东书感》、《晓望》三诗均咏秋季练兵备战的景象，殆均作于是秋⑦。

是年六月初一日，吴江吴之纪、吴楫大会于传清堂，重举慎交社，兆宽之子树臣与焉⑧。

十一月十一日，祁班孙卒，年三十九岁⑨。

龚鼎孳卒，年五十九。

十一月，平西王吴三桂于云南起兵反。十三年，靖南王耿精忠以福建反。十五年，平南王尚可喜之子尚之信劫其父降吴三桂，不久可喜发愤死。此即"三藩之乱"。

*   *   *

①《归来草堂尺牍》与顾华峰书，除言及闻知华峰欲为其子聘自己次女为媳，衔感入骨事外，尚言及所处之困境："弟漂零之况，日以增剧，所携婢仆，奄忽都尽，加以岁比不登，米价八倍，赖合肥（龚鼎孳）及宋（德宜）、徐（乾学）诸公，捐金相饷，以度凶岁，否则，久委沟中矣……想华老见此，必为我泫然泪下也。"

按：此信未署时间，但可考知。考兆骞康熙十一年四月十九日家书谓"沈华妻平安"，而此信却谓"所携婢仆，奄忽都尽（即沈华妻亦卒）"，表明此信必写于十一年四月之后。又考十三年（《秋笳集》寄顾舍人书误作十二年），由于将军巴海延兆骞"教其二子，待师之礼甚隆"，困境顿消，"旅愁为解"，而此信所叙仍为困境情景，可见又必写于十三年以前。据此以定为十二年为宜。而此年又与书中所谓"自壬寅冬，获承手书，卯春（即康熙二年春）一缄奉报。曾几何时，十年所矣"数语完全吻合。盖自康熙二年春顺推十年，则为十二年。总之，此书之写作应在本年，尤以本年初为最可信。

②《秋笳馀韵》附录徐乾学康熙十五年四月廿二日书："见字可付一报书，并以平生诗文邮寄，弟当序而梓之。三年前曾及此，耿耿不忘，幸无遗弃。"此书邮至宁古塔，已为六月二日，兆骞读后，曾写《答徐健庵司寇书》。内云："致欲索仆生平撰著，付诸剞劂，无使泯没……三年前，足下贻书及之……"（《秋笳集》卷八）二人之书，均言及徐乾学三年前欲刊印兆骞诗文事，据此，自康熙十五年逆推三年，则为十二年。

③张贲《白云集》卷十五有《移家松花江上》诗，内有"三年异

137

域苦羁栖，千里移家且向西"之句。按张贲康熙九年至宁古塔，自九年顺推三年，为十二年，此即其改徙吉林乌喇之时间。又，此诗在其诗集中位于《初秋感兴》四首诗之前，故知写于是年春夏之际。

④张贲《白云集》卷四《吴汉槎诗序》："余至徙所，吴生出近所为诗，诸体并有增益，衰集为若干卷。长安故交某某（指徐乾学）将征而梓之……座间钱子德惟、姚子琢之辈闻余言，皆为泣下。"此序既为吴兆骞诗而写，则必写于改徙前（即康熙十二年春夏之际前）。又因此序有"长安故交某某将征而梓之"之语，则又必写于徐乾学来书谓欲刊印兆骞诗文之后。据此，此序只能写于本年张贲改徙前。

⑤叶舒颖《叶学山先生诗稿》卷五庚申稿《吴闻夏柩归哭之》诗。其一云："高会论文樽酒间，迎凉池馆芰荷风。只今丹旐飘摇处，忍见荷花依旧红。"自注云："癸丑六月之朔，文会于涵春堂，闻夏即以是月入都，今归柩亦六月也。"

⑥按吴兆骞《秋日杂述》诗，其四自注云："时大治水军于松花江，以流人之习水者充棹卒。"邓汉仪《诗观》三集在选录此诗时，于"只今文士习弓刀"句下附有吴兆骞自注："雁群书云，绣虎方戍兀喇（即吉林乌喇）。"（此注为今日各种版本《秋笳集》所无）又，《秋日杂述》诗，其三尾联云："莫道疮痍犹未起，庙谟今日重东征。"由上可见，是年秋，清廷为准备东征罗刹侵略者，正大治水军于松花江，并以流人之习水者充棹卒。

⑦《秋笳集》卷三《秋日杂述》（十首录五）。五首之三云："戍楼鞞鼓动严城，朔塞山川郁战争。旄节未归鱼海使，羽书还下铁关兵。月高亭障千烽出，雪照旌旗万马鸣。莫道疮痍犹未起，庙谟今日重东征。"其四云："朔风毡幕拥旌旄，八阵营开竿篥高。铁马两甄横塞草，水犀三翼动江涛（时大治水军于松花江，以流人之习水者充棹卒。）迁人未见征徭息，属国微闻战伐劳。

漫道射雕多健卒，只今文士习弓刀。"

按：此五诗未注写作时间，但既然写于张贲（绣虎）"方成兀喇"之际，而张贲之改成乌喇又在是年春夏之际，因此必然写于是年秋。参见本年谱注⑥。

又，其《秋夜师次松花江，大将军以牙兵先济，窃于道旁寓目，即成口号示同观诸子》诗，系咏清师秋夜渡江的情景，而《城东书感》诗、《晓望》诗亦系咏秋季清军备战东征的情景，殆为是秋所写。兹将后二诗转录如下。《城东书感》诗："烟际出双旌，霜崖滑未平。边寒生远障，海气隐孤城。插羽方催粟，传烽未罢兵。白头沙塞客，流涕问东征。"《晓望》诗："孤角荒台上，寒旌独戍间。雁声秋满碛，马色晓弥山。霜雨淹时暮，兵戈滞客还。凄凉天畔眼，谁是玉门关？"

按：以上八诗，均见《秋笳集》卷三。

⑧《国朝松陵诗征》卷一吴之纪："陈黄门《狷亭岁记》：'康熙癸丑六月朔，里中重举慎交社。会推外祖、舅氏为主，改名时习，一时称为盛事，此后无复再集。'其称外祖，指慊庵（即吴之纪）；舅氏指届远（吴楳）也。钱上沐《续志》与果堂《新志》并载此事……又钱称事在康熙甲寅，沈云在庚寅……黄门身在社中，非传闻异词者可比。此事纪年当从《岁记》。"

康熙五十九年《吴江县志续编》卷八杂志："康熙甲寅吴届远（楳）复大集于传清堂，同学陈颖长（锐）、霜赤（锷）、徐武恭（元颢）、李露桢（寅）、沈丹珊（凤城）、计希深（默）、李道武（绳善），与颖长门人张捐持（尚瑗）、霜赤嗣君起雷（沂震）暨霭左右青垆。时则吴门、娄东、玉峰、虞山、云间及浙之武林、海昌、苕上、檇里、武原、语水、当湖、魏塘、桐川，莫不声气相通，论文莫逆。"

按：此《志》重举慎交社事作甲寅，误，应作癸丑六月。

《国朝松陵诗征》卷九引朴村语："黄门（陈起雷）为孝质（陈

锷）先生令子，颖敏好学，弱冠负盛名。吴观察懒庵（之纪）重举慎交社于传清堂，与会者皆江浙名流，黄门与孝质先生，并推社中眉目，至今士林艳称之。"

按：此会吴兆宽之子树臣曾经参与，见杜春登《社事始末》。

⑨杨宾《杨大瓢先生杂文残稿》祁奕喜李兼汝合传："岁癸亥十一月十一日，（班孙）沐浴跏趺而逝，逝年三十九。"

康熙十三年　甲寅　（1674）　四十四岁

正月二十一日，兆骞奉吴晋锡与杜夫人葬于吴县之宝华山采字圩祖茔之右①。

四月二十一日，同诸友饮城东水次有诗咏之②。

秋，大帅巴海之子额生、尹生相从授经，馆餐丰渥，旅愁为解。巴海甚重之，每赠裘御寒③。

九月九日，陈志纪招同兆骞、钱威在宁古塔登西山、游泼雪，有诗寄给远在吉林乌喇之张贲，张贲有诗奉答，而兆骞亦有纪游之诗④。

九月十三日，宜兴陈弓冶至宁古塔省视其父陈卫玉三年，至是南回，兆骞附有上母书，又各札致两兄及大妹、五、六、八弟。又字付二女⑤。

冬，有上母书，言及其父已葬宝华、陈弓冶回南、六弟改姓为登州守备、巴海延教其二子诸事⑥。

十月二十四日，四女生于宁古塔⑦。

十二月三日，徐元文有寄兆骞书⑧。

十二月十一日，为平定三藩之乱，清廷调发盛京、乌喇、宁古塔之兵⑨。

唐世徵卒⑩。

140

揆叙生⑪。

①吴安国《吴氏族谱》卷十一燕勒吴公墓志铭："康熙十三年正月
二十一日，（兆）宽等奉公暨我表姑杜夫人，葬于吴县之宝华山
采字圩祖茔之右。"

②《秋笳集》卷二《同诸公饮城东水次分韵得春字》（甲寅夏四月
二十一日作）："数峰空翠照江滨，江水逶迤绕郭新。草色乍消
沙塞雪，莺声已过故园春。壮心零落还驱马，绝域羁栖且傍人。
漫道物华堪历览，清樽相见莫辞频。"

③《归来草堂尺牍》家书第十五甲寅上母书（《吴兆骞资料汇编》
334 页）："儿今秋幸大将军巴公延教其二子，待师之礼甚隆，馆
金三十两，可以给薪。"

《秋笳集》卷八《寄顾舍人书》："癸丑，大师之子相从授经，馆
餐丰渥，旅愁为解。"

吴桭臣《宁古塔纪略》："予七岁（康熙九年），镇守巴将军聘吾
父为书记，兼课其二子，长名额生，次名尹生，余及固山乌打
哈随学。巴公长子，昼则读书，晚则骑射。"

按：上引兆骞《秋笳集》与吴桭臣《宁古塔纪略》之言，内容
皆是，唯此事《秋笳集》作康熙十二年（癸丑），《纪略》作九
年（庚戌），均系追忆致误。兆骞《归来草堂尺牍》之言系当事
人于当年九月言当事之事，信而有征，可以征信，故从之。

钱林《文献征存录》："（兆骞）居塞上廿年，侘傺不自聊，一发
之于诗。镇守巴将军甚重之，每赠裘御寒。"

④张贲《白云集》卷十五《九日陈雁群在宁古塔招同德维、汉槎
诸子游泼雪泉登高有诗见寄，奉答》诗："重阳绝漠兴难违，千
里遥同胜事稀。岭护白云留几席，泉飞泼雪溅珠玑。寻花无地
栽黄菊，送酒何人是白衣？尔我茱萸愁遍插，明年此会几人
归？"

《秋笳集》卷三《九日同德维雁群两同年西山登高》诗："落日一樽酒，长云万仞台。寒声随雁去，秋色傍雕来。烽火乡书隔，冰霜旅鬓催。故园丛菊在，零落为谁开？"

⑤《归来草堂尺牍》家书第十五吴兆骞康熙十三年冬上母书（《吴兆骞资料汇编》333 页）："顷九月十三日，宜兴陈弓冶回南，曾附一信寄上母亲。又各札致两兄及大妹，五、六、八弟。又字付二女。计此信当以明年春夏间到也。"

按：陈卫玉，名玑，宜兴人，陈维崧族叔，以季父事（事不详）株连遣戍宁古塔。在戍所，与祁班孙、吴兆骞善。吴称其"善谐笑，工围棋，亦嫣秀可喜"。

⑥《归来草堂尺牍》家书第十五吴兆骞康熙十三年冬上母书（《吴兆骞资料汇编》333—334 页）："顷九月十三日，宜兴陈弓冶回南，曾附一信寄上母亲……昨初十日午间，见周安石舅祖所寄长卿字，知父亲已葬宝华，儿心欣慰之甚，不觉又涕泗横集，回肠摧骨，一恸欲绝……又闻六弟改姓为登州守备，儿为之喜跃，但不知何以得此？……儿久不接大妹及六、八两弟信，惟旧冬见大冯侄一札，颇详细。今春见二兄附山子一札，乃知六弟八月入京之事耳。不知大妹及八弟何以遇便而不寄一札也？怅叹殊极（下述巴海延教其二子事，略）。"

按：此信原未署时间，但可约略考知。考该信言及其父晋锡已葬宝华，而此事系本年正月事，故此信必写于本年。又，此信言及"顷九月十三日，宜兴陈弓冶回南，曾附一信"，表明此信之前另有一信已托陈弓冶寄归，"顷"字则表明此二信相隔时间不长。据此，本信写于本年冬，尤其是初冬。

又按：此书上段引文之后，尚有 240 字，当为写于康熙二年错简于此之寄妹书。兹摘录主要部分，并考辨如下。原信云："二月初五午间，娘子到宁古，细述大妹种种情谊，使我感激不已。如我妹者，正所谓女中之英也。前接妹字，知身子违和，心甚

悬挂，未知即愈否？昨三月朔日，特卜一课，甚吉，想已久愈矣。妹在京中何时起身归家？吾与娘子无日不驰念吾妹也。陈子长今年正月到京，娘子寄信与妹，不知可曾到否？……《今诗（萃）〔粹〕》及《吴江诗略》所选我诗，妹可着沈华将细字写了，照样圈点，寄我一看。万！万！"此段文字疑为错简之信，原因如下：细味此段文意与语气，系为对其妹所言之寄妹书，与上文上母书语气迥然不同，此其一；二月初五葛氏至宁古细述其妹情意，本为康熙二年事，迟至十一年后始于信中提起，过于突兀，令人费解，此其二；前段文字谓"儿久不接大妹及六、八两弟信"，此段文字却言"前接妹字，知身子违和"，二者殊为矛盾，此其三；此段文字云："妹在京中何时起身归家？吾与娘子无日不驰念吾妹也。"其妹文柔伴送葛氏入京，待葛氏于康熙元年十月出塞后，必定不会久留，更不会迟至十余年后兆骞仍在信中询其何时起身归家，此其四。又，陈子长已于康熙六年卒于戍所（详本书康熙六年谱），此却云"陈子长今年正月到京"云云，更是天外奇谈，此其五。有此五端，足证此段文字绝非写于康熙十三年冬之上母书，而是另一封信错简残书，即为兆骞于葛氏至宁古塔当年或稍后之寄妹书。又考葛氏系康熙二年二月至宁古，而此信又谓"陈子长今年正月到京，娘子寄信与妹，不知可曾到否"。显然，葛氏托陈子长寄信之正月，绝非康熙二年正月，这样此封残信必写于三年正月稍后，殆为该年春。总之，此文应是康熙三年春寄妹书之错简。

⑦吴桭臣：《宁古塔纪略》："甲寅十月二十四日生四妹。"

《归来草堂尺牍》康熙十八年奉吴耕方书："小儿年已十六，便弓马而不爱纸笔。大女十龄，颇能识字。次女六岁，亦聪慧可喜，每井臼之暇，与二三兄弟，吟啸相对，乡音满室，宛在江南。"

据此自十八年逆推六年，知其四女生于十三年，与桭臣之言吻合。

⑧《汉槎友札》札四康熙十三年十二月三日徐元文寄兆骞书："顷得手书，极慰相忆。时欲寓尺笺相问，雁足迢迢，难于远托，坐是阔略，深用为歉！吾兄拔俗逸才，飘浮绝塞，同方之士，共为怆惋，何况密友？向闻穷愁中，颇多著作，协宫比徵，声华益遒。既又闻参证无生，妙耽禅说。既又接纳生徒，以讲授为事。兄之才无所不可，天能困其遇而终不能抑其才……敬与广平少宰各寄十金，不知犹及佐卒岁之谋否？……家大兄（乾学）昨主北闱试，无端左降，遂尔南还，未来（儋）〔疑作候〕补。家二兄（秉义）昨春试对，亦第三人……缘来教询及家二兄昨年春试，知愚兄弟动静，极关眷念，故并以奉闻……"

按：此信原未署写作之年，然考《清史稿》卷二百五十徐秉义本传："举康熙十二年进士第三，授编修。"可见此信必写于本年十二月三日。

⑨《清圣祖实录》卷五十一："康熙十三年十二月庚子：谕兵部，京师禁旅遣发颇多，其调盛京官兵一千，令副都统鄂泰率之至京。乌喇兵七百，令副都统安珠护遣章京率赴盛京。其宁古塔兵，令将军巴海调发，镇守乌喇。"

⑩廖元度《楚诗纪》卷八。

⑪张任政《清纳兰容若先生性德年谱》康熙十三年谱。

按：揆叙，字恺功，号惟实居士。明珠次子，容若弟。康熙三十五年官侍读，历官都察院左都御史。五十六年卒。有《益戒堂集》、《鸡肋集》等。童年曾受业于吴兆骞。

康熙十四年　乙卯　（1675）　四十五岁

居于辽东边外之蒙古察哈尔部布尔尼乘三藩之乱，起兵反清。清廷遣多罗信郡王鄂札率兵征讨，并谕奉天将军倭内、宁古塔将

军巴海等固守盛京①。

布尔尼之乱，都统唐公限三日内合城满汉，俱迁至必儿汀避难。仓卒中，兆骞诗文稿遗失百余篇②。

鉴于三藩与察哈尔之乱，清廷调兵一空，宁古塔将军巴海决定命汉人俱徙入城内，于是吴家亦自东门外移住西门内③。

约春夏之际，陈弓冶省亲南回，陈维崧词以赠之，兼怀卫玉叔与兆骞④。

是年计东卒，年五十二⑤。

赵沄卒，年五十五⑥。

张贲卒，年五十六⑦。

是年，明珠调吏部尚书。

*　　*　　*

①《清圣祖实录》卷五十三康熙十四年二月丁亥："初，察哈尔布尔尼，乘吴逆（三桂）作乱，欲谋劫其父阿布奈，兴兵造反，日与其党缮治甲兵……命多罗信郡王鄂札为抚远大将军……帅师讨布尔尼。并谕奉天将军倭内巴图鲁、宁古塔将军巴海等，固守盛京。"同书卷五十五五月辛酉鄂札疏报"驰追布尔尼兄弟，斩之"。

②吴桭臣《秋笳集》跋："当健翁（徐乾学）索稿之先，值有老羌之警，（其父著述）遗失过半。后遇插哈喇（即察哈尔，亦作插汉儿）之乱，都统唐公限三日内合城满汉，俱迁至必儿汀避难……"吴兆骞自云："插哈喇之乱，仓卒中遗亡百余篇。"（《秋笳集》卷八《答徐健庵司寇书》）又云："塞外之乱，苍黄中失五古、七绝二种，怅惜殊甚。"（《寄顾舍人书》）张贲之《吴汉槎诗序》疑亦失于此时。

③吴桭臣《宁古塔纪略》："后因吴三桂造逆，调兵一室，令汉人俱徙入城内，余家因移住西门内。"

④陈维崧《迦陵词全集》卷二十六《贺新郎》词序云："弓冶弟万里省亲，三年旋里，于其归也，悲喜交集，词以赠之，并怀卫玉叔暨汉槎吴子，即用赠苏昆生原韵。"词云："休把平原绣，绣则绣吾家难弟，古今稀有。万里寻亲逾鸦绿，险甚黄牛白狗。一路上夔蚿作友。辛苦瘦儿携弱肉，向海天尽处孤踪透。三年内，无干袖。平沙列幕悲风吼，猎火照，依稀认是，云中生口。马上回身争拥抱，此刻傍人白首。辨不出，穷边节候。犹记离乡年尚少，牧羝羊，北海双双叟。长夜哭，阴山后。"

按：陈弓冶之南回，启程在去岁九月十三日，万里归来，当在本年春。

⑤朱长孺《愚庵小集》卷五《丙辰元旦》诗注："眉生……甫草，相继讣至。"叶舒颖《叶学山先生诗稿》卷四丙辰稿《春正月三日，安宜署中闻计子甫草凶问，至中元后始得往吊》。丙辰为康熙十五年，既然十五年元旦与初三，朱、叶二人方得知计东之凶问，则计东必卒于十四年。姜亮夫先生《历代人物年里碑传综表》据尤侗之言，定计东卒于十五年，则系偶尔之失误。

⑥王尔纲《名家诗咏》卷八叶燮《与赵书年话旧，追忆尊人山子》诗注："癸卯冬，予与山子，同计甫草北行。两兄并物故五年矣。"据此，则赵沄与计东卒于同年，即康熙十四年。

《吴江赵氏诗存》卷七："赵沄，字山子，号玉沙。邑庠生，顺治辛卯举人，授江阴县教谕，卒年五十五。著《雅言堂稿》、《客曒草》。"又云其在慎交社，与兆骞、计东并为徐乾学所推重。

⑦叶舒颖《叶学山先生诗稿》卷五壬戌稿有《张绣虎被遣，与吴汉槎相依，今其殁已八年，并用前韵悼之》。此诗写于康熙二十一年正月，逆推八年，知张贲必卒于康熙十三或十四年。又，考张贲《白云集》卷七《九日登白云岩记》一文，谓"乙卯季秋九月九日偕友七人……至北山"。乙卯为康熙十四年，既然是

年重九尚游北山，则其必不卒于十三年，估计卒于十四年冬。按张贲生于万历四十八年，至此得五十六岁。

康熙十五年　丙辰　（1676）　四十六岁

春，宁古塔将军移镇乌喇，遂失此馆，然执经者，犹不乏人。惟日渐摇落，妇复多病，归省无日，只益悲辛①。

四月二十二日，徐乾学有寄兆骞书，再次嘱以生平诗文邮寄，当序而梓之②。

六月二日，收到乾学四月之书，曾作复书，并寄上诗赋若干篇。其书解释三年前未允其请之原因。并谓："少作故有刻稿，患难后度已散失，请室诸咏，稍有存者。今所录诗赋若干篇，皆己亥出塞后作。"③

先是，二月孙旸将王泽弘寄给兆骞之八金托陈安宇转寄。至九月，陈某忽然病故，此金不可复问④。

是年，顾贞观结识纳兰容若，为兆骞求援于容若，未即许。冬，贞观寓居京师千佛寺，冰雪中忆及兆骞，为赋《金缕曲》词两阕，以词代书。二词容若见之，为泣下数行，应允以五载为期，设法营救兆骞归来⑤。

不久，容若赋《金缕曲》词，表明挽救兆骞归来之决心⑥。

十二月，顾贞观将《金缕曲》词二阕，并短札一封属苗焦溟奉寄兆骞⑦。

是年六月清廷又征调宁古塔、乌喇兵一千名，赴河南，征讨吴三桂。

＊　　　＊　　　＊

①杨宾《柳边纪略》卷一："船厂即小吴喇……康熙十五年春，移宁古塔将军镇之。中土流人千余家，西关百货凑集，旗亭戏馆，

无一不有，亦边外一都会也。"

《秋笳集》卷八《寄顾舍人书》："丙辰春，大帅移镇兀喇，遂失此馆，然执经者，亦不乏人，所以仅供薪水耳。弟年来摇落特甚，双鬓渐星，妇复多病。一男两女，薇藿不充。回念老母，茕然在堂，迢递关河，归省无日，虽欲自慰，只益悲辛。"

②《秋笳馀韵》附录徐乾学丙辰四月廿二日寄兆骞书："故人绝塞，梦想为劳。顷从大冯得见手书，具审安善，甚慰驰仰。弟乾学前岁癸丑左官回家，今改还原职，客冬赴补，循次已转宫僚，而家仲（秉义）校士两浙，近始还京，家三弟（元文）由内阁调掌院学士。贱弟兄寓舍，皆在宣武门西。谅吾兄未悉近况，转寄此奉报。雁群先生，深念之，希为致意。前者之事，亦刻刻与家弟留意，为之绕床累夕也。客冬深望浩荡，属言路直陈，而终多扞格，惟有长叹。适大冯云有便音，冗中草此数字，附四金伴柬。见字可付一报书，并以平生诗文邮寄，弟当序而梓之。三年前曾及此，耿耿不忘，幸无遗弃。临纸惟有驰结。四月廿二日弟乾学顿首。"

按：此书原未署时间，然考乾学二弟秉义任浙江考官在康熙十四年秋，而此书谓徐秉义"校士两浙"云云，据此可知此书必写于十五年四月二十二日。

③《秋笳集》卷八《答徐健庵司寇书》："兆骞顿首顿首，奉书健庵大兄先生足下：六月二日，驿骑至会宁（此指宁古塔），伏承书问，又以仆衣食之忧，辍俸相饷，为德甚厚。至欲索仆生平撰著，付诸剞劂，无使泯没（下面解释三年前未允乾学欲刊刻其诗文之请原因，从略）……今不鄙仆，欲序而梓其所作，使天下知劫灰寒地，犹有爝光，则仆虽终沦废，岂有恨哉。少作故有刻稿，患难后度已散失，请室诸咏，稍有存者。今所录诗赋若干篇，皆己亥出塞后作。昨岁插哈喇之乱，仓卒中遗亡百余篇。暌离日久，无所取正，恐日就舁陋，不复自知，望加删定，

以质当世。幸甚！幸甚！兆骞再拜。"

按：此书未署时间，但可考知。此书言及"昨岁插哈喇之乱"，考插哈喇之乱系康熙十四年事（详本书十四年谱），既云昨岁，则表明此书写于十五年。又，书中有"遭难以来，十有八年"之语，自顺治十五年，顺推十八年，为康熙十五年，与上说合，可见本书实写于十五年六月。

④《秋笳馀韵》卷上孙旸戊午八月十七日寄兆骞书："今年五月，从江南归，见家中留年兄手札二纸，始知昔年所寄王涓老八金，竟未得达。盖因弟……此番出关，此公已作古人，所寄之物，遂不可复问。"又，此书上有补遗云："丙辰二月，将银寄与陈安宇，以为万无一失。乃至八月中，年兄处有人来索银，复从陈处将银取回，而索回书者竟不至，八月中复送至陈安宇处，谁意此人于九月病故，而前银竟不可问矣。"

按：陈安宇行实无考。

⑤顾贞观《弹指词》卷下《金缕曲》（寄吴汉槎宁古塔，以词代书，丙辰冬寓京师千佛寺冰雪中作）。其一云："季子平安否？便归来平生万事，那堪回首。行路悠悠谁慰藉？母老家贫子幼。记不起从前杯酒。魑魅择人应见惯，总输他覆雨翻云手。冰与雪，周旋久。泪痕莫滴牛衣透。数天涯依然骨肉，几家能够？比似红颜多命薄，更不如今还有。只绝塞苦寒难受。廿载包胥承一诺，盼乌头马角终相救。置此札，兄怀袖。"其二云："我亦飘零久，十年来深恩负尽，死生师友。宿昔齐名非忝窃，只看杜陵穷瘦，曾不减夜郎僝僽。薄命长辞知己别，问人生到此凄凉否？千万恨，为兄剖。兄生辛未吾丁丑，共些时冰霜摧折，早衰蒲柳。词赋从今须少作，留取心魂相守，但愿得河清人寿。归日急翻行戍稿，把空名料理传身后。言不尽，观顿首。"顾氏此词后自注云："二词容若见之，为泣下数行。曰：'河梁生别之诗，山阳死友之传，得此而三。此事三千六百日中，弟当以

身任之，不俟兄再嘱也。'余曰：'人寿几何？请以五载为期。'恳之太傅（明珠），亦蒙见许。而汉槎果以辛酉入关矣。附书志感，兼志痛云。"

按：顾贞观求援于明珠父子事，他书多有载者，不能全部征引，兹择其要者。吴德旋《初月楼闻见录》卷九谓"梁汾为汉槎求援于侍卫（容若），未即许。乃作《金缕曲》二阕寄汉槎……侍卫告之太傅。"袁枚《随园诗话》卷三谓："一说，华峰之救吴季子也，太傅方宴客，手巨觥，谓曰：'若饮满，为救汉槎。'华峰素不饮，至是一饮而尽。太傅笑曰：'余直戏耳！即不饮，余岂不救汉槎耶？虽然，何其壮也！'呜呼！公子能文，良朋爱友，太傅怜才，真一时佳话。"（徐珂《清稗类钞》第二十册同此，然多华峰请安事）刘禺生《世载堂杂忆》谓"顾跪求纳兰，挽救汉槎生还"，与上略异。

⑥纳兰容若《纳兰词》卷四《金缕曲》（简梁汾，时方为吴汉槎作归计）词："洒尽无端泪，莫因他琼楼寂寞，误来人世。信道痴儿多厚福，谁遣偏生明慧？就更著浮名相累。仕宦何妨如断梗，只那将声影供群吠。天欲问，且休矣。情深我自拼憔悴，转丁宁，香怜易爇，玉怜轻碎。羡煞软红尘里客，一味醉生梦死，歌与哭，任猜何意。绝塞生还吴季子，算眼前此外皆闲事。知我者，梁汾耳。"

⑦《昭代名人尺牍》顾贞观寄吴兆骞札："塞外有词谱，望我汉槎穷愁之暇，按调为之，便中寄我，万里唱酬，真词场佳话也。前两词（指《金缕曲》词）乞先和就。引领，引领。汉槎长兄大人。弟顾贞观顿首。"

按：此札《秋笳馀韵》卷上亦收，但字句有异同："塞外未必有词谱，望我汉槎之暇，便中寄我，万里唱酬，真词场佳话也。并一更定公郎文艺，示我三数篇。此字到时，即将复札付于来人，自不遗失，且能速达。以后欲得零星物件，即寄字与弟，

有便可托□□来了。前两词，乞先和就，于复札内封发。引领，引领。它稿自当为留传。"据此，《尺牍》著录者殆有脱误。

又按：此二词版本较多，字句各有不同。其中《秋笳馀韵》卷上于此词尚有如下数言："此词属苗焦冥奉寄，恐未到，故复书览。"可见此词顾贞观曾分两次奉寄，第一系托苗焦冥（君稷）转寄，特此说明。

《盛京通志》卷三十九苗君稷传：君稷号焦冥，昌平人，有《焦冥集》。据此，顾氏上书所谓之"焦溟"当为"焦冥"之讹。

康熙十六年　丁巳　（1677）　四十七岁

三月，得接顾贞观去岁十二月所寄之短札与词二阕[①]。

四月十五日，顾贞观有寄兆骞书，询及去岁之札是否已收，鉴于从前为长子求配兆骞次女为李姨所阻，再次为第三或四子求配兆骞三或四女，尚言及将词稿涂抹本及新知己词一册附览，乞传示远方[②]。

冬，忽患脑漏月余，服药不痊，乃用艾火灸之而愈[③]。

是年，为子桭臣聘叶氏讳之馨字明德之女[④]。

以奉天府丞阙，诏姜希辙就家起视事[⑤]。时吴弘人入幕越郡，于重九登高之际，始与握晤，并赠诗以送其行[⑥]。

陈志纪之卒殆在本年[⑦]。

侯记原卒，年六十四岁[⑧]。

十一月，礼部请封长白山之神[⑨]。

明珠授武英殿大学士。

　　　　＊　　　　＊　　　　＊

①《秋笳集》卷八《戊午寄顾舍人书》："昨岁（指十六年）三月得华峰丙辰腊杪所惠札并见怀二阕。"

②《秋笳馀韵》附录顾贞观丁巳四月望日寄兆骞书："客岁寸缄，属苗焦溟奉寄，不知到否……壬子岁弟为长兄求配二令爱，为李姨所阻，甚怅然……次儿六龄，稍有知识，亦不知易养否？乙卯又得一儿，并与小令爱年近，异日兄归，肯以其一为婿否……年来有词二百余阕，竟失其稿，即以涂抹本附览……乞传示远方，俾知有顾梁汾，即兄不朽之惠矣……"此书尚附数语："有新知己词一册，附去，亦望传寄。"

按：书中所言涂抹本词，即指顾氏《弹指词》，书后所言新知己词册当指纳兰容若《侧帽词》，参见本书十七年谱。

③《归来草堂尺牍》家书第十戊午致六弟书（《吴兆骞资料汇编》338 页）："我丁巳冬，忽患脑漏月余，服药不痊，乃用艾火灸上星穴七壮，午时灸火，至酉即愈。"

④吴桭臣《宁古塔纪略》："余十四岁，我父为聘叶氏讳之馨字明德之女。叶公祖籍四川重庆府之巴县，甲午解元，任云南大理府理刑，与吴三桂忤，流窜宁古塔。在徙所为镇抚推重。妇兄名恺，字长民。癸亥（康熙二十二年）奉赦，长民送两大人骸骨归蜀，复入籍奉天。"

按：叶之馨流放原因，此云"与吴三桂忤"，然另有一说与此迥异。郭熙楞《吉林汇征》附录谪戍人物考云："叶之馨，四川巴县人，云南大理府理刑，居官有善政，耻服满制衣冠，尝以剃发为恨。闻吴三桂反，只身往从之，领一军攻蜀。三桂败，遣戍宁古塔。"此谓从吴三桂反，以从"逆"被遣，恐不足据，仅录此存疑。

⑤方象瑛《健松斋集》卷十八有《姜定庵京兆之奉天》诗，系年于丁巳。

按：姜希辙，字二滨，别字定庵，浙江会稽人，崇祯举北京乡试。入清，历任监司、知县、给事中、顺天府丞等。康熙十六年补奉天府丞，三年以母疾归。三十七年卒。生于明天启元年，享年七十八。见毛奇龄《西河文集》神道碑铭卷一及五言格律卷四。

⑥吴燕兰《汉槎友札》之九姜定庵寄兆骞札："昨令兄弘人入幕越郡，重九，何昆崿郡伯登高话别，始与握晤。闻新诗俱邮致徐原老，渴欲奉教……"可见，姜定庵赴沈阳之任在本年重九之后，而是时吴兆骞之诗集已寄至徐乾学处。又，吴弘人《爱吾庐诗稿》有《赠姜定庵京兆》诗，从略。

⑦《秋笳集》卷七《戊午二月二十一日寄顾舍人书》："雁群与弟，情致特深，唱酬亦富，未殁前数日，即属弟在其榻前作行状，人琴之悲，至今犹哽。"据此则陈志纪（雁群）之卒，在康熙十七年二月之前。又，《秋笳馀韵》附录徐乾学康熙十五年四月二十二日致兆骞书："雁群先生，深念之，希为致意。"据此，康熙十五年四月志纪尚存。这样，其卒必在十五年五月至十七年正月之间，故姑系于本年。

⑧汪琬《尧峰文钞》卷十三《侯记原墓志铭》谓记原名沩，一字秬园，岐曾长子，研德之兄，崇祯壬午顺天副榜。明亡弃诸生。博极群书，究心经术。康熙十六年卒，年六十四。

⑨先是，四月诏遣内大臣觉罗武默纳等赴乌喇，视察长白山，以便酌行祀礼。武默纳等于五月初五起行，二十三日至乌喇。六月初二日至七月初二日历时一月视察长白山后，又至宁古塔等处察看，八月二十一日抵京师复旨。诏礼部详议封祀长白山祀典。十一月礼部请封长白山之神。详见《柳边纪略》卷一。

康熙十七年 戊午 （1678） 四十八岁

正月十八日，清廷遣觉罗武默纳、一等侍卫对奏封祀长白山①。

二月初二日，接顾贞观去岁四月望日之书及《弹指词》集②。

二月二十一日，有《戊午二月二十一日寄顾舍人书》，备述出塞后之经历并介绍塞外文章之友③。

姜希辙殆于是年春抵沈阳，有书致兆骞④。

夏，武默纳、对奏等封祀长白山后，于视察宁古塔等地时，向兆骞索诗赋，兆骞有《封祀长白山》及《奉赠封山使侍中对公》诸诗以赠，并赋《长白山赋》藉使臣归献天子⑤。

七月十六日，宁古塔副都统安珠护升任奉天将军，兆骞有《奉寄安大将军三十韵》诗⑥。

夏，珂鸣有寄兆骞书⑦。

七月，父执施亮生卒⑧。

八月十五日，移入陈志纪生前所赠之室⑨。

八月十七日，孙旸有寄兆骞信，言及康熙十五年王泽弘托旸转寄八金丢失事与兆骞《长白》诗赋果若进呈，内召决矣⑩。

八月二十日，顾贞观有寄兆骞书，言及《秋笳集》尚未付梓⑪。

八月二十一日，宁古塔镶红旗驻防协领萨布素升任为宁古塔副都统，兆骞有《奉赠副帅萨公》诗⑫。

殆秋后，姜希辙有寄兆骞之诗，而兆骞之《寄赠姜京兆定庵二十韵》诗亦当作于是年⑬。

十一月初七日（冬至前一日），陈维崧有寄兆骞书，言及《长白山赋》已呈御览、自己词作已达三千余首⑭。

十一月初八日，徐釚亦有寄兆骞书，言及《长白山赋》已呈圣览，当宁叹嗟，赐环有日，并将其《菊庄词》集寄奉⑮。

是年八月，吴三桂称帝，寻死，其部将奉三桂之孙世璠为帝。

*　　　*　　　*

①《清圣祖实录》卷七十一正月庚寅："遣内大臣觉罗武默纳、一等侍卫对奏，赍敕封长白山之神，祀典如五岳。"

②《秋笳集》卷八《戊午二月十一日寄顾舍人书》："顷初二日，复从驿使得四月望日札及《弹指集》。"

③《秋笳集》卷八《戊午二月十一日寄顾舍人书》。此书甚长，要点有五：（一）叙述出塞后之经历梗概；（二）告知前曾寄给徐乾学三百余篇诗文，供其刊布，"今当再抄一册，于四五月间寄览"；（三）对《弹指词》之称颂；（四）应允顾贞观有关幼女之婚约："承复有幼女之约，极荷雅意。果得生还，则我女，兄之子妇也。"（五）介绍塞外文章之友。

④《汉槎友札》之九："老年翁文章声望，久著寰寓，乃落落朔方，几及廿载。犹忆向荷尊公老先生素札往还，凝神左右，已非朝夕。昨令兄弘人入幕越郡，重九何昆峄郡伯登高话别，始与握晤。闻新诗俱邮致徐原老，渴欲奉教，而舟过吴门，迅速度辽，遂不复得惬素愿。及至沈阳，与以简、德子诸君购索弘章，究不可得。时王昊庐年翁札寄候祉，附以纸笔，觅鸿邮达，至今未得回信，未知曾达典签否？昊老犹以前寄赤崖者未得邮到，心为耿耿。日晤赤崖，亦以一时无便鸿，遂至南国有滞凤，客心切不宁，似此非甘于浮沉者比也。向闻张绣虎亦有遗文，未识案头曾有存本否？并乞与老年兄久近诗文统赐抄读。祷切，望切！昨余淡心暨家学在寄来吴兰次、汪苕文近咏艺圃诗，并拙刻呈正，幸于便鸿时通尺素为望。昊老回札并乞示寄何如，外附潞绸一端、（相）〔疑为松〕萝一封致候，余不多及。弟名另具。"

按：此札虽未署名，亦未署时间，但可考知。其言及"度辽"、"至沈阳"及"家学在"，显系姜希辙。又考姜希辙于康熙十六年奉诏就家起视事，重阳后动身，至沈阳赴任当在次年春，故本信之写作亦当在春夏之际。

⑤《归来草堂尺牍·奉吴耕方书》："昨夏封山使者，谬索诗赋。人非执戟，忽奏甘泉，思之殊足笑人。"徐釚《汉槎吴君墓志铭》：

"汉槎为《长白山赋》，数千言，词极瑰丽，藉使臣归献天子。天子亦动容咨询，有尼之者，不果召还。"

按：兆骞所献诗赋并见《秋笳集》，《封祀长白山二十韵》，见卷三；《奉赠封山使侍中对公》，见卷七；《长白山赋》，见卷一。

⑥《清圣祖实录》卷七十五：康熙十七年七月甲寅"以奉天将军倭内于察哈尔叛时，不能办理军务，著解任。升宁古塔副都统安珠护（护亦作瑚）为奉天将军。"

《秋笳集》卷七有《奉寄安大将军三十韵》（同钱德惟作，公以宁古副帅擢镇奉天）诗："今日须颇牧，维公翊禹汤。九重颁虎节，万里拜龙骧。自北雄天府，居东本帝乡。官因留守重，才是折冲长。铜兽申军法，金貂袭御香。权兼赵京兆，威著杜当阳。开幕珠旗月，行边铁骑霜。令严师自肃，政简物皆康。坐运中黄策，行消太白芒。士心依大树，海气净扶桑。旧内虚鹓鹊，新城扼凤凰。直令三辅谧，那用五兵张。营有蔓菁种，车无薏苡装。每嗤卿食雁，不入马如羊。浇俗潜应改，仁风邈已翔。丹青应早画，赤白遂空囊。籍甚功书竹，怀哉泪染裳。寇君宁复借，贾父耿难忘。途远重关外，心凄昔座旁。揖容长孺倨，哭恕嗣宗狂。一别频玄燕，千山限白狼。尚思乘月啸，久罢卷波觞。衣敝鹑双挽，书腾雁几行。报恩腮未曝，述德臆偏伤。穷鸟哀元淑，无鱼忆孟尝。何时射柳骑，重过浣花堂。公望方调鼎，予生且卖浆。沛宫云正紫，辽隧草初黄。努力登三事，从容靖四方。谁知击壤代，有客恸龙荒。"

⑦《秋笳馀韵》附录珂鸣寄兆骞书："自戊戌春言别，临歧挥涕，宛在目前，今忽忽二十秋矣……廿年来，与长兄晤对仅一二，而二兄则家乡京国，时相握手相对，而怀吾弟者，血泪凭风，得到君前否？今虽漫叨仕籍，而朴厚迂谨，非时所宜。辛丑为漕粮讹误，代人受过，乃不自陈。□而为同局万人请命，愚诚所□，皮尽筋枯，受人嘲诮，潦倒及今。中遭先君子之丧……

忽得前所寄顾梁汾一札，娓娓道二十年间事，余读之，哀而且喜，哀汉槎之塞迹犹羁，喜汉槎之江管犹灿。天子加意崇文，或者才不终泯，别有良缘……意秋冬交，当勉力寄一缣相赠耳。向与二兄叙家人谊甚真，故僭以雁行居长，必不咎我也。楮短然长，征鸿声断。汉老三弟知我。愚兄珂鸣顿首寄。"

按：珂鸣姓氏行实俟考。信内提及《寄顾舍人书》与"忽忽二十秋"，可知此信写于本年。又言及"意秋冬交，当勉力寄一缣相赠"，则此信又必在本年夏。

⑧见同治《苏州府志》卷一百三十五释道。

⑨《归来草堂尺牍》奉吴耕方书："昨中秋日，移入雁群年兄所赠之室，檐宇闲敞，殊获愁衿，但不似贫士所居。"按：此书写于康熙十八年（详该年谱），故知迁居陈志纪故居为本年事。

⑩《汉槎友札》其十孙旸戊午八月十七日寄兆骞书："我两人音问之阔未有如此二三年者……今年五月从江南归，见家中留年兄手札二纸，始知昔年所寄王涓老八金，竟未得达（原因略）。今春因见荐奉之旨，星驰至京，而在京官荐举之例已停……昨见年兄《长白》诗赋，真天才也。近年荐举博学宏词有二百余人，总无年兄之敌。若果进呈，内召决矣，雀跃之至……中秋后二日，弟旸顿首上汉老年兄大人。"

按：此书虽未署写作之年，然其内"今春因见荐奉之旨，星驰至京"云云，可见必写于本年，盖清廷于是年正月诏举博学宏词，至次年三月始经廷试录取，此书正写于荐举与录取之期间。

⑪《秋笳馀韵》附录顾贞观戊午八月廿日寄兆骞书："夏间拜读二月十一日手书，欣感交集，各天万里，如接面谈，归省之期，想未即果耶？望眼穿矣……《秋笳集》，尚未付梓……拙词乞为流传□□等处，弟藉以不朽……"

⑫《清圣祖实录》卷七十六：康熙十七年八月己丑"升宁古塔镶红旗驻防协领萨布素为宁古塔副都统"。

《秋笳集》卷七《奉赠副帅萨公》（时专镇宁古）诗："彤墀诏下拜轻车，千里雄藩独建牙。共道伏波能许国，应知骠骑不为家。星门昼静无烽火，雪海风清有戍笳。独臂秋鹰飞鞚出，指挥万马猎平沙。"

《清史稿》卷二百八十："萨布素，富察氏，满洲镶黄旗人。自领催授骁骑校，迁协领。康熙十七年授宁古塔副都统，二十二年，擢黑龙江将军。三十七年卒。其平罗刹及黑龙江兴学，有文武干济才云。"

⑬《秋笳馀韵》卷上姜定庵《寄赠汉槎》诗："远客携书至，松花江上来。传君长白赋，已奏柏梁台。身世名牵累，文章死不灰。何年宣室召，重见贾生才？"

按：兆骞之《长白山赋》系本年夏奉呈封山使者，使者归后奉呈康熙，此事必已至本年秋，故此诗亦当写于是年秋后。

《秋笳集》卷三《寄赠姜京兆定庵二十韵》诗，于姜希辙之才华、政绩多所颂扬，结尾云："何日伸良觏，凌云感圣皇。如能荐文似，矫首望杨庄。"盼望希辙向圣皇荐举自己之心愿，跃然纸上。

按：此诗虽无具体写作时间，但考姜希辙实任奉天府尹在康熙十七与十八年，故以本年所作之可能性为大，姑系于此年。

⑭《秋笳馀韵》卷上陈维崧戊午冬至前一日寄兆骞书，内云："昨年今夏，俱读书健庵斋中，健翁欲为锓《秋笳》大集，弟亦曾与校雠。不意五十之年，头发尽白，复同诸贤豪长者来入长安也。行年老大，万事俱灰，惟待明岁试毕，即返故园，一水一山，以图终老，□兄知我，定非诳言也。圣天子崇文爱士，千载一时，长兄《长白》一赋，亦曾经□□矣……又，弟近偶尔为诗馀，遂成三千馀首。又与容若成子，有《词选》一书，盖继华峰而从事者。吾兄有暇，幸作填词寄我。"

按：此书虽未署明写作之年，但据"来入长安"（指被荐举应试

博学宏词）与"待明岁试毕，即返故园"句，可知必写于本年。

⑮《秋笳馀韵》附录徐釚戊午冬至日寄兆骞书："奉别以来，忽逾廿载，回首少年，真如隔世。榆关紫塞，古人犹动望乡之感，而况先生处层冰雪窖之地乎？侧闻投荒以来，意气遒上，撰著甚多，太傅长沙，坡公海外，不是过也。近读《长白山》一赋，□渊云再见，当宁叹嗟，赐环有日，前席之召，拭目可俟。釚以固陋荒落，屡困棘闱，南北饥驱，漂零万状，破琴击筑，已久不索长安之米。近奉征书，与其年、展成诸先生同应诏诣阙……"信后附言："附拙刻《菊庄词》一部求教，祈并示德兄。"

康熙十八年　己未　（1679）　四十九岁

八月二十二日，宋实颖有寄兆骞《临江仙》词二阕①。

八月二十五日，徐釚有寄兆骞书，言及本年博学宏词廷试、钦点徐元文等纂修《明史》、七月京师地震诸事②。

秋末，贡鹰使者携兆骞书信入关，陈维崧有四绝句、书信及其《乌丝词》稿寄赠③。

先是，去年冬初姚其章之子姚兼三来宁古塔省亲，今年南还，兆骞有《奉吴耕方书》，倩其代转④。

是年，有致六弟书，言及欲禀请将军于今冬明春归省事⑤。

徐乾学所刻之《秋笳集》在江南刻完⑥。

其兄兆宽为徐乾学刊刻《秋笳集》之举，赋诗志谢⑦。

顾贞观有致兆骞书，内言及"容兄（纳兰容若）自丙辰以来，即身任为吾兄作归计"，嘱其"书到，速草一赋寄容兄，致知己之感"云云⑧。

二兄兆宫卒于京师⑨。

友人殳丹生卒，年七十⑩。

岳父葛霶卒，年六十八⑪。

159

王昊卒，年五十三⑫。

方亨咸卒，年六十⑬。

是年三月，清廷为笼络汉族士大夫而举行之博学宏词廷试结束，取中彭孙遹等五十人，授予翰林院编修、侍讲、检讨等官。此五十人中之秦松龄、陈维崧、钱中谐、汪琬、潘耒、徐釚、尤侗、毛奇龄，应征博学宏词而未取中之宋实颖、蒋景祁、陆元辅，以及因荐举后期而未果之孙旸、姜宸英等人，均为兆骞友人或唱和赠答者。

是年冬，兆骞将徐釚《菊庄词》、顾贞观《弹指词》、纳兰容若《侧帽词》三册，交骁骑校某带至朝鲜会宁府，被该国官员仇元吉与徐良崎以金饼购去，二人并各题绝句交骁骑校带回中国⑭。

约是年，朝鲜使臣李云龙以兵事至宁古塔。兆骞应邀为撰《高丽王京赋》，其国颇以汉槎为重⑮。

*　　　　*　　　　*

①《秋笳馀韵》卷上宋实颖《临江仙》（阅汉槎手札口占为赠）词。
　　其一："忆昔公车同赴，别来南北飘蓬，千山万水路重重。上林征雁杳，辽海帛书通。风景月明如画，延陵文酒相从，武丘箫管照垂虹。思量成昔梦，梦破五更钟。"其二："谁似东吴季子？居然宋玉风流，天遥地远一登楼。夜凉银汉永，灯老塞鸿愁。趁此夕阳西下，萧萧白发蒙头，入关夜整黑貂裘。河梁还握手，歌哭也千秋。"
　　按：此二词，宋实颖自署为己未八月二十二日作。
②《秋笳馀韵》附录徐釚己未八月二十五日寄兆骞书："中秋后五日，接我汉兄七月初三手谕，开缄色喜……（弟）不意征书诏阙，谬蒙简拔，于五月二十日授检讨之职……广平夫子札已面致，陈霭与苕老，今为同年同官，日相见也。拙卷俟刻成时，再为觅便奉寄。纂修〔明史〕之举，钦点立斋为监修，叶讱庵

夫子与张素存老先生为总裁官。今立翁与健庵方在家起身，尚未到也，大约开局在冬末春初也。七月廿八日京师地震异常……"此书仅署八月廿五日，但以所述诸事均发生于康熙十八年，故必写于本年八月二十五日。

③陈维崧《湖海楼诗集》卷六《秋日贡鹰使者入关，接吾友汉槎书，兼乞药物。广平夫子既以枸杞、地黄二种缄寄，余则附寄〈乌丝词〉稿一部，仍系四绝句，兼呈卫玉叔》。其一云："青海奇鹰雪不如，贡来都下北风初。自怜亦似离乡客，特为流人寄纸书。"其二云："缄题药裹出朱颜，湮透红签泪点斑。更仗当归作庾语，金鸡竿下盼君还。"其三云："寄去乌丝十幅多，到时飞雪满篷婆。边墙讵少如花女，好谱新词马上歌。"其四云："殷勤并语长流叔，雪窖频年况铁衣。月底琵琶千帐起，听他弹罢定思归。"

《秋笳馀韵》附录陈维崧寄兆骞一书，内云："今春读长兄《长白山》一赋，英奇瑰丽，前无古人，辄与展成、苕文、既庭诸君，共相击节，方谓河水可清，乌头易白，不（谓）〔?〕蛾眉召妒，猿臂难封，仲升无入塞之期，都尉断还乡之信，仰天太息，对酒悲歌，诚不自知其百感之横集也……弟以茀才，获邀异数……比年在健老斋头，曾为兄校订《秋笳集》，剞劂之事，健翁既毅然任之，不日东海入都，弟便促其竣事，篇首弟当作骈语一序，以叙平生耳……又，《乌丝词》旧刻一本呈政，此十年前事也……"

按：此书谓今春获读康熙十七年夏兆骞所写之《长白山赋》，并谓自己"获邀异数"（指十八年经博学宏词廷试授官事），可知必写于十八年。又，此书原未署作者真实姓名，但谓将其十年前旧刻《乌丝词》呈政，则此书又必为陈维崧所作。至于陈维崧前四绝句亦云"余则附《乌丝词》稿一部"，可见此四绝句与上书必为同时所写。再考此四绝句有"贡来都下北风初"，则当写于本年秋末。

④《归来草堂尺牍》奉吴耕方书："忆己亥春，长兄送我请室，凄其执别，哀甚北梁，为时几何，再逾星纪，依依之思，南望沾衿。冬初，姚兼三年侄来，得奉长兄手书……弟居在镇城之西，茅茨卑隘，仅堪容膝。昨中秋日，移入雁群年兄所赠之室……弟妇甚耐苦，小儿年已十六，便弓马而不爱纸笔。大女十龄，颇能识字。次女六岁，亦聪慧可喜……昨夏封山使者，谬索诗赋，人非执戟，忽奏甘泉，思之殊足笑人。钱德老、伍谋老、姚琢老三年兄，均属申候。琢兄更致眷切。其嗣君兼三觐亲南归，进谒阶次，长兄问之，便可悉弟近况及临潢风景也。边鸿殊便，时企德音，劳劳之心，与纸偕去。"

按：此书言及"小儿年已十六"、"次女六岁"、"昨夏封山使者谬索诗赋"云云，均可证明此书写于康熙十八年。惜吴耕方行实不详，俟考。

⑤《归来草堂尺牍》家书第十兆骞己未寄六弟书（《吴兆骞资料汇编》338页）："孙公范来，接弟手字，叙次详悉，读之且悲且喜，知弟近况窘乏，甚为悬念，恨我爱莫能助耳……我丁巳冬，忽患脑漏月余……我今冬明春倘能告归，便当星夜驰行，与母亲称寿，但不知将军之意如何？我已曾写禀帖恳之。又作字与其两郎，嘱其转恳，若得如愿，便与弟有相见之日矣……闻施法师、高老先生之变，为之凄然者久之……弟共有几子，大侄曾完婚否？并示知。内人问候六婶安好。特此不既。"

按：此书言及"今冬明春倘能告归"，而此事于康熙十九年春"乃以他故而止"（见十九年谱所引兆骞寄电发与徐釚致兆骞二书），可见此书必写于十八年。又，本书言及去岁七月施法师（亮生）之卒，亦可证写于十八年。

⑥《汉槎友札》之六徐釚庚申十月十三日兆骞书："《秋笳集》去岁即在南边刻完，其次序，一照寄来原本，因内中略有避讳者，

删去数首，故前后互异。"

按：此书写于康熙十九年。又，《汉槎友札》之一康熙十九年十月十七日徐乾学寄兆骞书云："《秋笳集》刻成送览。弟初付梓，悉照来本，不敢轻改。后令兄弘老极言不可，因删去几首，以未刻者补入，前后略有错简，幸长兄再一订正，仍可补刻更定。小序一篇未刊，容另奉寄。"

⑦《秋笳集》卷尾有吴兆宽《汉槎弟自塞外贻书徐健庵，以所著〈秋笳集〉奉寄，今健庵急谋剞劂，不负故交万里之托，余为怆然感泣，赋此志谢》长诗。内云："嗟尔磊落倜傥之奇才，矫首南国云烟开。青春翻飞摧羽翰，玉树葳蕤委草莱。可怜九死身名在，风流文采使人哀……东海先生金石心，凤池结念无衣客。追忆平生涕泗流，抚恤患难心手画。对此往复思缠绵，浩歌把酒欲问天。青莲放逸夜郎日，学士文章海外年。奇文异响公天下，勿教苍颉泣无传。吁嗟才士遇与不遇安足论，立言要使垂久远。莫叹虞翻骨相屯，得一知己可不恨。"

按：此诗亦载吴兆宽《爱吾庐诗稿》页21—22。

⑧《秋笳馀韵》附录十一章顾贞观致兆骞书："欲言万千，握管辄不复成字，区区此中，知吾兄能鉴我也。容兄自丙辰以来，即身任为吾兄作归计，姜京兆、戴侍中，皆其所托。从此望气者意中亦遂有汉槎，但未必真实相为耳。□□入告，义无所□，朝来不知何故迟迟？然弟与容兄当力促之，可以无□。部中一切，弟自周全，曾推尊造，亦云不特南旋，清华可望。书到速草一赋寄容兄，致知己之感，小序中并及贱名，即日成之，寄马思远处，望切！望切！弟近日奇穷，儿女俱携以北来，依人乞食，丈夫飘荡，今如此，可叹也！贱眷问嫂夫人、亲母起居。附到汉玉环一枚，制作奇古，以取汉还之谶。唐舍亲处，若有家信，并烦转致，以期必达。至感！"

⑨叶舒颖《叶学山先生诗稿》卷五《哭吴弘人》诗，有句云："去

163

年难弟京华死，清泪看君向北弹。"此诗写于康熙十九年，故可推知兆宫卒于十八年。

⑩翁广平《平望志》卷十一："殳丹生，号贯斋，浙江嘉善县人。崇祯己巳，年二十，补邑诸生，甲申后弃去，入闽。乙未，移居吴江之震泽。著有《贯斋遗稿》三十卷。"又，《国朝松江诗征》卷十八云："殳丹生，字山夫，初名彤宝，号贯斋，嘉善人，县学生，有《贯斋集》，年四十后移居吴江之震泽……七十卒于寒山寺。"据"己巳年二十"及"七十卒"数语可推知其生卒年。

⑪王步青《巳山先生文集》卷九葛端调先生墓表。

⑫王昊《硕园诗集》附王绎高之跋。

⑬施闰章《施愚山先生全集》愚山文集卷二十四《祭方邵村文》。

⑭徐釚《南州草堂集》附《菊庄词纪事》。略云："康熙十七年吴江汉槎久戍宁古塔，将《菊庄词》及成容若《侧帽词》、顾梁汾《弹指词》三本，与骁骑校带至（朝鲜）会宁地方。有东国会宁都护府记官仇元吉、前观察判官徐良崎见之，用金一饼购去。仍各题一绝句于左。其仇元吉题《菊庄词》云：'中朝寄得菊庄词，读罢烟霞照海湄。北宋风流何处是？一声铁笛起相思。'徐良崎题《弹指》、《侧帽》二词云：'使车昨渡海东边，携得新词二妙传。谁料晓风残月后，而今重见柳屯田？'以高丽纸书之，仍与骁骑校带回中国，遂盛传之……"阮葵生《茶馀客话》卷一与此所载略同。

按：此事《菊庄词纪事》系于康熙十七年，疑不确。此事如确实发生于康熙十七年冬，则次年（十八年）初，吴兆骞必将此事告知三部词稿之作者。但事实上，吴兆骞将此事告知却是在康熙十九年。其十九年四月夏《寄电发书》内云："《菊庄词》已播之平壤，闻甚钦叹！"此书系同年秋冬之际寄达徐釚，故徐釚十九年十月十三日之复书谓："《菊庄词》芜陋浅率，播传东国，得毋笑我中土久无晓风残月之句耶?"凡此均可证此事之发生，决不在十七年冬，而在十八年冬，故系于此。

又按：据《菊庄词纪事》记载，《菊庄词》、《弹指词》、《侧帽词》三部词稿系由吴兆骞同时交给骁骑校某携往朝鲜会宁府，但考之词稿作者顾贞观致兆骞书信所言，并非如此。顾贞观于康熙十七年八月廿日寄兆骞书谓："拙词〔指其《弹指词》〕乞为流传□□〔疑为朝鲜〕等处，弟藉以不朽。"其后（十九年）另一书又谓："《侧帽词》即〔乞〕为流传，得如《弹指》方妙。"可见上述两部词稿播传朝鲜有先后之别，即《弹指词》之流传朝鲜在先，《侧帽词》则在其后。但考之《菊庄词纪事》，又有矛盾之处。《纪事》谓会宁都护府前观察判官徐良崎所写之绝句系题《弹指》、《侧帽》两部词稿。据此，《弹指》、《侧帽》两部词稿，又确系同时携往者。此事究属如何，不得而知，录此存疑。

⑮徐釚《续本事诗》卷十二："汉槎之徙塞外也，朝鲜使臣李节度云龙，以兵事至宁古，属制《高丽王京赋》。遂草数千言以应，其国颇以汉槎为重。又自云：仿佛班扬。其狂态如故。无锡顾贞观梁汾寄汉槎云：'万里谁能忆？三都只自伤。声名箕子国，词赋夜郎王。泪尽临关月，心摧拂镜霜。李家兄妹好，倘复惜班扬。'"

按：此事时间不详，此系与三部词稿传入朝鲜事连类而书，故姑系于此。

康熙十九年　庚申　（1680）　五十岁

春初，巴海将军已允准兆骞入关省亲，寻以他故而止①。

夏，有寄徐釚书，言及春初未获入关原因、钱威迁于其居之左、《菊庄词》已播之平壤、二兄长逝诸事②。

165

是时，清廷复开新例，许流人认工赎罪[3]。

五月，长兄兆宽卒，年六十七[4]。

十月十三日，徐釚近接兆骞本年夏之书后，有复书一封，言及《秋笳集》去岁刻完、兆宫旅榇归里、兆宽今夏长逝诸事[5]。

十月十七日，徐乾学有寄兆骞书，言及兆宽下世、《长白》献赋、城工之费甚是繁重及《秋笳集》刻成送览诸事[6]。

冬，表弟潘耒有书与诗各一奉寄兆骞[7]。

冬，顾贞观有致兆骞书，谓将纳兰容若一札附寄去，预言"晤期约在来年春暮"云云[8]。

是年，有《寄顾梁汾舍人三十韵》诗[9]。

朱鹤龄、王士禛、吴祖修均有咏《秋笳集》之作。其后，屈大翁有《读吴汉槎秋笳集有作》九首[10]。

＊　　　＊　　　＊

①《归来草堂尺牍》庚申夏寄电发："自去冬奉书以来，忽忽半载，不获展候，负愧良深。春初，请之幕府，已许入关，谓可把晤，罄二十年相思之怀，乃以他故而止。今鬻貂者赴都，复以泥潦纵横，我马瘦甚，遂不获西迈与吾兄相见，恨恨凄凄，非可言喻。"

按：本书写于康熙十九年夏，原因详注②。

②《归来草堂尺牍》庚申夏寄电发书，除注①所引之文外，又云："德老三月间，迁于敝居之左，只隔一篱，灯火互照，吟啸相闻，屣履往来，殊慰寂寞。《菊庄词》已播之平壤，闻甚钦叹。吾兄及荟文、其年御试诗赋，弟延伫者一年，幸举以示我，以慰如饥。家二兄遂尔长逝，身为迁客，虽同产之兄，不得一临其丧，言及于此，肠为寸裂。舍侄来京否？遗榇得归否？并卒之月日，俱乞相示，无嫌琐琐也。一函致玉峰，乞为转达。其老乞致眷切，率奉不一。"

按：此书未署时间，但考书内曾言徐釚等人应博学宏词廷试之诗赋，"弟延伫者一年，幸举以示我"，而此次廷试在十八年三月，兆骞延伫徐釚等人试卷一年，则已达十九年三月。又，本书之前有"自去冬奉书以来，忽忽半载"语。考徐釚去年八月二十五日有寄兆骞书，此书送抵兆骞手已为冬季。自去岁冬顺推半载，则必届次年四五月，故本书写于是年夏。

③杨宾《力耕堂诗稿》卷一《姜定庵京兆回，接宁古塔家谕》一诗。后附自注云："新例，认工皆许还乡。寒家力薄，两吁未请。"按：姜希辙系康熙十六年重九后赴沈阳之任，十九年解任归来，故清廷新开之例当在康熙十八九年之交。此例可参看本年谱注⑥与⑦。又，《力耕堂诗稿》卷二《书怀》诗，内云："近来当宁亟筹边，诏书屡促赎金钱。明许赎罪还乡井，共道白金须二千。"认工赎罪，白金二千，可见新例之严苛。

④叶舒颖《叶学山先生诗稿》卷五庚申稿《哭吴弘人》诗："回首平生金石期，相于廿载友兼师。酒垆怀旧浑闲事，可惜骚坛少总持。"据此知兆宽卒于是年。

《吴江诗略》卷二十叶燮《哭吴弘人、闻夏》诗："漠北嗟予季（汉槎），生还幸此身（昔年两兄俱及关而回）。艰难疏故里，冷暖仰时人。旧好寻余子，惊魂送老亲。夜台还共慰，膝下尽苟陈。"

又，《汉槎友札》之一徐乾学庚申十月十七日寄兆骞书："闻兄（兆宫）病殉（邱）〔邸〕舍，弘兄（兆宽）今年五月亦复下世，人琴之惨，何可胜言，吾兄雍渠情切，不知如何伤痛也。"据此又可知兆宽卒于本年五月。兆宽既生于万历四十二年，至此则享年六十七岁。

⑤《汉槎友札》之六徐釚十月十三日寄兆骞书："昨年得闻单骑入关之信，弟为之惊喜破涕……岂期紫气杳然，今接来教，云以他故而止，怅恨无似。德老得共比邻，羁人迁客，此唱彼酬，

穷边绝域，互听乡音，知亦可破岑寂也。《菊庄词》芜陋浅率，播传东国，得毋笑我中土久无（晚）〔晓〕风残月之句耶？弟御试诗赋，以自惭弇鄙，未付剞劂，无可请正……《秋笳集》去岁即在南边刻完……闻老二令兄旅榇，都是玉峰（徐乾学、徐元文）与广平（宋德宜）三公为之经纪归里……吾兄大令兄、弟业师弘人先生，以贫老无聊，亦于今夏奄然长逝，真堪凄断，想吾兄闻之，又增一番抱痛也。江乡故旧，强半凋残，惟茂伦与九临二老尚无恙，然亦穷途日暮，无可自娱……十月十三日。"

⑥《汉槎友札》之一徐乾学庚申十月十七日寄兆骞书："弟辈衔恤南还，邈焉书问，不奉佳讯，遂已四年。昨冬与舍弟先后入京，具审吾兄动履安稳，慰藉无量。闻兄病殉（邱）〔邸〕舍，弘兄今年五月亦复下世……吾兄才华旷世，绝塞羁愁，何日刀环，实刻刻在念。向年黄门之牍，再三留心，终于不果。《长白》献赋，恰有机缘，贱兄弟在垩室之中，又未得一效绵力，日来屡向执政言之，似甚承悯念。若尊驾能亲到都门，事可济矣。城工之费，甚是繁重，若止于一二千，贱兄弟与二三知己，尚可措画耳。《秋笳集》刻成送览……十月十七日乾学顿首。"

按：此书未署写作之年，但言及吴弘人今年五月下世事，可知必写于康熙十九年。

⑦《汉槎友札》之五潘耒寄兆骞书："弟抱痛沉冤，栖遁林野，忽被鹤书，遂□华省，沾茵落溷，总不自由……大表兄（吴兆宽）时相晤，健翁昆季尤厚善，以此具知表兄旅况。兹新例宏开，西还可待，阘咨到后，弟与电兄雀跃起舞，当路颇多相为，但嫌来数太少，势须倍之，尚未识便能请否也？已将吴、钱二姓家属别具一呈，令小僮同徐仆充递，尚移刑部查案，往复之间，正费时月。然大体得当，皂帽西来，正复不远，尔时握手叙心，真所谓相对如梦寐矣……小诗奉怀，并旧刻二种呈教……"

潘耒《遂初堂集》梦游草卷上《寄怀吴汉槎表兄》诗："吾怜冯敬通，时清遭抵斥。吾哀虞仲翔，才大翻沦谪。当年既兰摧，身后名何益。咄嗟延陵生，千载同此厄。系本尚书孙，门阀高东吴。七岁参玄文，十岁赋京都。竟体被芳兰，摇笔千骊珠。凌颜而轹谢，此才今则无。白璧点苍蝇，俄然陷文网。扁舟上急泷，一落失千丈。如何瑚琏姿，翻遣御魑魅？……早晚金鸡鸣，伫望南飞鹤。"

按：潘耒上书写作时间不详，但可考知。考兆骞《寄电发（三）》札谓："承潘次老表兄远遗手札，并惠以诗。"又，上一书结尾亦谓"小诗奉怀"云云，可见与上书同时写寄者还有一诗，而此诗实即《寄怀吴汉槎表兄》。考此诗在其《遂初堂集》中安排于康熙十九年冬，此即本诗之写作时间。据此，则上书之写作时间亦在此时。

⑧《秋笳馀韵》附录十一章顾贞观致兆骞书："弟九月抵燕，接吾兄手书，即日达之当事，前后情节略见容兄札中，今附去。知己之感，令人洒泪。此岂汉人中所可得者？已专属玉峰，必求□当。弟藉此以践半百重逢之诺，快哉！快哉！《侧帽词》即〔疑脱乞字〕为流传，得如《弹指》方妙。晤期约在来年春暮，种种所需，似不必寄上也。令妹手书附到。弟信不复来长安矣。弟今举家寓德胜门，大小平安。再报未悉。弟名心肃。"

按：此书既言及《弹指词》已流传东国，则写作时间当在康熙十九年，尤以十九年九月至十二月为可能。又，此书未署名，但由于言及容若，知为容若知交。又因言及《弹指》词，则此书必为顾贞观所写。

⑨《秋笳集》卷七《寄顾梁汾舍人三十韵》诗："昔岁家吴会，诸公问越盟。逢君发未燥，入座目俱成。倒屣才名早，披襟意气倾。高文何粲粲，雅论各觥觥。携手惭连璧，同心喜报琼。时邀山馆醉，每爱水楼晴……往事星霜改，新愁关塞萦……漫说

169

逢杨意（前岁侍中对公以予《长白山》诗赋进呈），偏难召少卿。旧游怜转烛，今贱怆闻笙。舞鹤廛边水，和龙塞外城。三秋空漠漠，万里独怦怦。道远怀琼树，宵长望玉衡。如蒙子公力，终到汉西京。"

按：此诗言及前岁献赋，故可推知为今年作。

⑩朱鹤龄《愚庵小集》卷二《吴弘人示余汉槎〈秋笳集〉，感而有作》诗。内云："忽见制作新，卓砾诸美备。排奡摧橛株，春容贯组璲。长白赋尤奇，班扬堪鼓吹。更闻走笔就，使余心神悸。"

王士禛《渔洋续诗集》卷十三庚申稿《题吴汉槎秋笳集》："松花江远波冥冥，长白山高秋叶零。绝域音书凭雁帛，十年冰雪老龙庭。邺中上客思吴质，郡北流人托管宁。闻道金门纷笔札，剧怜汗简为谁青？"

吴祖修《柳堂诗集》卷五《书〈秋笳集〉后，呈家叔弘人先生二首》诗。其一云："忆昔群贤集衍源，连枝意气最轩轩。陆机文采难家弟，张协诗篇掩哲昆。一自髡钳遭汉法，顿令宾客叹雍门。朔方徙后才逾健，读罢凄然感在原。"其二云："眼前数子孰君如？往往怀铅上直庐。伧父三都堪辍简，阳秋一代几成书。未知马角生何日？更少鱼肠慰倚闾。京邸故人常问讯，扬雄文似待吹嘘。"

屈大均《翁山诗外》卷七《读吴汉槎秋笳集有作》诗九首。其一云："吴江词赋客，谪戍自丁年。泪渍松花月，愁深粟末烟。东随射鱼部，北尽落雕天。弟子多蒙古，人称教习贤。"其二云："黄鹄歌声苦，何殊汉细君？蛾眉抛白草，凤翮堕青云。肉酪调斋饭，毛毡制战裙。雪花如掌大，持打皂雕群。"其三云："戍边同妇子，耕得橐驼深。白碱含霜冻，黄沙卷日阴。柳间烹野马，椴下掘人参。于轩多沾赐，牛羊一片心。"其四云："南望是辽东，穹庐接混同。雕翎铺屋白，马乳点茶红。夜夜哀笳

里，年年大帐中。诗篇传种落，尽道汉儿工。"其五云："忽因长白赋，生得入渝关。都尉频挥涕，丁零亦惨颜。未曾埋雪窖，不必示刀环。三百胡笳弄，都归怨曲间。"其六云："乌龙嗟久戍，白鹤忽来归。马湩阏氏酒，鱼皮靺子衣。髡钳同蔡伯，涕泪似明妃。不尽边秋曲，声同笳吹飞。"其七云："未共黄榆老，容颜似夕晖。虽同翁主嫁，亦逐子卿归。卷叶抛胡管，栽花著汉衣。喜无青草冢，寂寞在金微。"其八云："才子多无命，如君亦有时。千金生骏马，百琲重文姬。筚篥羌人曲，琵琶汉代辞。何如君乐府，三复不胜悲？"其九云："庾鲍才华在，初唐汝更新。梅花金管女，木叶铁衣人。一别鲈香水，重看凤阙春。故园知己得，勿复怨沉沦。"

《国朝先正事略》卷三十二："朱鹤龄，字长孺，江苏吴江人，前明诸生。好学，遗落世事。晨夕一编，行不识路途，坐不知寒暑，或谓之愚，因以愚庵自号。"曾参加明遗民所组织之惊隐诗社，康熙二十二年卒，年七十八。有《杜工部集辑注》、《李义山诗集笺注》、《尚书埤传》、《愚庵小集》等。

《清诗纪事初编》卷一："吴祖修，字慎思，吴江人，诸生，著《柳塘诗集》十二卷……卒于甲戌（康熙三十三年）……其卒年当为五十七。"

王士禛，死后乾隆诏改士祯，字贻上，号阮亭，晚号渔洋山人，山东新城人。顺治十五年进士，翌年选扬州府推官。康熙三年入为礼部主事，官至刑部尚书。卒于五十年，年七十八。其诗倡为神韵之说，名盛一时，主持风雅，近五十年。有《带经堂集》等。

屈大均（1630—1696），初名绍隆，字翁山，广东番禺人。清初岭南三大家之一。明末诸生，遭乱弃去，为浮屠，名今释，字一灵。早年曾参加抗清斗争。中年返初服，改今名，后游吴，北走秦陇等地，密图复明。后复明无望，返回故乡隐居以终。

有《翁山诗外》、《翁山文外》、《道援堂集》、《广东新语》等。

康熙二十年　辛酉　（1681）　五十一岁

是岁，兆骞应将军巴海之聘，将以为书记，兼管笔帖式及驿站事务，因此久滞乌喇（今吉林市）①。

自三月至七月得接徐釚二月十一日与三月二十二日两书，有致徐釚书四封，言及郎侍中奉使塞外事，并吁请在朝诸友救其南还②。

夏，郎侍中（疑为郎坦）奉使塞外，初秋至宁古塔时，兆骞曾蒙召见，并赋诗四首进呈，郎侍中颇有荐雄意③。

经纳兰容若、徐乾学、徐元文、宋德宜、顾贞观、徐釚、陈维崧、潘耒、吴树臣等人惨淡经营，醵金二千，以输少府，佐将作，遂得循例放归④。

七月底，还乡诏下，八月十八日为其子桭臣娶妻叶氏，遂理征装⑤。

钱威赋长诗《送吴汉槎同年南还》以送其行⑥。

九月二十日起行，亲友及门人送至沙岭，聚谈彻夜，杨越则欲哭无言，双眼尽赤，至晓分手⑦。

归经乌喇，留数日，至奉天，留半月余，取道山海关，又七日至京师，时为十一月望后⑧。

于奉天停留期间，安珠瑚告知，破扬州时，亲见史可法死难情状⑨。

先是，秋初，顾贞观以奔母丧仓卒南归，鉴于兆骞即归，故于途次舟中写有致兆骞书，告以奔丧南归，容若急欲晤对，一到祈即入城⑩。

初至京师，曾谒冯薄，冯薄赋诗相赠⑪。

徐乾学设宴欢迎，即席有《喜吴汉槎南还》诗，贺其绝域归

来[12]。

兆骞有《奉酬徐健庵见赠之作次原韵》诗[13]。

徐乾学之诗，多有和者，多至数十百人[14]。

徐釚有《题画赠汉槎》诗[15]。

兆骞归后，馆于容若家，为容若弟揆叙授读[16]。

是年二月清军进围昆明，十月吴世璠自杀。自吴三桂起兵，至是八年，三藩之乱被平定。

＊　　　＊　　　＊

①吴桭臣《宁古塔纪略》："是岁乌喇将军忽遣人邀余父，将以为书记，兼管笔帖式及驿站事务，订于九月中合家迁往乌喇，颇以为喜。会七月还乡诏下，乃不果。"又，《归来草堂尺牍》寄电发书之二谓："弟以幕府召，久滞兀喇（即乌喇）。"可见，在此之前，兆骞已应幕府之召，单身居于乌喇。

②《归来草堂尺牍》寄电发书共五篇，第一篇写于康熙十九年夏（见前谱），余四篇均为二十年所写。但细味此四篇，其编排顺序有误（《归来草堂尺牍》与《秋笳集》所收诗文均不按写作时间顺序编排）。正确顺序应为：寄电发（二）、寄电发（五）、寄电发（四）、寄电发（三）。其理由如下。寄电发（二）有云："昨廿三日，武姓者至兀喇，得接吾兄二月十一寄弟及德老札，为之惊喜。"此札送达乌喇兆骞处定在一月有余（即三月二十三日前后），据此此书写于是年三月下旬；寄电发书（五）有云："吾兄二月十一及三月廿二两札，俱已邮至。"据此写于四月下旬；寄电发（四）当写于初秋（六月二十四日立秋），即六七月之交，原因详见本年谱注③；寄电发（三）有云："昨六月十八日，西曹查案，凡十三人名至宁古，而弟及德老不预。今复月余，后查者尚未到。"据此此札当为七月下旬写，而赦还之诏当在七月底下达。总之，三月至七月，曾得接徐釚二书，有致徐

釚之书四封。

考徐釚二书已佚，吴兆骞致徐釚四书尚存，兹将此四书录之于下：

寄电发（二）（康熙二十年三月下旬）："昨廿三日，武姓者至兀喇，得接吾兄二月十一寄弟及德老札，为之惊喜。吾兄与玉峰盛谊如此，吴保安那足复数，翘首金鸡，何日东下，从此馀年，皆公等赐也。弟以幕府召，久滞兀喇，故得即奉音书，明日便骑马东云，计程七日可抵宁古，想德兄见此札，亦当喜而泣也。武林徐楚玉兄，省亲塞外，与弟相见甚欢，今送其归，因附此奉闻。楚兄儒雅翩翩，且至性过人，为今日所少，乞兄不惜齿牙，并祈介于君家大阮。弟亦有札奉寄，并乞为弟深致眷切。目下南氛告平，真绝塞望恩之日，纳锾减等，亦吾辈之厚幸也。惟乞图之，欲言再布，不既。"

寄电发（五）（康熙二十四年四月下旬）："吾兄二月十一及三月廿二两札，俱已邮至。弟读之喜而悲，悲而复喜。吾兄及玉峰公救我之德，何啻更生，凡寻常感恩佩德之语，总不足以形容高厚。庾子山云：'物受其生，于天不谢。'弟之今日，正如此耳。尚祈终始提挈，俾得早还，早离一日苦海，即早受一日大德。以吾兄及玉峰昆季，爱我之意，何俟远嘱，然久客望归，不自知其琐琐也。兹因司历闵君之便，草此奉闻，可胜依依。"

寄电发（四）（康熙二十年六七月之交）："三四月间，两见手札，知电老爱我之深，救我之切，虽在同产亦不能及。弟亦不敢套词致谢。弟近日望归之心，迫于水火，倘此机一失，将来便不可知。老母暮年，而弟亦非茂齿，沉沦绝域，恐遂永隔，以此惶惶，不得不呼天抢地于玉峰兄弟及我电老也。惟乞早赐恩波，俾弟早为中土之人，则恩同二天矣。叩恳！叩恳！郎侍中奉使塞外，召弟相见，甚承悯叹，以四律投之，颇有荐雄之意，并以奉闻。四律附览（四律略）。"

寄电发（三）（康熙二十年七月下旬初）："昨六月十八日，西曹查案，凡十三人名至宁古，而弟及德老不预。今复月余，后查者尚未到，岂遂付之不查乎？顷见赤厓札云，工数必须二千。弟蒙诸公力，已有其半，闻之感而喜，喜而复惧，倘工数不足，事必不成，此机一失，便有河清难俟之叹。伏乞吾兄，与玉峰令叔谋所以救弟者，弟今在苦海中，一无所恃，可恃者惟二三故人耳。此时佛亦不能救我，能救我者，亦惟此二三故人耳。惟祈垂悯，叩头！叩头！承潘次老表兄远贻手札，并惠以诗，读之感不可言。次老之才，李供奉流也，何时得一把臂乎？弟日间为俗冗所绊，投隙始草此数札，竟不及仰和来诗，含愧殊甚。乞兄一致此意，当于后邮赋寄耳。如承报章，乞详以示我，不既。"

③《归来草堂尺牍》寄电发（四），内云："三四月间，两见手札……郎侍中奉使塞外，召弟相见，甚承悯叹，以四律投之，颇有荐雄之意，并以奉闻。四律附览。"其中《郎侍中奉使塞外赋赠》二律与《述怀奉呈郎侍中》一律略，《郎公将还京师赋此奉送》云："西风吹雁满关山，愁见萧萧四牡还。横笛清秋萦客恨，衰杨明日为君攀。紫台霜露催征骑，丹阙星河启曙班。极目长安天际远，离心空望五云间。"此诗有"西风"、"清秋"、"霜露"诸词，系咏秋景，可见写于秋季。而赦归诏书系在本年七月下达，立秋又在六月二十四日，可见此诗与此书又必写于初秋（以七月初可能性为大）。据此，郎侍中奉使塞外当在夏季，归去在秋初。

按：此郎侍中疑即系正白旗满洲副都统郎坦。郎坦，瓜尔佳氏，满洲正白旗人。年十四，授三等侍卫，后进至一等。康熙十三年擢正白旗蒙古副都统，后改本旗满洲。二十一年率兵往索伦侦视罗刹敌情。二十四年随都统彭春率师征罗刹。后至都统、领侍卫内大臣。见《清史稿》卷二百八十。康熙二十年郎坦奉

使塞外，史无明文，但《清圣祖实录》载，康熙二十年十一月甲戌，郎坦曾据宁古塔捕海獭官明阿纳之呈请，建议清廷移咨朝鲜国王，将明阿纳朝鲜国籍之母，送交宁古塔将军，令其团聚。是日户部议复，得到康熙允准。是年宁古塔官员既能向郎坦呈请此事，表明郎坦该年奉使过塞外。基于此，兆骞诗文中是年夏秋之际奉使于塞外之郎侍中，应是郎坦。郎坦二十年宁古塔之行，也为其次年奉使索伦奠定基础。

④徐釚《汉槎吴君墓志铭》："纳腊侍卫因与司农、司寇，暨文恪相国，醵金以输少府，佐匠作，遂得循例放归，然在绝域已二十三年矣。"又，《归来草堂尺牍》寄电发之三："顷见赤崖札云，工数必须二千，弟蒙诸公力，已有其半，闻之感而喜……"此云二千金，而《汉槎友札》之一徐乾学书谓："城工之费，甚是繁重，若止于一二千，贱兄弟与二三知己，尚可措画耳。"据此，又不仅二千金，可能后来经众人斡旋，减至新例最低标准之二千金。

⑤吴桭臣《宁古塔纪略》："（康熙二十年）订于九月中合家迁往乌喇……会七月还乡诏下，乃不果。八月十八日，为予娶妇叶氏。氏贤而孝，两大人甚爱之，遂理归装。饮饯无虚日，皆相持哭失声，不忍别。"

⑥《国朝松陵诗征》卷二有钱威《送吴汉槎同年南还》，以该诗过长达700字，仅转录最后部分作者送别时未能同归之感慨："北阙恩波下，东荒才子旋。伏辕甄骥足，掘狱起龙渊……摇落存孤客，凄其对别筵。艰难同泛梗，缱绻互怜蚿。去住初难料，穷通莫问缘。望空书咄咄，折柳泪涟涟。填海伤精卫，鸣春泣杜鹃。天涯伤老大，吴下旧蒙颛。牵率投枯塞，苍茫探寸筹。未堪杨意荐，久乏邓通钱。煅灶温堪倚，文园体更孱。望尘难附尾，奋翼叹非鸢。白发吾衰矣，青云子勉旃。殷勤相判袂，浩荡任坤乾。"

⑦《宁古塔纪略》:"至九月二十日起行,将军遣拨什库一人,兵八名护送。又发勘合,拨驿车二辆,驿马二匹及饮食等项,按驿供给更换。亲戚之内眷,送至一朗冈而别。亲友及门人俱送至沙岭,聚谈彻夜,至晓分手。我父哭不止,策马复追二十余里,再聚片时而回。患难交情,如此之深也。"

杨宾《力耕堂诗稿》卷二《吴汉槎先生自宁古塔归,述两大人起居书感》:"汉槎先生姓氏熟,老父穷荒同肉骨。今朝有力独能归,葡萄问讯吞声哭。先生拭泪唤我名,执手为我数平生……昨送江头无一言,相对相看双眼赤……"

⑧吴桭臣《宁古塔纪略》曾详细记述吴氏还乡路线与途中行事,可参阅。其所经之地依次为:一朗冈、沙岭、石头甸子、鳖而汉鳖腊(必尔汉必拉)、大乌稽(今张广财岭)、昂邦多洪、拉发、小乌稽(今老爷岭)、厄黑木、泥显哈(尼失哈)、松花江、乌喇。又经苏通(搜登)、衣而门、双羊河(双阳河)、一巴旦、大孤山、黑而苏、野黑(叶赫)、棉花街、乌远(威远)堡、开原、高丽站、铁岭、驿路(懿路)站、奉天(沈阳)、老边站、澡流河、白旗堡、二道井子,小河山、广宁、闾阳驿、石山站、大凌河、锦州府、高桥站、宁远州、东关站、凉水河站、山海关,至京师。又,其至京师时间,系据张翼《辛酉子月望后,喜汉槎年长兄入关,和东海夫子原韵八首,求教正》一诗而知。子月即十一月,望为十五日。

《宁古塔纪略》又云:"明日进关,气象迥别,又七日至京师,与亲友相聚,执手痛哭,真如再生也。"

⑨王士禛《池北偶谈》卷七史阁部:"康熙二十年,吴江吴汉槎兆骞自宁古塔归京师。驻防将军安某者,老将也,语之曰:'子归,可语之史馆诸君。昔王师下江南,破扬州时,吾在行间,亲见破城时,一官人戴巾衣氅,骑一驴诣军营,自云:"我史阁部也。"亲王引与坐,劝之降,以洪承畴为比。史但摇首云:

"我此来只办一死，但虑死不明白耳。"王百方劝谕，终不从，乃就死。此吾目击者，史书不可屈却此人云。'"

又，王源《居业堂文集》卷二十《自书史阁部遗文序后》一文所载，与此大同小异，可以参看。

⑩《汉槎友札》之八顾贞观辛酉秋致兆骞书："满拟秋冬之际，得握手黄金台畔，倾倒二十载阔悰。而不孝罪重孽深，顿罹大故，骨摧心裂，仓卒南奔。吾兄抵燕之日闻此，定为挥涕也。晤期非杪冬即早春，一日生还，幸而践约，此举相公乔梓（指明珠与容若父子）实大费苦心，而健老（徐乾学）长兄，真切相为，尤不减于骨肉。容兄每与电兄相对击节，吾兄归，当备悉之。容兄急欲晤对，一到祈即入城，前世宿缘定知倾盖如旧也，已于荒寓扫榻待兄，挈敲针画纸之人，拥炉欢聚，料不复望并州作故乡耳。舟次草草，未尽万一，谅之谅之！不孝贞观稽颡汉老吾兄亲翁大人。"

⑪《秋笳馀韵》卷下：《喜汉槎至都赋赠》诗。诗序云："汉槎孝廉，一代才人，以小误移塞外，盖二十有三年矣。诸友人怜之，助其修工，得还故里。至都谒予，丰神未改，著述尤多，询其高堂，尚健饭无恙也，喜而赋此。"其一云："廿年飘泊大荒馀，回首乡关泪满裾。啮雪犹烦人问字，栖身无计妇愁庐。思君原惜因才误，友谊重怜入粟除。万里归来音未改，高堂白发正萧疏。"

《清史稿》卷二百五十：冯溥，字孔博，山东益都人。顺治三年进士，授编修，历任侍读学士、吏部侍郎。康熙时至刑部尚书，十年拜文华殿大学士。二十一年致仕，三十年卒，年八十三。能诗，有《佳山堂诗集》。"溥居京师，辟万柳堂，与诸名士觞咏其中。性爱才，闻贤能，辄大书姓名于座隅，备荐擢。一时士论归之。"

⑫叶舒颖《叶学山先生诗稿》卷五附录徐乾学《喜吴汉槎南还》

诗："惊看生入玉门关，卅载交情涕泗间。不信遐陬生马角，谁知彩笔动龙颜。君恩已许闲身老，亲梦方思尽室还。五雨风轻南下好，桃花春涨正潺湲。"

⑬《秋笳集》卷七《奉酬徐健庵见赠之作次原韵》诗："金灯帘幕款清关，把臂翻疑梦寐间。一去塞垣空别泪，重来京洛是衰颜。脱骖深愧胥靡赎，裂帛谁怜属国还。酒半却嗟行戍日，鸦青江畔度潺湲。"

⑭翁广平《吴汉槎传》："其友宋相国蓼天、徐尚书健庵，醵金赎之，得释归。一时朝野赋喜吴汉槎入关诗，多至数十百人。"（《秋笳馀韵》附录翁广平语）目前可考知者，在京师有冯溥之《用徐健庵韵，再赠汉槎》（《佳山堂诗二集》卷五）、徐元文《吴汉槎自塞上还次家大兄韵二首》（《含经堂集》卷七）、纳兰容若《喜吴汉槎归自关外，次座主徐先生韵》（《通志堂集》卷四）、徐宾《喜吴汉槎入关即席步韵》（《国朝松江诗钞》卷十六）、潘耒《汉槎表兄归自塞外次韵志喜二首》（《遂初堂集》卷四）、王士禛《和徐健庵宫赞喜吴汉槎入关之作》（《渔洋续诗集》卷十四）、陈维崧《喜汉槎入关和健庵先生原韵》（《湖海楼诗集》卷八）、吴树臣《家汉槎叔归自塞外和健庵夫子原韵四章》（《涉江草》卷二）、尤侗《吴汉槎自塞外归喜赠二首》（《尤西堂全集》于京集卷四）、徐釚《喜汉槎入关和健庵叔韵》（《南州草堂集》卷八）、钱中谐《呈汉槎次徐健庵先生原韵》（《秋笳馀韵》卷下）、陆元辅《辛酉冬喜汉槎自塞外还燕，次徐健庵先生韵奉赠》四首（同上）、宋涵《辛酉仲冬汉槎先生归敬步徐健庵先生原韵》四首（同上）、戚玾《喜汉槎先生还都次健庵先生原韵》二首（同上）、张翼《辛酉子月望后，喜汉槎年兄入关，和东海夫子原韵八首》（同上）、王鸿绪《喜汉槎先生南还次座主徐先生韵》六首（同上）、毛奇龄《喜吴兆骞入塞和徐健庵春坊韵》（《西河文集》七言律诗）、张尚瑗《喜吴汉槎先生归自塞

垣和健翁韵》八首（《莼江集》）、孙旸《和徐健庵赠吴汉槎入关二首》（《孙蔗庵先生诗选》）等。以上不论即席而作，或稍后和作，均写于本年十一、十二月及次年春。

按：上述喜兆骞入关诸诗作者，冯溥、徐元文、纳兰性德、潘耒、王士禛、陈维崧、吴树臣、徐釚、钱中谐、孙旸、王摅、叶舒颖、叶燮等人行实小传，已散见本书相关各年谱注之中，下面将其余作者逐一作一简介：

徐宾，字虞门，江苏华亭人。康熙二十七年进士，授知县，官至吏科给事中，有《芝云堂诗稿》。见柯愈春《清人诗文集总目提要》卷十四。

尤侗，字同人，更字展成，别字悔庵，又曰艮斋，晚自号西堂老人，长洲人。少博闻强记，有才名。历试于乡，不刊，谒选，除永平府推官。康熙十七年，除翰林，修明史。甲申六月以疾卒，距生万历四十六年闰月，享年八十有七。有《西堂全集》。见朱彝尊《曝书亭集》卷七十六。

陆元辅（1617—1691），字翼王，号菊隐，江苏嘉定人。黄淳耀入室弟子。康熙十七年诏举博学宏词，以"尝抱隐痛"，"召试诡不入格"，归而以著述终。有《菊隐集》。见柯愈春《清人诗文集总目提要》卷六。

戚玾，字后升，泗州人，由优贡授知县。有《笑门诗集》。见《四库全书总目提要》。

张翼，一名豫章，自号九峰散人，华亭人。康熙二十七年进士，授编修，历官左中允、贵州学政。有《南帆》、《寄亭》诸集。见《松江府志》卷五十七。

王鸿绪，初名度心，字季友，号俨斋，又号横云山人，江苏华亭人。康熙十二年进士，授编修，累官户部尚书，有《横云山人集》。见袁行云《清人诗集叙录》卷十三。

毛奇龄（1623—1716），初名甡，字大可，号西河，浙江萧山人。

十八年召试博学宏词，授翰林院检讨。有《西河合集》。见柯愈春《清人诗文集总目提要》卷七。

张尚瑗，字宏蘧，号损持，吴江人。康熙戊辰进士，选翰林院庶吉士，改兴国知县。有《印浦》、《眉黄》、《桐腴》等十集。见《国朝松陵诗征》卷八。

张锡怿，字越九，号洪轩，上海人。顺治十二年进士，官山东泰安知县，著《南归》、《涉江》、《漫游》诸集。见《江苏诗征》卷五十四。

吴祖修，字慎思，一字柳塘，县学生，有《柳塘诗集》。见《国朝松陵诗征》卷七。

王掞，字藻儒，江苏太仓人。康熙九年进士，授编修，后历工部、刑部、兵部、礼部尚书，文渊阁大学士。雍正六年卒，年八十四。有《西田诗集》。见袁行云《清人诗集叙录》卷十三。

赵沆，字子升，广文沄族弟，有《惕若斋遗稿》。见《国朝松陵诗征》卷五。

顾景星（1601—1687），字赤方，号黄公，湖北蕲州人。清初屡征不起。有《白茅堂集》。见柯愈春《清人诗文集总目提要》卷七。另有宋涵行实待考。

汪文柏（1659—?），字季青，号柯庭，一作柯亭，安徽休宁人。康熙中官北城兵马司指挥。有《柯庭馀习》。见柯愈春《清人诗文集总目提要》卷十四。

在外地者有王摅《喜吴汉槎南还次徐健庵宫赞韵》（《芦中集》卷四）、张锡怿《喜吴汉槎南还次徐健庵韵》（《晚晴簃诗汇》卷二十七）、吴祖修《家汉槎先生自戍所南还次徐宫赞韵》（《柳塘诗集》卷六）、王掞《和徐健庵喜吴汉槎南还》（《一揽集》卷二）、叶舒颖《喜吴汉槎南还次徐健庵太史韵》（《叶学山先生诗稿》卷五）、赵沆《吴汉槎南还次徐健庵先生韵》二首（《吴江赵氏诗存》卷九）等，均为次年作，姑系于此。

又，尚有喜兆骞南还而未用徐韵者，如顾景星《松陵吴汉槎兆骞，江南才子，予未识其人读其文，近闻自关外赎还志喜》（《白茅堂集》卷二十四）、汪文柏《赠吴汉槎》（《柯庭馀习》卷六）等（此二诗殆写于二十一年），另有叶燮等人之作。

⑮徐釚《南州草堂集》卷八《题画赠汉槎》诗："松花江接海云迷，不尽苍林万仞低。迁客喜归谈绝塞，凭君为画小乌稽（宁古塔有大乌稽、小乌稽，即黑松林也）。"

按：此诗系本年十二月或次年初作，姑系于此。

⑯徐釚《汉槎吴君墓志铭》："(兆骞)循例放归……遂为经师，馆于东阁者又期年。"

姜宸英《姜先生全集》苇间诗集卷四《席上读敦好堂诗感怀有赠》诗，有云："试吟五字已惊人，常令吴郎笑口哆。"自注："谓塾师汉槎。"

查慎行《人海集》叙云："故人吴汉槎殁后，有以不肖姓名达于明国相，遂延致门馆，令子若孙受业焉。"据此可见从兆骞受业者为撰叙。

康熙二十一年　壬戌（1682）　五十二岁

上元灯夕，与陈维崧、严绳孙、朱彝尊、姜宸英及返京不久之顾贞观饮于花间草堂①。

宋荦邀同王士禛、毛际可、钱介维，与兆骞小集，作诗以赠②。

与友人宴饮之际，多次出示携来之石砮、高丽棋子，并讲述宁古塔城东北断碑等古迹③。

初春某夜，与陈维崧、俞大文等集容若斋中，曾就《柳毅传书图》分韵题咏，兆骞有次俞大文之韵四绝句④。

兆骞向顾贞观言及塞外多暴骨，贞观即商诸当事掩瘗，复募僧心月，敛金，于本年六月出关遍历各战场收瘗之⑤。

秋后，朱鹤龄有《与吴汉槎书》，内言及兆骞自春徂秋，尚滞留京邸⑥。

此期间，曾以张贲家书寄与吴江之叶舒颖⑦。

深秋某夜，与姜宸英夜坐，宸英咏之以诗⑧。

周金然有《太白酒楼》、《南池》、《浣笔泉》三诗，写呈兆骞教正。又赋《古槐篇为玉堂主人赋呈汉槎粲教》一诗⑨。

冬，有《致李棠》书与《李侍御枉驾因留小饮》诗⑩。

十二月底，归省吴江，蒋景祁赠之以诗，顾汧、李振裕亦有诗送行⑪。

是年，二月十五日至五月初四日，容若扈从康熙东巡，至盛京、乌喇等处巡视，并祭祀长白山。

五月初七日，陈维崧卒，年五十八。

八月十五日，容若随副都统郎坦远赴梭龙侦察罗刹敌情。十二月十七日返至京师。

钱威南还⑫。

赵漪卒，年六十四⑬。

庄胤堡卒⑭。

*　　　　*　　　　*

①蒋进《蒋退庵遗稿》词稿姜宸英序："记壬戌灯夕，与阳羡陈其年，梁溪严荪友、顾华峰，嘉禾朱锡鬯，松陵吴汉槎数君，同饮花间草堂中。席主人指纱灯图绘古迹，请各赋《临江仙》一阕。余与汉槎赋裁半，主人摘某字于声未谐，某句于调未合。余谓汉槎曰：此事终非吾尔胜场，盍姑听客之所为乎？汉槎亦笑起而阁笔。"

严绳孙（1623—1702），字荪友，无锡人。长以诗及古文擅名。康熙十八年以布衣举博学宏词，授检讨，与参《明史》。寻告归，杜门不出。有《秋水集》。见《清史列传》。朱锡鬯即朱彝尊（1629—1709），号竹垞，浙江秀水人。少肆力古学，博极群书。康熙十八年以布衣举博学宏词，授检讨。后引疾归。诗与王士禛称南北两大宗，词与陈维崧并称。有《曝书亭集》。

姜宸英《湛园未定稿》卷八《跋同集书后》："往年，容若招予往龙华僧舍，日与荪友、梁汾诸子集花间草堂，剧论文史，摩挲书画。于时，禹子尚基亦间来同此风味也。自后改葺通志堂，数人者复晨夕相对，几案陈设，尤极精丽，而主人不可复作矣（指容若病逝）。荪友已前出国门，梁汾羁栖荒寓行一年所，今亦将妻子归矣，落魄而留者，惟予与尚基耳。阅荪友、容若此书，不胜聚散存殁之感。"

毛际可《安序堂文钞》卷十四《花间草堂集》："姜西溟〈跋同集书后〉：往年容若招余与荪友、梁汾集花间草堂，剧论文史，摩挲书画云云。而梁汾晚年于端文公（顾宪成）祠后，构室三楹，南窗对惠山，颜曰'花间草堂'，其拳拳于昔游如此。"

纳兰容若《通志堂集》卷十四《祭汉槎文》，内云："我喜得子，如骖之靳，花间草堂，月夕霜晨。"

按：据上四文所征引，可知花间草堂主人实系容若。容若曾常招姜宸英、顾贞观、严荪友等至此草堂谈经论史，兆骞入都后，也月夕霜晨，参与此会。而壬戌灯夕集于草堂者即有兆骞，此外还有陈维崧与朱彝尊等。康熙二十四年容若病逝，诸人风流云散，一年后，贞观携其妻子归乡，晚年因拳拳于昔游，并为悼念容若，在故乡其曾祖顾宪成祠堂后，仿照容若之花间草堂，构室三楹，亦命名花间草堂。

又按：据《蒋退庵遗稿》姜序，可知是时顾贞观已自无锡返京。贞观之所以未在故乡守制三年，其家眷在京当系重要原因。又，考去岁秋初贞观仓猝南奔写给兆骞之信，已与兆骞约定："晤期非秒冬即早春。"可见为践此约，亦是贞观回京之原因。至于贞

观究系何时至京不得而知，估计在辛酉与壬戌之交，非去岁底，即今岁初（上元灯夕之前）。

②宋荦《绵津山人诗集》卷十三《吴汉槎归自塞外，邀同王阮亭祭酒、毛会侯、钱介维小集，作歌以赠，用东坡海市诗韵》："塞外长白横长空，吴君廿载冰霜中。岂意玉关得生入？云霄重望蓬莱宫……时平好献大礼赋，少陵遇合宁终穷？相逢一笑快今日，俯仰况复当春融。谈诗命酒皆老辈，何须频倒玻璃钟？楛矢石砮夸创见，君之所得亦已丰……"

按：宋荦，字牧仲，号西陂，河南商丘人。生于崇祯七年。年十四，以大臣子列侍卫。康熙十六年授理藩院院判，迁刑部员外郎、郎中，累擢江苏巡抚。能诗，有《绵津山人诗集》，后增益为《西陂类稿》。见《清史稿》卷二百八十。

毛际可，字会侯，号鹤舫，浙江遂安人。生于崇祯六年。少负隽才，以文章名。顺治十五年进士，历河南彰德府推官，改知城固县，调祥符。有《安序堂文钞》等。见《清史列传》卷七十。

钱介维，名柏龄，一字立山，号鹿窗，上海人。为明礼部尚书钱龙锡冢孙。生于明崇祯七年（1634），卒年不详。有《淀湄草庐诗存》。见《雪桥诗话续集》卷二。

③王士禛《池北偶谈》卷二十三《吴汉槎》："吴江吴孝廉汉槎……归至京师，相见，出一石砮，其状如石，作绀碧色，云出混同江中，乃松脂入水年久所结，所谓肃慎之矢也。又高丽棋子一枚，乃砗磲所制。又云：宁古塔东北二百馀里，乃金之会宁府，有断碑尚存，书法如柳诚悬。顷为一流人所碎。碑文可以辨识者，有'俯瞰阙庭'，又'文学盛于东观'云。"

④《秋笳集》卷七《集成侍中容若斋赋得〈柳毅传书图〉次俞大文韵四首》。其一云："落日金羁上客过，画帘灯火九微多。当筵谁共抽毫素，一幅吴绡梦楚波？"余三首，纯系咏该图内容，从

略。

按：此次雅集，陈维崧与容若均有题咏之作，容若之诗为《赋得柳毅传书图次陈其年韵》（《通志堂集》卷五）。至于集会时间必在二月十五日之前。因本年二月十五日至五月初四日，容若忙于扈从康熙东巡，八月十五日至十二月十七日又远赴梭龙（即黑龙江索伦地区）侦察罗刹敌情，本年只有二月十五日前与五月至八月两次在京，而五月初七日陈维崧又病卒于京师，五月至八月之说可以排除，基于此，只有二月十五日前一说为是。又，俞大文，字仲乙，号荔峰，常熟人，行实不详，仅知曾任元城令（今河北大名），其他俟考。

⑤《顾梁汾先生诗词集》卷首邹升恒《梁汾公传》："兆骞自东归，言塞外多暴骨。先生恻然，商诸留都当事，亟行掩瘗。复募多金，延关东僧心月者，率徒遍历兴京、老城、撒儿浒、铁岭诸战场收瘗骸骨无算。"

《辽左见闻录》："广宁以南沙岭诸处，前代战场也，白骨纵横沙草间。有沙门心月者，募金埋之，为万人冢三……其检骨时，心月所募金前后以数万计，检骨者日不下数十人。骨已尽矣，每雨过复累累遍野，寒暑无间，几及十年，其事始竣云。"

陈梦雷《松鹤山房诗集》卷二有《心月上人有收骨之行歌以赠之》诗。内云："上人功从累劫修，跣足三冬冲朔雪……更念荒郊旅魂泣，思广圣朝埋胔德。儒释虽分事亦同，有志须成在愿力。幽明度尽笑颜开，此心便为极乐国。"其自注："壬戌季夏。"此诗既写于本年六月，则兆骞之言暴骨与贞观之延心月，必在上半年。

⑥朱鹤龄《愚庵小集》卷十《与吴汉槎书》："计尊兄塞北之徙，已二纪于兹矣。关山辽落，鱼雁销沉，每于花飘藻网之辰，月进萝帏之夕，念及尊兄，龙沙极目，蛇虺惊心，未尝不惨然魂摇，复凄然泪堕也。古人如蔡中郎、崔亭伯，以及韩退之、苏

子瞻诸公，无不由贬窜穷荒，万死一生中享大名，成大著作，以垂不朽。读尊兄《秋笳集》，此其验矣。自得南还之信，不觉魂舞色飞，旦暮希握手，流连翘跂之诚，以日为岁。而岂意自春徂秋，尚留滞京邸耶?"

⑦叶舒颖《叶学山先生诗稿》卷五《吴汉槎以张绣虎家信见寄有感，再用徐韵二首》诗。其一云："正牵愁绪向边关，远接封书隔岁间。多难可怜新白首，馀生应悔旧红颜。故乡亲串同零落，绝域尘埃断往还。吊影不禁清泪滴，因风谁与寄潺湲。"

⑧姜宸英《湛园诗稿》卷一《与吴汉槎夜坐》诗云："嗟君失路绝飞腾，华发归来怨不胜。放诞谁当怜阮籍？孝廉人尚识张凭。秋深落木前朝寺，夜半空堂古佛灯。惆怅升沉十年事，一炉香烬定中僧。"

《清史稿》卷四百八十四："姜宸英，字西溟，慈溪人……绩学工文辞，闳博雅健，屡踬于有司……侍读学士叶方蔼荐应鸿博，后期而罢。方蔼修《明史》，又荐充纂修……久之，举顺天乡试。(康熙)三十六年，成进士……授编修。明年副(李蟠)典试顺天，蟠被劾遣戍，宸英亦连坐。事未白，卒狱中……著《湛园集》、《苇间集》。"

按：宸英生于崇祯元年，卒于康熙三十八年，年七十二。

⑨周金然此四诗，均见《秋笳馀韵》卷下。张维屏《国朝诗人征略》卷十五："周金然，字广居，号广庵，上海人。康熙二十一年进士，官洗马。有《广庵全集》。"

⑩《归来草堂尺牍》致李棠书："十载前即仰企声名，不意弟还乡国，而台臺乃沦迹遐陬，人事错迕，类多如此。顷岁，欲从胡璞老处，一奉颜色，而迅车言迈，未遂鄙怀，为怅何如？敝门人至，获承惠书，欣快殊极！惟望读书学道，以慎玉体，则其旋之吉，未可知也。"

《康熙起居注》二十年九月二十一日"大学士、学士随捧折本面奏请旨……又为李棠事。上曰：李棠情罪甚为可恶，着人旗，流徙宁古塔，至彼处鞭一百。"

刘献庭《广阳杂记》卷二："李棠，字绍林，桂林府临桂县人。以御史降广东雷州知府。三桂变后，槛车逮至常德。棠在朝曾特疏纠三桂，故欲得而甘心焉。至则以其人望，宥之，以为中书舍人。来衡即位，升大理寺丞。后投诚于（偏沅巡抚）韩抚军世琦……上怒其反覆，谪戍辽左。"

按：李棠为御史时，以敢谏名，颇著直声，故其以御史谪降粤东时，以诗送之者，如徐乾学、黄九烟、魏象枢、宋德宜等甚多。康熙二十八年杨宾赴宁古塔省亲时，亦曾以诗咏之。在戍所垂三十年，援捐马例放还。未几入关，道卒。见《辽左见闻录》。

又按：《秋笳集》卷七补遗，有《李侍御枉驾因留小饮》诗："凉秋紫塞谪官多，三径萧条侍御过。海外闻君名已久，长安别后事如何？且将浊酒浇胸臆，莫为悲笳废啸歌。放逐幸同尧舜世，尽拼身世老渔蓑。"此即将被放逐之李侍御即系李棠，此诗当系李棠赴戍前枉驾来访时，兆骞留饮赋赠之作。时为是年冬。

⑪蒋景祁《吴汉槎孝廉自徙塞外二十五年矣，既许赎还，更蒙恩复南还拜母，人有赠言，率成四首》诗。其四云："寒林落木送遥程，驻马官□返斾旌。去路晓风□后雁，到家春雨待听莺。建安公宴归吴质，杵臼贫交感顾荣。二十五年归未得，莫教容易阖闾城。"（《秋笳馀韵》附录）据此，其动身归省在是年寒林落木之年底，至家则在来春，故云"到家春雨待听莺"。

《江苏诗征》卷一百十三："蒋景祁，字京少，武进人。康熙己未荐举鸿博。官府同知。著《东舍集》。储同人云：京少一困于丁巳之京闱，再困于己未之荐举，三困于吏部之选谒，皆候得候失。无聊不平，昼夜治诗，而京少之诗遂盛传于天下。既没，子开泰哀其遗集刻之。"有《罨画溪诗》、《罨画溪词》等。

按：是年蒋景祁正在京师，故有此作。

又，康熙二十四年《吴江县志》卷二十九："（兆骞）遭谣诼之祸，徙关外二十余年，作《长白山赋》，名动京师，癸亥（二十二年）春，得复归，逾年卒。"此处之"癸亥春得复归"，指其归省吴江，在康熙二十二年春，故紧接即谓"逾年卒"。由上可见，吴兆骞之归省吴江，启行在二十一年岁暮，至家已是次年春。

顾汧《凤池园诗集》卷四《送吴汉槎先生南旋》诗："杯酒旗亭感慨多，百年容鬓各蹉跎。黄金白璧归何有？红烛青灯且放歌。燕市风高人击筑，虹桥木落水停波。上林词赋推老手，待向金门听玉珂。"

李振裕《白石山房稿》有《送吴汉槎归吴江》诗："此去江南花正开，惊传华表鹤归来。廿年噩梦孤身在，隔岁霜鸿绝塞回。树棘恰当名士厄，系牛偏触邑人灾。莫言归卧家山稳，东阁于今正爱才。"同时又有《再送汉槎用徐健庵原韵》诗，内有"廿载吴江有梦还"之句。按该诗集于此二诗前后之诗均有时间标志，前诗写于康熙二十一年十一月十四日稍后，后诗写于十一月二十三日长至，可见此二诗之写作时间必在十一月十四日至二十三日之间。既然李振裕赠诗在此时，则兆骞动身南还当在是年十二月十七日容若自梭龙回京稍后。

顾汧（1646—1712），字伊在，号芝岩，江苏长洲籍，顺天大兴人。康熙十二年进士，官礼部侍郎，调奉天府丞，河南巡抚。有《凤池园诗集》。见《清人诗集叙录》卷十三。

李振裕，字维饶，号醒斋，江西吉水人。康熙九年进士，官至户部尚书。卒于康熙四十六年，年六十七，有《白石山房诗集》。见袁行云《清人诗集叙录》卷十二。

⑫叶舒颖《叶学山先生诗稿》卷五《闻钱德惟南还再次徐韵》诗："残春鸟语尚关关，似报新恩下草间。仙桂两株难比杜，灵光七

岁早如颜。喜看德曜齐眉在，好使元方载乘还。溪畔烟波长缥缈，时时放艇弄潺湲。"

《国朝松陵诗征》卷二："孝廉（钱威）与汉槎先生同以科场事戍辽阳……是孝廉诗必有可传者，惜汉槎未及携归，而孝廉终于漠北，区区愁苦之言，不能归故乡而传后世。呜呼！可慨也。"此谓钱威卒于塞外，但观叶氏之诗，此说似误。

⑬《吴江赵氏诗存》卷六："赵漪，字若千，卒年六十四，著《尔室吟》。"又引袁景辂之语云："若千为山子之兄，名亚于其弟，而诗品秀雅，如名花奇石，可供清玩。"

按：叶舒颖《叶学山先生诗稿》卷六壬戌稿有《哭赵若千二绝句，即和若千梦僧赠诗原韵》诗，可知赵漪卒于是年。

⑭叶舒颖：《叶学山先生诗稿》卷五壬戌稿《庄季坚归里最早，近以忧致疾而殒，并次韵悼之》。

按：庄季坚即以顺治丁酉南闱科场案被遣戍宁古塔之庄胤堡。

康熙二十二年　癸亥（1683）五十三岁

年初，行至苏州，杨越之子杨宾谒见，感而赋诗①。

有《阊门泊舟口号》诗②。

至家，与母夫人（生母李氏）上觞称寿，相见如梦寐。构屋三楹，读书其中，故人汪琬之子汪士铉（退谷）题曰归来草堂③。

二月，赴太仓访问故人王撰（虹友），撰有《汉槎归自塞外见访》诗。殆同夜，其弟王揆亦有《虹友兄斋头同吴汉槎夜话》诗④。

三月下旬，王撰同顾贞观同访兆骞，饮于其家，王撰有诗咏之（据此，顾贞观已先于兆骞南还）⑤。

春，周中立招叶舒颖，同张拱乾、顾有孝、吴兆骞集留耕堂，舒颖有六绝句⑥。

与顾有孝、蒋以敏合编之《名家绝句钞》即在此时⑦。

春夏之交，叶燮有《吴汉槎北归赋赠，次昌黎忆昨行韵》诗寄赠，又有《九来用和汉槎北归韵相寄，次韵奉答》诗⑧。

四月，曾游禾城（嘉兴），查慎行过兆骞寓楼，有诗赠之，时俞大文、陈寄斋在座⑨。

仲夏，携枨臣访叶燮于横山二弃草堂⑩。

后忽得疾，卧疴累月，以此延其归期。性德闻讯，数寄尺书，催其返京⑪。

病中有《答王虹友》书⑫。

病中另有致宋实颖（既庭）书⑬。

秋冬之际，王士禛见到已经成书之《名家绝句钞》，有诗咏之⑭。

九月，江南布政使丁思孔赴偏沅巡抚之任，兆骞有诗送行⑮。

是年，曾题张拱乾之卷⑯。

叶燮有寄兆骞书，言及七年前自己于宝应知县任内负谤被黜事⑰。

周肇卒，年六十九⑱。

朱鹤龄卒，年七十八⑲。

＊　　　＊　　　＊

①杨宾《力耕堂诗稿》卷二《吴汉槎先生自宁古塔归，述两大人起居书感》诗："吴王宫北日欲斜，车马纷纷人喧哗。争道京师明相国，万里赎还吴汉槎。汉槎先生姓氏熟，老父穷荒如肉骨。今朝有力独能归，匍匐问讯吞声哭。先生拭泪唤我名，执手为我数生平。汝父初居土城外，论心夜夜入三更。有酒呼我醉，有茶呼我烹。家人妇子日相见，米盐琐琐同经营……昨送江边无一言，相对相看双眼赤。我闻此语心骨摧，奔走廿年终何益……"

按：当时杨宾正全家寓居苏州，故兆骞至苏州，杨宾得以谒见。《清史列传》卷七十："杨宾，字可师，浙江山阴人。父坐友人累，偕妻戍宁古塔。宾十三，上奉祖母，下携弱弟，艰苦备尝。圣祖南巡，宾与弟宝叩御舟，请代父戍，不得达，遂间关往侍。侍父戍所时，著《柳边纪略》。其书网罗巨细，足以订史书之谬，而补版图之缺。塞外人称杨夫子。诗主沉著，身后散佚，惟存一卷，皆辛苦愁惨之音。"

②吴兆骞《阊门泊舟口号》诗："此日当年载酒行，春风兰渚荡船轻。飘零氄帐归来日，漾水红栏到眼生。"（《吴江诗粹》卷二十）

③吴治谟《汉槎友札跋》："（兆骞）为经师，馆于东阁者经年，甫回家，与母夫人捧觞上寿。时太翁中丞公（晋锡）与两兄均弃世。先生悲喜交集，感恩流涕，难以言宣，宗党戚里，执手相见，咸以为如梦寐也。构室三楹，读书其中，汪退谷题曰归来草堂。"

按：汪退谷，名士铉，字文升，汪琬之子，康熙三十六年进士，授编修。雍正元年卒，年六十六。有《秋泉居士诗集》。

④王摅《芦中集》卷四《汉槎归自塞外见访》诗："殊方乍喜蔡邕回，小径从教蒋诩开。羁戍廿年穷海别，风尘万里故人来。追思往事惊颜面，呜咽交情尽酒杯。不道松花江畔客，乡园归及见残梅。"

按：此诗于《芦中集》卷四中安置于康熙二十三年《三月二十日集江位初斋用杜宾至客至韵二首》一诗之前，可见写于该年二、三月之间，姑系于二月。

王揆《一揽集》卷二《虹友兄斋同吴汉槎夜话》诗："海内争传季子名，相逢执手喜还惊。廿年塞外空归梦，一夕灯前似隔生。铁岭风沙销战骨，金河箛鼓驻雄兵。知君倦听边庭雁，行见鸣珂绕凤城。"

⑤王摅《芦中集》卷四有《同顾梁汾舍人饮汉槎寓赋赠十韵》诗："童稚追随日，情亲若弟昆。廿年艰会面，两地黯伤魂。理学先贤旧，词华后辈尊。含香趋汉苑，作赋重梁园。醉尉从遭叱，平津自感恩。耕云春谷冷，钓月暮江浑。老惜遗经在，贫嗟傲骨存。故人归绝域，之子共清樽。意气看弥合，文章喜更论。穷途荷提挈，同客信陵门。"据此诗，顾贞观已先于兆骞南归，南归时间虽不详，但应在去岁。

按：此诗于《芦中集》卷四中安置于《三月二十日集江位初斋……》一诗之后，而后一首《元朗招饮牡丹花下》诗又有"共赏名花醉晚春"句，可见本诗写于是年晚春，即三月底。

⑥叶舒颖《叶学山先生诗稿》卷六《周中立招同张拱乾、顾茂伦、吴汉槎集留耕堂得六绝句》（汉槎初从塞外归）诗。其一云："一回狂喜一伤神，把手高斋见故人。二十六年有底事？海天万里不逢春。"其二云："乘车戴笠心期古，临水登山意气闲。樽酒重持疑是梦，相看那不鬓毛斑？"其三云："三月龙沙雪压肩，破寒愁煞酪如泉。故乡味称长斋客，难得同参玉版禅（汉槎长斋）。"

按：周中立行实俟考。

⑦纳兰性德《通志堂集》卷十三《名家绝句钞序》。内云："杜陵蒋诩（宣虎），扫径余闲；吴郡顾荣（茂伦），挥扇多暇。适逢吴札乍返延州（汉槎），遂相与研露晨书，燃糠暝写。撷两朝之芳润，掇数氏之菁华，凡若干篇，共为一集……"可见此书所选系明清两朝之名家绝句诗。

按：此书谢刚主先生生前曾经寓目，惜多次谒见，未曾询问何馆有藏。兹查孙殿起《贩书偶记续编》卷十九亦载此书，谓该书六卷，为吴江顾有孝、吴兆骞、江都蒋以敏同纂，约康熙间刊。

考乾隆《吴江县志》卷二十儒官载，康熙二十年至二十三年吴江教谕为蒋以敏，并载"蒋以敏，字宣虎，江都人，庚子举人，卒于官"。

至于顾有孝行实如下：有孝，字茂伦，号雪滩钓叟。吴江人。生于万历四十七年，卒于康熙二十八年。少游于陈子龙之门，为诸生。明亡，焚弃儒衣冠，与山陬海滋之客相往来，思欲有所为。家贫，好客，有穷孟尝之目。以选诗为事，有《唐诗英华》、《闲情集》等，自撰有《雪滩钓叟集》。见徐釚《南州草堂集》卷二十五。又，有孝曾参加明遗民组织惊隐诗社。

又按：此书编纂时间，黄天骥先生据性德"吴札乍返"句定为康熙二十一年事，不确。盖是年兆骞居于京师，顾、蒋居于吴江，无从商讨体例，确定篇章，而本年兆骞归省之际，三人相居较近，方有条件从事编纂。考至康二十二年初，兆骞赦还仅一年有余，此一年余就其遣戍二十三年而言，用"乍返"一词，亦不为过。据此，此事系于此时，实为信而有征。

⑧叶燮《己畦诗集》卷二页11有《吴汉槎北归赋赠，次昌黎忆昨行韵》诗。内云："山空木槁寒拥灰，远传故人绝塞回。恍惚二十七年别，旧游零落邹与枚……我欲握手急劳苦，重湖浪隔连山摧……"

又，同书卷二页13有《九来用和汉槎北归韵相寄，次韵奉答》诗四首。其三云："交情句里见相关（九来和赠汉槎诗廿四首），韵出高山流水间。魑魅淹人消绿鬓，琵琶恋主返红颜。含辛遗事囊中在，动魄奇文海外还。跪捧一卮堂北暖，尽融窖雪入潺湲。"

⑨查慎行《敬业堂诗集》卷四《过吴汉槎禾城寓楼》诗："快事相看一笑真，忽传域外有归人。劫灰已扫文星灿，党禁初宽士气伸。佳客偶逢如有约（时陈寄斋、俞大文俱在座），盛名长恐见无因。廿年冰雪思乡梦，才向田园过一春（汉槎将携家入燕）。"

按：俞大文去岁于若容斋中，兆骞曾有和其诗韵之作。兹将陈奋永与查慎行行实介绍如下：

陈寄斋即陈奋永之号，奋永字执谦，浙江海宁人。陈之遴之第五子。一品荫生，博雅有诗名。之遴流徙沈阳，不久奋永也被遣出关。之遴卒于戍所后，其弟堪永亦卒，奋永奉其母徐灿茕茕一身，屡宾于死而未死。康熙十年随母赦归。康熙三十年卒，年五十四。有《名山集》。详本书《交游考·陈容永、奋永、堪永》。

查慎行，字悔馀，初名嗣琏，字夏重，浙江海宁人。生于顺治七年，康熙三十二年举乡试，四十二年成进士，授编修，充武英殿校勘官，后乞假归里。雍正五年，以弟查嗣庭文字狱案株连入狱，次年赦归，卒，年七十八。工诗，有《敬业堂集》。见《查慎行年谱》附沈廷芳所撰查先生行状。

⑩叶燮《己畦诗集》卷三《汉槎携令子南荣枉顾草堂，兼以入都言别，留信宿，赋长歌以送其行》诗："湖天飓飚摧山骨，仲夏森如秋气沉。鸥惊雀起冲萝烟，故人兰桨来言别。故人绝塞归故乡，行辞故乡登明光。前途尽是鹓鸾侣，为念穷交到草堂。酒空灯暗云岩夜，说尽龙荒山鬼诧。千秋知己几蛾眉？泪珠一握酬无价……黯然回首廿载前，共君袯被秋堂眠……山空寂历响缥缈，东峰月吐穿林好。信宿深留终古心，江南蓟北同芳草。送君门外溪前去，飞蓬积断缘溪路。若到明春望鹿门，山穷水断云迷处。"

按：叶燮，字星期，号己畦，吴江人。叶绍袁之子。生于明天启七年，卒于康熙四十二年，年七十七。少颖悟，长工诗文。康熙九年举进士第，选江苏宝应知县，因伉直忤上官落职归。晚居吴县之横山，构小园曰独立苍茫处，人称横山先生。有《己畦诗集》、《己畦文集》等。见《清史列传》本传。其二弃草堂"在横山北兰舟渡对岸"，见《木渎小志》卷一。

⑪《通志堂集》卷十四《祭吴汉槎文》："未几思母，翩然南棹。凭

舻发咏，临流垂钓。舟还巨壑，鹤归华表。朋旧全非，容颜乍
老。中得子讯，卧病累月。数寄尺书，趣子遄发。"

按：据上引查、叶二人之诗，可知兆骞原拟五六月北上还京。
但因突然患病，归期无限推迟，以致至明岁二月始动身北上。

⑫《归来草堂尺牍》答王虹友书："日来贱体委顿特甚，竟不能欹
坐，兼恶闻人声，深感惠问。尊咏，病中未能毕阅，俟稍痊，
当细为僭笔也。"细味此书，必系兆骞此时病中接到王摅慰问之
诗札而作。

⑬《昭代名人尺牍》小传卷七吴兆骞致宋既庭书："二十年冰雪之
人，忽逢毒暑，竟委顿不可耐。百老此刻往阊门，明日想欲解
维，杯酒剧谈，恐不能矣。此复既老长兄大人，小弟兆骞顿
首。"

⑭王士禛《渔洋续诗集》卷六《顾茂伦、吴汉槎撰〈绝句诗〉，国
朝止三家，乃以拙作，参牧翁、钝庵之间，因戏寄二首，并示
钝老》诗。其一云："少年词场偶啖名，重教刻画太痴生。他年
传唱蛮中去，几许弓衣织得成？"其二云："老去心情百不宜，
楞伽堆案已嫌迟。谁能更与尧峰叟，赌取黄河远上词？"

按：细味此诗，顾、吴所撰之《绝句诗》，即系《名家绝句钞》。
谢刚主先生谓此书系"选明迄清初哀感顽艳的诗句"。笔者虽未
得见此书，但据上面之征引，可知此书清代仅选牧翁（钱谦
益）、钝翁（汪琬）与王士禛三家之绝句。由王氏写于本年之此
二诗，亦可反证《名家绝句钞》之编纂必在本年。

⑮《归来草堂尺牍》卷七《送丁泰岩晋秩开府之任湖南三十韵》
诗。考席居中《昭代诗选》谓："丁思孔，字泰岩，辽东广宁
人。"又考《清史稿》卷二百三十九丁思孔传，谓三藩之乱时，
思孔为江南布政使，二十二年擢偏远巡抚。同书卷二百一疆臣
年表五载："康熙二十二年九月偏沅巡抚韩世琦调，丁思孔任
职。"据此可知康熙二十一年九月丁思孔系以江南布政使擢偏沅

巡抚，是时，兆骞适在吴江，故得以赠诗送行。

⑯徐釚《南州草堂集》卷二十八有《跋吴汉槎题张九临先生卷》，可知是年兆骞曾为张拱乾文卷题词，惜此题词已佚。

⑰叶燮《己畦文集》卷十三《与吴汉槎书》。内云："弟自黜废山野，于今七年矣。生平知交故人从无有闻问齿及者，而弟益自远弃，不复与世酬酢，一切情文都绝，故人亦未尝有辞相责备，盖相忘有斯人也久矣。仁兄忽枉扁舟过我草堂，脱栗欢然，襆被信宿，不以弟贫贱废弃而勤勤恳恳，此古人之事，非可求之薄俗者也。仁兄从容询及弟废弃之由，盖弟猎庋以来，绝不欲白于人久矣，且用世之念已绝，使置辩，人必曰其殆希复进乎？非我志也。仁兄能知我者也，何不可言耶？倘不厌听，敢详述之……弟于乙卯谒选得宝应，六月受事，明年十一月被黜，在事仅一岁有半，而罪过丛生，怨尤交作，自上官以及亲交咸思酿祸而趣其败，皆以为县令者官私之外府也，有令若此，不如无有（下述被当地官绅排挤落职事，略）。大抵弟之不才，性刚介而质粗疏，汲长孺之戆，益以国武子之尽言，既不合时宜，而又张空拳以求免乎今之世，盖其难哉！盖其难哉！弟向不置辩。仁兄为三十年道义之交，故因问及，备胪始末，不觉其言之长，幸赐详览。不宣。"

按：吴兆骞枉舟过访叶燮，为本年仲夏（五月）事，见本年谱注⑪。此书既在过访之后，当为本年六七月时写。

⑱邓之诚《清诗纪事初编》卷三："周肇，字子俶，太仓州人。总角入复社，顺治十四年顺天举人，晚乃得青浦教谕，举卓异，升新淦知县，未几卒，年六十九，当卒于康熙二十二年癸亥。肇长王昊十二岁，昊卒于康熙十八年己未，年五十三，以是推知之。"有《东冈文稿》、《东冈集》。

⑲《清史列传》朱鹤龄本传。

康熙二十三年　甲子　（1684）　五十四岁

二月，动身上北①，春杪（三月中旬）至京，重新馆于容若家，为揆叙授读②。

启程之际，居于苏州之杨宾有《送吴汉槎先生入都》诗送行③。

春，有《赠叶长民》诗④。

五月十九日至八月十五日，纳兰性德扈从康熙出古北口避暑，启程时兆骞有《和（恺）〔凯〕公送令兄侍中扈从之作》诗⑤。

夏，张尚瑗有长诗奉寄⑥。

秋，周纶有五古四章奉赠⑦。

先是，兆骞归后，手足肿痛，后来又患腹疾，苦于下泄⑧。

九月二十八日，容若扈从康熙东封南巡，动身前一日（二十七日）有《寄张纯修简》，内于兆骞之病，尚念念不忘⑨。

十月十八日（阳历 11 月 24 日），客死京邸，年五十四⑩。

十一月初，性德惊闻噩耗于金陵。月底回京，不久即写有《祭吴汉槎文》⑪。

时人哀挽之诗文可以考知者，尚有叶舒颖、徐元文之诗各二首，叶燮之诗三首，徐釚之诗一首，另有潘耒之赋与彭师度之诗⑫。

病重之际，曾对杨宾言及思饮宁古塔蘑菇汤事⑬。

临卒，复语其子桭臣欲射雉长白山、垂钓松花江、采宁古塔蘑菇事⑭。

遣戍非其罪，垂老放还，赍志而殁，论者惜之⑮。

远戍穷荒，穷边子弟负耒传经，据鞍弦诵，彬彬乎！冰天雪窖之乡，翻成说礼敦诗之国矣。宁古塔之文明开化，实比之唐之柳柳州，刘播州焉⑯。

是年，其《归来草堂尺牍》中自《答陆令书》至结束之《致立斋》十三封书信，除《答王虹友》一封外，均为本年所写[⑰]。

沈荃卒，年六十一[⑱]。

*   *   *

①叶舒颖《叶学山先生诗稿》卷六《吴汉槎于十月十八日客死京邸，诗以哭之，即用徐学士旧韵》诗，其二云："侵晨几度报当关，共话离情向夕间。老树坐来仍绿萼（坐梅轩一树依然），下泉埋去未苍颜。怕看书寄双鱼在，忍听车从广柳还。死别转思生别处，寒流春水两潺潺（前为丁酉季冬，后为甲子仲春）。"该诗尾联及作者自注，系谓二人生别在丁酉季冬（顺治十四年十二月兆骞奉命离家北上接受审查），死别为甲子仲春（即本年二月）在吴江之分手，因为自本年二月兆骞北上，二人一别，即成永诀，故谓死别，据此可知兆骞确系于本年二月动身北上。

②《归来草堂尺牍》有致卜令书，内有"侄以春杪复来都下，馆于旧席"云云，可证兆骞之复来都下，系季春（三月）。

按：上面征引之叶诗自注与兆骞致卜令之书，可证兆骞确系今年二月自吴江启程，三月（春杪）至京师。基于此，叶燮《闻吴汉槎卒于京邸哭之》一诗自注所谓"汉槎自塞外归止半岁，即北行"及徐釚"（归家）未及一年复至都门"之说不确。"归止半岁"说，拙著《边塞诗人吴兆骞》曾采用过，实误，应更正。

③杨宾《力耕堂诗稿》卷二《送吴汉槎先生入都》诗："故国才看万里回，征帆又带夕阳开。旌旗处处迎津吏，花柳依依拂钓台。石夼岂因知己屈？中郎半为感恩来。南楼东阁寻常事，珍重千秋汉史才。"

④《秋笳集》卷七《赠叶长民》诗："锦水桃花满，铜梁杏叶初。看君西去日，何似马相如？"

吴桭臣《宁古塔纪略》："妇兄名恺，字长民。癸亥奉赦，长民送两大人骸骨归蜀，复入籍奉天。有子四：长名珍文，丙子北闱；次名玽文，太学生；三名玺文，奉天府学生；四名瀿文。"按：本诗系为叶恺送其父母骸骨归蜀之作，诗中之"锦水"、"铜梁"（均蜀水、蜀地名）与"西去"数词，可以为证。据此，则叶恺奉赦，当在去年岁底，本年春始携父母骸骨自宁古塔起行，而至京师时，已是三月，恰值兆骞北还归京，故有此作。

⑤《秋笳集》卷七《和（凯）〔恺〕公送令兄侍中扈从之作》诗，其一云："玉舆避暑出黄华，千里霓旌映寒沙。为问帏宫谁珥笔？马卿词赋灿如霞。"其二云："广庭花月自幽闲，一曲骊歌怅度关。应识鹡鸰原上意，长依龙武辇前山。"

按：是年揆叙十一岁，正受业于兆骞。

⑥张尚瑗《莼江集》有《汉槎先生入都，附寄近诗，呈健庵先生，兼柬成容若侍中》诗。内云："昔岁辞公冀北野，凉吹一树梧桐下。今日思公吴市门，冥冥细雨麦风温。怀中三岁字不灭，常时负笈从公处。裁剪冰霜掇月露，才堪俪偶公所许……延州名高天下闻，毡裘万里归塞云。酒阑屈指京华事，公子西园最好文。飘摇中路怜飞藿，偃蹇山阿起桂芬。我闻其人意倾倒，转复愁公隔天杪。米贵宁忘谒华阳？门敲正欲商京兆。一编萧瑟付诗筒，千里殷勤与北鸿。为言刮目空相待，愁煞东吴旧阿蒙。"按：据"冥冥细雨麦风温"，知此诗写于夏季。

⑦周纶《五古四章奉赠汉槎兄》诗，首章咏昔年二人之游处与兆骞之罹祸，次章咏兆骞遣戍期间之悲惨遭遇，三章咏友人赎归兆骞，四章系咏二人于吴会别后状况，并颂扬兆骞"摛藻骋艺林，洁身争兰芳"。此章内有"杪秋凉飙急，吴会疑朔方"句，可知本年秋写于吴会（苏州）。诗长，从略。

⑧《归来草堂尺牍》中《致容老》五书、《致陆令》、《致立斋》诸书，均谈到其所犯之手足疾与腹疾，诸如"贱躯以立冬日渐愈，

手（足）〔疑为已〕肿消，足亦渐减，腹疾愈其八九，脉气平和，可望得生矣"、"昨委顿，竟日如中酒者"、"贱体不思饮食，即饮食，亦不易消"、"贱躯尚未能愈"、"病躯为愈"等均可为证。又容若《通志堂集》卷十四《祭吴汉槎文》，内云："中得子讯，卧疴累月，数寄尺书，趣子遄发。授馆甫尔，遂苦下泄。"

⑨《词人纳兰容若手简》寄张纯修简："汉兄病甚笃，未知尚得一见否？言之涕下。"

　　按：此简写于容若扈驾东封南巡动身前一日，即二十七日。

⑩叶舒颖《叶学山先生诗稿》卷六甲子稿《吴汉槎于十月十八日客死京邸，诗以哭之，即用徐学士旧韵》诗。其二本年谱注①已录，兹仅录其一："吴关重出客燕关，飞鹏偏闻集坐间。往事竟难回白简，盛名却易损朱颜。倚闾乍慰三年望，扶榇犹疑万里还。从此垂虹亭下水，长将呜咽比潺湲。"

⑪纳兰性德《通志堂集》卷十四《祭吴汉槎文》："呜呼！我与子昔，爱居爱处，谁料倏忽，死生异路。自我别子，子病虽遽，款款话言，历历衷素。初谓奄旬，尚可聚首，俄然物化，杨生左肘。青溪落月，台城衰柳，哀讣惊闻，未知是否？畴昔之夜，玄冕垂缨，呼我永别，号痛就醒。非子也耶？彷佛精灵，我归不闻，子笑语声。子信死矣，传言是矣，帏堂而哭，寡妻弱子。七十之母，远在故里，返辆何日，倚闾何俟？嗟嗟苍天，何厚其才，而啬其遇，亦孔艰哉……自我昔年，邂逅梁溪，子有死友，非此而谁？《金缕》一章，声与泣随，我誓返子，实由此词。皇恩荡荡，磅礴无垠，皂帽归来，呜咽沾巾。我喜得子，如骖之靳，花间草堂，月夕霜辰……"

⑫徐元文《含经堂集》卷九《哭吴汉槎》诗，其一云："辽关生入才三载，燕市羁栖剩一身。何意牙弦绝流水，那堪玉树委荒尘。才逢按剑时偏妒，思发鸣筜句有神（汉槎《秋笳集》）。君去曾

201

谁替人在？伤心大雅竟漂沦。"其二云："羹藿衣鹑淡物缘，一生真意亦谁传？经将忧患心馀壮，语向交游兴最偏。早岁文章明晓日，故人涕泪滴春泉。萱枝已老庭兰弱，两地哀情绝可怜。"

叶燮《己畦诗集》卷四《闻吴汉槎卒于京邸哭之》诗，其一云："八千里外闻君信，垂老心惊良友沦。辽海秋风原上草，销沉天宝旧才人。"其二云："绝域归来鬓已苍，又随北雁去茫茫（汉槎自塞外归，止半岁，即北行）。书生旧有明妃恨，月夜魂归总断肠。"其三云："白首高堂晨与昏，倚闾望断赋招魂。流传冷煞枫江句，难与巫阳仔细论。"

按：叶氏自注谓兆骞归仅半载，不确，说见前。

徐釚《南州草堂集》卷十一《哭吴汉槎》："塞垣生入方悲汝，谁料仍归广柳车。半世已怜为逐客，两年只当未还家。梦残吴苑花如雾，惊断关门雪似沙。弦绝广陵无觅处，只馀清泪滴秋笳（汉槎刻塞外诸诗，名《秋笳集》）。"

潘耒《遂初堂集》文集卷一《伤逝赋》，以此赋过长，仅录其赋序及数语如下："吴子汉槎，少有异才，举于乡，中蜚语，谪戍北荒，中朝公卿多怜之者。居二十馀年，更数赦，得赎还。母子弟兄相聚，欢若更生。无何，遽得病，病一岁竟死。吴子与余，中表兄弟，相善也。吴子尤数称余赋，谓不落齐梁风格。今已矣，悲恸之馀，为作赋一篇，置诸灵床，亦孙楚驴鸣之意云尔。"赋内云："夫何痼疾之骤婴兮，遂沉滞而幽忧。鬼伯相促一何急兮，大命曾不得以少留。谓人之善忌兮，何天其亦汝轧也？谓时之不逢兮，何算其亦汝夺也？谓天之不慈兮，何初困而卒脱之？谓造物者之垂怜兮，何既萌而又伐之？"

彭师度《彭省庐先生文集》卷九《忆凤》（为悼其年、汉槎二子也）诗。其一云："彩羽曾从阿阁栖，高搴谁肯恋山鸡？一时夜雨梧桐落，别去千年两泪啼。"其二云："可怜憔悴不逢时，长

白山高羽翮无〔此字不协韵，疑为"歘"或"垂"〕。才得归来栖上苑，罡风吹散惜空枝。"其三云："两凤当年艳彩生，不堪鸥鹭托高名。岂知丹穴雏空后，截竹犹堪作凤声。"

按：彭氏三诗，首悼其年，次悼汉槎，最后系自悼，以三者密不可分，且又结江左三凤残局，故悉录于此。

又按：叶舒颖与容若之诗文已见前，兹不赘，后人所写者亦从略。

⑬杨宾《柳边纪略》卷三云："往，吴汉槎还，病且死，谓予曰：'余宁古塔所居篱下产蘑菇，今思此作汤，何可得？'予时窃笑之，以为蘑菇所在有，何宁古塔也？及予省觐东行，乃知宁古塔蘑菇，为中土所无，而汉槎旧居篱下所产，又宁古塔所无者。"

⑭徐珂《清稗类钞》第二十七册《吴汉槎为师于塞外》："及归，乃侘傺无聊，日为饥驱，且在边塞久，习其风土，江南溽暑，转以为苦，卒以致肺疾而终。临殁时，语其子曰：'吾欲与汝射雉白山之麓，钓尺鲤松花江，挈归供膳；手采庭下篱边新蘑菇，付汝母作羹，以佐晚餐，岂可得耶？'味其意，若转不忘塞外之乐也。"按肺疾之说，无他文献可征（纳兰容若谓下泄，兆骞自谓腹疾，可以征信）。然其思念宁古物产之事，可与杨宾之说相印证。

⑮王一元《辽左见闻录》："吴幼负才名，以科场事论戍，而非其罪，在戍籍二十六年（按：应作二十三年），垂老放还，赍志而殁，论者惜之。"

徐釚《汉槎吴君墓志铭》云："（兆骞）头白还乡，其感恩流涕，固无待言。而投身侧足之所，犹甚潦倒，不自修饰，君子于是叹其遇之穷，而益痛其志之可悲也已。"

⑯吴桭臣《宁古塔纪略》："（其父吴兆骞）远戍穷荒……穷边子弟，负耒传经，据鞍弦诵。彬彬乎！冰山雪窖之乡，翻成说礼

敦诗之国矣。"

民国《宁安县志》卷四："吴氏为清初才子，谪居宁城，阅年最久，而此邦之文明开化，实比之唐之柳柳州（柳宗元）、刘播州（刘禹锡）焉。"

⑰《归来草堂尺牍》中所收《答陆令书》、《致成侍中容若》、《致容老》五封，《致刘道台》二封、《卜令》、《王司成》、《致立斋》计十二封书信，均写于是年春至病卒期间，惟各书时间次序错简，有的难以考定。其中《致容老》（一）谓："日去日远，相思日深。两承惠书，爱我何至。贱躯以立冬日渐愈，手（足）〔疑为之〕肿消，足亦渐减，腹疾愈其八九，脉气平和，可望得生矣。附子饵过一枚，人参加至八钱，今尚大饵。东僧缘金付讫，此真大善事也。弟药饵之需，复蒙垂济。总之，此身公身也，尚敢言谢乎。夫子尊前乞禀候。华兄想月内可到。陆令若无暇赐以颜色，乞传温语谕之足矣。"

按：此信言及"肿消"、"腹疾愈其八九"及容若"日去日远，相思日深"，可见写于康熙二十三年容若扈从康熙远行之时。又，此书言及"贱躯以立冬日渐愈"。考二十三年立冬在九月二十九日，而康熙之东封与南巡启程在是年九月二十八日。书内又谓"两承惠书，爱我何深"，系指容若于南行途中曾两次寄书，对兆骞表示慰问。如果每隔三四天一信，则兆骞接获第二信已在八九天之后，即十月八或九日。据此可推知此信当写于是年十月十日或稍后。

又按：此书内有"东僧缘金付讫，此真大善事也"之语，当指前岁（康熙二十一年）春兆骞言及塞外多暴骨，顾贞观"商留都当事，亟行掩瘗，复募多金，延关东僧心月者率徒遍历诸战场收瘗骸骨"事。兆骞在病笃之际，尚念念不忘此事，可见其怵惕恻隐之心。

⑱据沈荃《一研斋集》所附《沈公神道碑》。

卒 后 谱

康熙二十四年 乙丑 （1685）

是年，纳兰容若、宋德宜等经纪其丧南还①。

吴桭臣扶柩南还途中，覆舟于天津，其诗文稿沉溺者又过半②。

是年编纂之《吴江县志》首次将兆骞事迹记载于方志之中③。

*   *   *

①纳兰容若《通志堂集》卷十九附录韩菼《纳兰君神道碑铭》："吴孝廉兆骞以隽才久戍绝塞，君力赎以还而馆之，殁复为之完其丧。"徐乾学《憺园集》卷二十三宋德宜行状："兆骞客死，为经营其归榇。"

②吴桭臣《秋笳集跋》："先君垂髫之际，即好吟咏，加以身际艰难，著作颇富……及扶柩南还，复覆舟于天津，而沉溺者又过半。"

③康熙二十四年《吴江县志》卷十三，将兆骞事迹附于其父晋锡传后："（晋锡子）季兆骞，字汉槎。丁酉举于乡。遭谣诼之祸，徙关外二十余年，作《长白山赋》，名动京师。癸亥春，得赎归（此指其归省吴江而言），逾年卒。所著有《秋笳集》。"此为兆骞小传作为附传载入方志之始。

康熙二十七年　戊辰　（1687）

十一月十五日，葬于吴县尧峰山东薛家湾宝华山之麓采字圩祖茔（今吴县横泾镇），即其父墓旁[①]。

兆骞第一篇完整传记——墓志铭产生，徐釚撰[②]。

*　　*　　*

①徐釚《孝廉汉槎吴君墓志铭》：“桭臣以康熙二十七年十一月十五日举柩葬于吴县宝华山之麓，即燕勒公墓旁也。”参见《苏州府志》卷四十九。

张郁文《木渎小志》卷一：“尧峰山在（吴县）木渎南十里。尧时洪水泛滥，吴人避居于此得名。山东南薛家湾有宝华山（属横泾区）。”

按：考韩菼所撰吴晋锡墓志铭，谓晋锡葬于宝华山采字圩祖茔之右，兆骞既葬于晋锡墓旁，则其墓亦在采字圩。

②徐釚《孝廉汉槎吴君墓志铭》，见《南州草堂集》卷二十九。

康熙五十九年　庚子　（1720）

吴兆骞专传第一次出现于县志钱霑纂《吴江县志续编》之中[①]。

*　　*　　*

①按：《吴江县志续编》为传抄本，兆骞传在卷六。

康熙六十年　辛丑　（1721）

七月，吴桭臣撰《宁古塔纪略》刊刻成书，内多记述兆骞事①。

＊　　　　＊　　　　＊

①吴桭辰《宁古塔纪略》内云："余生长边陲，入关之岁，已为成
人。其中风土人情、山川名胜，悉皆谙习，颇能记忆。今年近
六旬，须发渐白，回思患难时，不啻隔世。诚恐久而遗忘，子
孙不复知祖父之阅历艰危如此，长夏无事，笔之于纸，以为
《宁古塔纪略》。时康熙六十年辛丑岁七月也。"

雍正四年　丙午　（1726）

八月，吴桭臣整理重刊之《秋笳集》八卷本刊刻成书。此即
衍厚堂刻本①。

＊　　　　＊　　　　＊

①邓之诚《清诗纪事初编》卷三吴兆骞："所撰《秋笳集》，徐乾
学所刻者，为赋、诗、西曹杂诗，不分卷，……其子桭臣于雍
正四年丙午，重刻为八卷，析徐刻为四卷，增秋笳前集、杂体
诗、秋笳后集、杂著各一卷。"

吴桭臣《秋笳集跋》云："右集诗文共八卷，先君子汉槎先生所
作也。先君少负大名，登顺治丁酉贤书，为仇家所中，遂至遣
戍宁古。维时大父母在堂，先君忽离桑梓而谪冰雪，触目愁来，
愤抑侘傺，登临凭吊，俯仰伤怀，于是发为诗歌，以鸣其不平。
虽蔡女之《十八拍》，不足喻其凄怆，此《秋笳》所由名也。昆

207

山徐健庵先生，悲故人之沦落，千里命介，索其草稿，梓以问世，古人之交情，不以穷通少异有如此者。洎乎《长白赋》奏，而特邀当宁之知，沉冤昭雪，赐环归里。张俭返于亡命，蔡邕召自髡钳。推毂者总属巨卿，延誉者半由名士。方且谓一生抱负，抒展有时，何图乍入玉门，遽捐馆舍，鄙人所以抱恨终天也。今栻臣年过六旬，追思往日，几同隔世。《传》曰：'先祖无美而称之，是诬也；有善而勿知，不明也；知而勿传，不仁也。'栻臣愚蒙不肖，既不能发名成业，以显扬我先君矣；敢复蹈不仁不明，致使先君没没于后世哉！爰就旧刊，增以家藏，析为八卷，汇成一集。其前四卷，系健翁所刻，后四卷，则栻臣所增也。《后集》为戍所暨归来所作，《前集》及《杂体诗》二卷，皆少年所作。序表书记，则合新旧所抄辑而成，不分年月日。盖先君垂髫之岁，即好吟咏，加以身际艰难，著作颇富。奈屡丁颠沛，存者无几。当健翁索稿之先，值有老羌之警，遗失过半。后遇插哈喇之乱，都统唐公，限三日内，合城满汉俱迁至必儿汀避难。及扶柩南还，复覆舟于天津，而沉溺者又过半。今此所补，皆从故旧处搜罗，所得殆未及十之一二。至于骈丽之体，向与陈阳羡齐名，乃集中所有，仅此数首，尤可痛惜。闻之昆山某氏，收贮颇多，栻臣曾力为寻访，而已移居村舍。然终当物色，以成全璧，是则鄙人之素志也。是役也，其订证校雠之功，侄恒叔之力为多，亦不可不记。谨跋。"

乾隆十一年　丙寅　（1746）

倪师孟纂《震泽县志》卷十九撰有吴兆骞传。

以后又陆续辑入道光与同治二种《苏州府志》、《盛京通志》、《吉林通志》、《宁安县志》等志书之中。

乾隆十五年　庚午　（1750）

八月，周廷谔辑《吴江诗粹》成书，其中第二十卷收有兆骞之诗（且有佚诗）。

乾隆三十二年　丁亥　（1767）

袁景辂辑《国朝松陵诗征》成书，其中第三卷收有兆骞之诗。

乾隆四十六年　辛丑　（1781）

钦定《四库全书总目提要》成书，内称兆骞诗天分特高，风骨遒上，又诬其诗颇为当代所轻[1]。

*　　　　　*　　　　　*

[1]《四库全书总目提要》卷一百八十二："兆骞诗天分特高，风骨遒上。又荷戈边塞，穷愁之语易工，故当时以才人目之。而立身一败，万事瓦裂，其诗亦颇为当代所轻……"

嘉庆元年　丙辰　（1796）

张廷济所辑《秋笳馀韵》（亦名《秋笳集附编》）二卷初步成书。此后，徐达源、翁广平又助廷济广为搜寻，辑佚补阙，成《秋笳馀韵》二编，至道光八年，全书始臻告成[1]。

*　　　　　*　　　　　*

[1]邓之诚《清诗纪事初编》卷三吴兆骞："嘉庆中，张廷济尝就

顺、康人集辑《秋笳馀韵》二卷，上卷寄汉槎诗，下卷喜汉槎入关之作。"

张廷济《秋笳集附编书后》："余于四月廿三日权棹吴江，过马仲修□肆，见潘稼堂诗翰一幅，云是吴汉槎后人所赠，将与文淑画扇合装。渠尚有数十页，正思易米也。爰嘱马取视，得书六通、诗词十九首，盖诸名人寄至塞外、而汉槎自戍所携归者。又汉槎归后，诸名人志喜诗廿八首，又周广庵诗四首（是书以就正汉槎者），而梅村、健庵诸作已阙，知其散逸者多矣。捐□〔当为锾〕袖归，录为二卷，附《秋笳集》后，并吴、徐诸诗及汉槎轶事，皆摭附焉。吁！汉槎之奇才奇厄，有识同悲，而诸君子周旋申救，立哭秦庭，至于生入玉门，□〔疑为裁〕诗志庆，至今读之，犹觉泪痕满□，所谓风雨急而不辍其音，雪霜零而不渝其色者，非□汇而录之，可以见贤达之素交，亦未始非汉槎诸人所深愿也。倘再得广为搜罗而梓之，以永其传，则请俟之异日。嘉庆改元，岁在丙辰五月廿九日，嘉兴张廷济识。"

按：张氏此书编辑及流传始末详李兴盛《〈秋笳馀韵〉整理前言》（见《黑水丛书》第 10 辑《秋笳馀韵（外十八种）》一书）。张廷济字叔未，浙江嘉兴人。嘉庆三年解元，隐居新篁里，筑清仪阁，以金石书画自娱。卒于道光二十八年，年八十一。有《桂馨堂集》等。见袁行云《清人诗集叙录》卷五十三。

嘉庆十年　乙丑　（1805）

十二月底，翁广平搜辑到徐乾学《喜吴汉槎南还》诗，派人走报张廷济，此后又辑一些相关诗作，编辑成书，此即《秋笳馀韵》二编卷下①。

*　　　*　　　*

①翁广平之序云："《秋笳附编》者，余友嘉兴张叔未梓其我邑吴孝廉汉槎唱和之作与友朋之尺牍也。余初未识叔未，而叔未数数问讯余。乙丑腊尽，挐舟过访于新篁里，纵观其所藏古书、金石文字与其所自著及《秋笳附编》一册，皆从所购真迹录出，且谓余曰：'余平生喜读吴汉槎诗，今幸获是，急与子共赏之。'其《喜吴汉槎入关》一题，搜罗几尽，而徐健庵之首唱独阙焉，心尝恨也。时余感而颔之，不敢答。既归，遍访诸藏书家，亦竟不得。天寒被冷，起坐读《叶学山遗集》，而健庵首唱竟于是乎在，不觉拍案狂叫也：'天下事有无心求觅而适相合者，岂真有数定欤？岂叔未之诚有以感之，汉槎之魂魄有以护持之欤？'亟抄录之。又录同作三人诗，又健庵诸公寄汉槎塞外书数首，俾健卒走报叔未。越三日，叔未书至，乞余为序，因错综一二，以塞知己……"

翁广平字海琛，号海村，吴江人。七岁即解四声，年十七始补府学生。著《平望志》、《吾妻镜补》、《听莺居文钞》等。道光元年举孝廉方正，年八十三卒。见黄兆柽《平望续志》卷七。

嘉庆十一年　丙寅　（1806）

正月，徐达源所辑《国朝诸老寄汉槎塞外书》十一章及诸家题诗题词八首成书，此即《秋笳馀韵》二编卷上①。

*　　　*　　　*

①该卷徐氏跋语谓："上国初诸老寄汉槎塞外书，并从高祖虹亭公手札，共七人，凡十一通。又，同人题诗七首、词一阕，末附

源作，统祈是正叔未先生。"

徐达源字岷江，号山民，吴江人。候选布政司理问，改翰林院待诏，有《新咏楼诗集》。见《松陵诗征续编》卷八。

嘉庆二十一年　丙子　（1816）

王豫辑之《江苏诗征》成书（道光元年刊印），其中第十二卷收有兆骞之诗。

道光八年　戊子　（1828）

六月，张廷济又陆续搜集到相关散页资料十二种，至此《秋笳馀韵》全书告成①。

* * *

①《秋笳馀韵》全书跋："右陈素庵、陈直方、陈子长、顾华峰、姜定庵、陈其年、宋既庭、潘次耕书诗词各件，俱吴汉槎遣戍时诸人函致者。冯孔传、钱宫声、陆翼王、毛奇龄、戚笑门、张豫章、王虹友、宋叔邃、周广庵各件，俱汉槎□〔当为归〕后请人函致者。嘉庆改元丙辰四月二十三日，余从吴江购得。二十年乙亥秋日，命匠者装为上下两册。此后余就所见诸书随时抄录，沈〔下阙十余字未抄〕。翁海村广平、徐山民达源助余搜□〔当为集或访〕，共得文与诗词不下百篇，成《秋笳馀韵》二□〔当为编〕……道光八年戊子六月廿九日张叔未。"

咸丰四年　甲寅　（1854）

吴江吴治谟得见徐娱庭所藏清初诸老寄兆骞书册（共十札）

编为《汉槎友札》，为之跋，并抄写入《吴氏囊书囊》之中①。

*　　　*　　　*

①吴治漠《汉槎友札》跋，内云："咸丰甲寅，治漠避居梅里村
　舍，知同县徐娱庭名医宝藏国初诸老寄（吴汉槎）先生书册，
　亟借读之……窃叹古人交谊之笃不以穷达少异，而先生之所以
　得重于公卿者，亦见于纸上，洵至宝也……"
　按：此十札与徐达源所汇辑之《秋笳馀韵》二编卷所收者，基
　本相同，未知是否为一，俟考。
　吴治漠，字花南，诸生。明孝子璋世称全孝翁者，治漠十三世
　祖也。父鸣镛，为安徽六安州训导，殁祀三贤祠。治漠少随父
　任，父卒，贫甚，游幕皖省。咸丰庚申日，太平军攻陷苏州，
　治漠诣全孝翁祠，见神主仆，大哭曰："昔七世从祖汉槎公遣戍
　宁古塔，有此兆，祸不远矣。"越数日，吴江城破，扰及梅里，
　子仁杰、妻夏氏投水死。才杰以身冀祖父死，治漠受伤重，明
　日亦死。见同治《苏州府志》卷一百八。

光绪初年

兆骞后人已为常郡人①。

*　　　*　　　*

①光绪五年《吴江县续志》卷二十一人物六："（吴育）子汝庚，
　字巽先，李兆洛弟子……今后人为常郡人矣。"
　光绪《武进阳湖县志》卷二十七寓贤："吴育，字山子，吴江
　人，高祖兆骞，世称汉槎先生也。育年二十一，婚于常州，依
　外舅以居……卒于常州。子汝庚，字巽先，丰仪古雅，亦工篆
　书。孙新铭，有文才，占籍为县学廪生。"

光绪三十三年　丁未　（1907）

　　章钰抄写吴育所辑之《归来草堂尺牍》（此即章氏算鹤量鲸室抄本）成书。此书后来又为海丰吴重熹录副以传（此即海丰吴氏石莲庵抄本），并于1945年为顾廷龙先生刊入《合众图书馆丛书》之中①。

＊　　　　＊　　　　＊

①《归来草堂尺牍》章钰跋："原书不著何人手录。副页有'四世孙毓装'五字，并'佛弟子'朱文方印，首页顶有'长留天地间'朱文圆印，下应著录者姓名处，已挖去。按《府志》汉槎父晋锡，崇祯十三年进士，永明王时，巡抚永、郴、桂、长、宝，事不可为，为僧九疑山，著有《孤臣泣血录》等书。观首篇《与汉槎》尺牍，有'父子共坐楼头读书'云云，疑始而出家，禁网既解，仍复乡里也。四世孙毓，当即山子先生。班固《东都赋》：'尝圃草以毓兽'。注：'毓同育'。《府志·育传》，但云兆骞后人，语涉鹘突。此书姚子梁观察于冷摊拾得。钰于乡党遗文，宝如头目，假而移写，并得证明为山子先生遗物。他日当付之剞劂，为《秋笳》三集之佐证焉。光绪丁未长洲章钰记。"

《归来草堂尺牍》石莲庵跋："汉槎家书辑存十五件。上两亲者八件，父殁后者七件，不能衔接，固知遗落甚多，非全录也。即其丁父艰事，全为佚去，他可知矣。久戍冰天，艰难危苦，文人之不幸，而以比祁奕喜诸君六人之为水兵往乌喇者，又不幸之幸矣。何时释回，亦无从考查，增人闷损。予于甲寅得《秋笳集》，兹又于章式之译部处得见此册，因录副，以附集后，欲知汉槎始末者，俾得大略焉。石莲随志。"

宣统二年　庚戌　（1910）

是年，宁安府知府李绮青于宁安府署客厅东院建一方亭，颜曰忆槎亭，以纪念吴兆骞。同年九月，写有《记述》及一词①。

* * *

①民国《宁安县志》卷一衙署："今县署客厅东院建一方亭。李前太守绮青，粤人也，题曰忆槎亭。夏秋间，杂植花药，绕亭之四周，公退坐此，时延朋僚品茗酌酒……其忆槎亭之《记述》云：'康熙间，编修吴汉槎兆骞谪宁古塔，为文人到此之始，距今二百余年矣。西风怀人，因斯作亭，匪惟自伤离索，盛衰之感，尤不能置云。庚戌九月识。'"

李绮青另有《忆旧游》词："记紫驼东去，黄鹤西归，几度沧桑？一卷《秋笳集》，有天风佩影，吹坠苍茫。十年谪居离思，锦字满奚囊。想春雪弓衣，边山传遍，名重词场。持觞欲遥酹，恨楚魄难招，碧汉相望。待讯松陵客，问秋风何处？更有鲈乡。手攀旧时杨柳，憔悴饮冰堂。正一抹斜晖，遥汀雁落江路长。"

《宁安县志》卷二职官："李绮青，字汉珍，进士，广东番禺人。宣统元年到（绥芬府知府，旋改为宁安府知府）任，次年四月卸任。"又，李氏行实详见李兴盛《忆槎亭畔忆诗人》（见《流寓文化中黑龙江山水名胜与轶闻遗事》74页至76页）。

按：考李绮青《记述》所署时间为庚戌九月，则此亭似为宣统二年九月建。然二年四月李绮青已卸任，不可能在卸任五个月之后建亭。以情理而论，此《记述》为宣统二年九月撰，而此亭则为其任内建，即宣统元年秋冬或二年春建，姑系于二年。

又按：李氏记述，于史实有误，如谓兆骞系编修，为文人到此之始等。然其对于吴兆骞追慕之情，却溢于言表。

215

民国五年　丙辰　（1916）

吴兆骞事迹首次出现于学术论文之中①。

＊　　　＊　　　＊

①本年商务印书馆出版孟森先生之《心史丛刊》一集，内收学术
论文《科场案》。其中涉及吴兆骞事迹二千余言。

民国十八年　己巳　（1929）

吴兆骞首次作为流人出现于国外学术论文之中①。

＊　　　＊　　　＊

①是年日本学者有高岩之长篇论文《满洲流人考》（见《三宅博士
古稀祝贺论文集》）刊出。该文最后一节为《流人吴兆骞》，主
要简述吴兆骞流放之原因、流放后之行实及其赦归诸事宜。

民国十九年　庚午　（1930）

我国首篇评述吴兆骞之文学论文问世①。

＊　　　＊　　　＊

①任维焜（访秋）之文学论文《边塞诗人吴汉槎评传》，自 3 月 19
日至 24 日连载于新晨报副刊。

民国三十七年　戊子　（1948）

吴兆骞首次作为流人出现于我国学术专著之中①。

　　　　　*　　　*　　　*

①谢国桢先生之学术专著《清初流人开发东北史》，于本年上海开
　明书店出版（按该书于 1982 年经修订后更名《清初东北流人
　考》交由人民出版社再版发行）。该书共十节，第三节为"顺治
　丁酉科场狱案与吴兆骞、孙旸等之流徙"。其中阐述吴氏事迹之
　处七八千言。

吴兆骞交游考

李兴盛　主编

说　明

吴兆骞之交游甚广，其中既有出仕清朝的新贵，又有从事地下反清的志士，还有虽无反清行动，却具反清意识的明室遗民，另有大批科场与仕宦中不很得志，乃至失意落魄的文人。与之交往过从或唱和赠答之人，据现有文献可以考知者，不下二百人。本交游考仅就其中最主要者 56 人作一考察。

由于吴兆骞的交游者众多，本交游考按吴氏生平分少年、社集、狱中、塞外、归后五个时期，将每个时期内重要交游者作分别考察。当然，这种安排法也存有一定困难，如祁班孙与吴兆骞之交游，始于社集时期，而在塞外又是患难之交；方拱乾、孝标、亨咸父子与吴兆骞之交游，始于狱中，而又是塞外之友（陈之遴父子与兆骞之交游也属此类性质）。凡遇此种情形，既要考虑各个时期人物数量的平衡，又要考虑该人与吴兆骞之交游在何时期更为密切，作大致的安排。基于此，祁班孙入塞外时期，方氏与陈氏父子入狱中时期。

至于同一时期内所之收录人物，则按辈分高低，与吴氏交往先后、关系远近，综合诸种因素，作大致安排。

本考主要收录与吴兆骞关系密切，相处时间较长之人，而个别人相处时间并不长，但却决定兆骞命运之人，如纳兰性德，也酌情收录。

总之，本考拟通过吴氏交游活动与社会关系之考察，以期进一步更全面与深入地了解其生平事迹、思想心态，乃至其诗歌创作动机。

为阐明本《交游考》编纂之体例与动机，是为序。

李兴盛

1999 年 6 月 5 日初稿

2014 年 3 月 7 日二稿

一、少年时期（1631—1648）

　　吴兆骞约七岁时入塾读书，其业师计名，系当地名士，计名之子计东，才名藉甚。吴兆骞此时结识了计东，另有同乡的顾有孝、赵潀（赵潀弟赵沄也许是此时期结识的）。此外，还受到父执张拱乾之赏识，建立了亦师亦友的友谊。至于汪琬，恐怕也是此期之交游者。

　　十一岁时，随父宦游永州（今湖南零陵），开始了三年作客生涯，至顺治二年（1645）五月前返回吴江，潜心治学为止。在此期间，结识了其父于崇祯十五年（1642）任楚闱乡试同考官时所录取的名士多人，其中与兆骞有唱酬交游者，主要有姚士升、唐世徵、王泽弘诸人。

　　兆骞回乡后，匿迹读书，潜心治学，至顺治五年（1648）秋社集酝酿时止，为时三年。这一时期，由于时间短，而且兆骞至此期最后一年不过十八岁，为简便计，我们将乡居这一段时期与上述童年、作客两段时期合并在一起，总称为少年时期。

　　基于上述情况，择其要者，作少年时期交游考。

计　东

　　吴兆骞在狱中的上父书，曾云："儿凡事承右与甫，骨肉至爱，重为周全，儿真感恩入骨，两兄真千古一人也。"[①] 两人中的计东（1624—1675）[②]，字甫草，吴江茅塔村人。其父名，字青辚，是兆骞幼年之业师。计东"七岁能文"③，"少负经世才，自比马周、王猛"④。崇祯政权灭亡后，他曾著《筹南五论》，并持此《五论》谒见史可法，"可法奇之，弗能用也"。顺治十四年举顺天乡试，"御试第二名，名动长安"⑤。但至顺治十八年奏销案发生，他的举人被褫革，以后又三试礼部，仍未中试，"郁郁不得志"，"贫无以养，纵游四方"，贫困潦倒而卒，"年五十二"。有《狂山集》、《甫里集》、《广陵集》、《不其书》、《关塞集》等。殁后二十年，江苏巡抚宋荦，序其遗文，编为《改亭集》，刊行于世。

计东画像

计东事母至孝，又重义气。与吴兆骞为幼年挚友。他对兆骞的诗作给予很高评价，如评兆骞《秋感八首》为："此汉槎十三岁时作也。悲凉雄丽，便欲追步盛唐。用修'青楼'之句，元美《宝刀》之歌，安得独秀千古？"顺治十四五年，计东在京师时，对于负屈在狱的兆骞，凡事"重为周全"，给予接济，以致兆骞有"感恩入骨"之感。顺治十六年九月，计东下第归里，恰值兆骞于同年闰三月出塞前夕所写的《别吴中诸故人》长诗寄回吴江，他与丁彪又为之刊行，而"兆骞流徙出关，为恤其家"，这都反映了他对友谊的诚笃。

至于吴兆骞很早就与计东有唱和赠答之作。如《晚眺寄计甫草》诗，咏晚眺中的所见与所感，应是现存吴诗中最早的这类作品。稍后又有《行路难》(和吴海序、计甫草)诗、《东飞伯劳鸟》(同计甫草,赵山子作)诗,都写于十三四岁或稍前。在社集时期,有《送甫草入都》及《甫草都中归赋赠》等诗。其中之"花发御沟春驻马,月残宫树晓闻莺"、"毳帐风沙三市月,玉河烟树两宫春"等句,都写得词藻华丽,对仗工整。入狱之后,另有《秋夜寄计甫草》诗。诗云:

> 槐树沉沉鼓角催,愁看清露满荒苔。
> 金风入树秋阴薄,璧月临窗夜色来。
> 献赋未知圣主意,行吟还使故人来⑥。
> 天边鸿雁南飞急,怅望江南首重回。

计东手迹

境遇的变化,诗风也随之变为感情沉郁。出塞十年后,殆于康熙七年,兆骞写有《九月八日病起,有怀宋既庭、计甫草,因忆亡友侯研德、宋畴三、丁绣夫》诗。其中"紫台一别悲苏李"句中的苏(武)、李(陵)就是指宋既廷、计东二人而言。顺治十八年,他在宁古塔所写的《与计甫草书》,更是感情沉挚,催人泪下之作。内云:"昨年遭难,吾兄屡顾我若卢之中,衔涕摧心,慰藉倍至……何图此别,遂隔死生,永念曩游,寸肠欲裂。"又云:"客绪边愁,百端横集,

《停云》之念，无时去怀。但恨玄菟、黄龙，渺在天末，不特把袂衔杯，难寻佳会，即雁书遥讯，慰我离愁，亦眇不可得。十年神契，睽绝如斯，忆旧抚今，怆恨何已。"既反映了吴兆骞对计东的感激之情，也反映了二人的友谊之深。这时的兆骞，不仅在诗文中怀念计东，而且在家信中也仍然念念不忘计东。甚至至康熙十八年，流放已二十一年，计东也已故去四年，他在寄六弟书中，仍在询问："甫草曾葬否？计师母尚无恙否？见甫老令郎，幸为我一致念。"古人云"一死一生，乃见交情"，吴、计的交游，证明了这一说法的正确性。

最后，有两个问题应探讨一下。首先，计东与兆骞为挚交，其父又为兆骞业师，两代友谊，可谓世交。这种友谊在吴氏诗文中多有反映，可是在计东之《改亭诗文集》中，竟然无一篇与兆骞唱和赠答之作（仅《秋兴》十二首，其三"最是倩娘题壁句，吴郎绝塞不胜情"句，附注云："涿州旅壁有金陵女子王倩娘绝句，吾友吴江槎笔也"寥寥数语而已）。这一事实，殊令人费解。但是，这种现象并不能表明计东对兆骞没有感情。计东在为友人王昊（即惟夏）《硕园诗稿》一书所写之序言有如下一段文字：

> 忆癸巳春，三吴友人方以文会之事，欲画异同之见。余与惟夏，暨嘉定侯研德、吾邑吴汉槎、郡城章湘御，共饮酒于宋畴三家。各被酒起立，汉槎抚湘御背而泣，且大言曰：'昔袁本初死，曹孟德过其墓，哭之甚哀，人皆诃其诈。以予观之，诚然耳。'余与惟夏皆大笑，研德、畴三亦笑。其意气历历如昨日事也。

由此可见计东与吴兆骞等人之关系已亲密到不拘形迹与小节的地步。其于此，窃以为计东有关二人唱和赠答之作，不见于《改亭诗文集》者，乃是由于此集系计东病卒二十年后由宋荦编定之结果。倘计东生前自行编定之诗文集尚存天壤，应有反映二人交谊之诗文存在。

其次，《清史稿》、《国朝先正事略》诸书，均谓兆骞流徙后，计东"以女许配其弱子"，此实大谬。考，吴兆骞出塞前，并未生子，仅有二女，分别安置在杨俊三与李宾侯家，见吴晋锡之寄兆骞书与吴桭臣之《宁古塔纪略》。至戍所后，方生唯一之子吴桭臣，并娶叶氏为妻，可见谓计东以女许配兆骞弱子之说实为无据。

＊　　　　＊　　　　＊

①《归来草堂尺牍》家书第二兆骞上父书。

②据《叶学山先生诗稿》卷四《（丙辰）春正三日安宜署中闻计子甫草凶闻，至中元后始得往吊》诗得其卒年。又，尤侗所撰之传，谓东卒年五十二岁，据此可推知其生年。

③康熙二十四年《吴江县志》卷十三计东传。

④《清史稿》卷四百八十四文苑一，计东传。

⑤同治《苏州府志》卷一百六计东传。

⑥"故人来"之"来"字，与第二联之"来"字重复，疑为"哀"字之讹。

张拱乾

张拱乾，字九临，号愧庵，吴江人。"少沉潜好学，为诸生有名"①。曾入复社，弘光朝时，以此几遭杀身之祸。明亡，又因不奉清剃发之命而被逮系，清将以其为三吴名士，劝之曰："苟剃发，当特原之。"而拱乾道："死则死耳，男儿不可髡也。"结果"杖责释之"②。出狱后，"乃祝发为黄冠，杜门不出，坐卧一小楼，颜曰独倚"，"卒固穷以死"。生于明万历四十三年（1615），卒于康熙二十七年（1688），享年七十有四。他因入复社与不剃

227

发，两次险遭杀害，又黄冠固穷以卒，可见是一位富有气节之名士。

他与吴晋锡"为莫逆交"，据载晋锡"诸子及孙皆受业焉"，可见双方交谊之深③。至于兆骞是否受业，不得而知，依情理而推，既然晋锡诸子与孙均曾受业，兆骞也应有此可能。但不论受业与否，兆骞与拱乾个人私交甚深，是有文献可征的。当兆骞以科场事谪戍时，拱乾却"喟然叹息"，表明了他对兆骞的深切关注④。而吴兆骞对拱乾也是倍加推崇与敬爱，十三四岁时，就曾有赠拱乾之作《君马黄》（赠张九临）。此诗以一匹从前备受主人，乃至天子眷顾的骏马，后来被人遗弃而衔冤伏枥的"伤悲"，比喻才士（即拱乾）的不得其用。在社集期间，又有《秋日赠九临和既庭作》诗：

> 怜君失意卧沧洲，品藻曾推第一流。
> 张俭姓名传北部，羊昙涕泪在西州。
> 芙蓉玉露荒江静，禾黍金风旧国秋。
> 却忆当时词赋客，酒垆零落竹林游。

其中品藻一流，自然是指张拱乾而言，既含推崇，又寓敬爱。

顺治十六年，兆骞赴戍途中上父书，曾嘱其父将其《留别吴中诸故人诗》分别抄送给十四位友人，其中第五人就是张拱乾⑤。甚至在流放二十一年后的康熙十八年寄弟书中，犹在挂念故人，写有寄拱乾之信，并嘱其弟：

> 可即面致之，并致我相思之殷，须促一回字来，若有近刻，亦带来为妙。二十年旧友，见其一字，即如见面也⑥。

"相思之殷"，反映了双方交谊之深。可惜双方唱和赠答之作多已无传，除上引兆骞两首诗外，仅拱乾致兆骞一书尚在，亟转录全文如下：

> 与君分手，不过公车之别耳，乃有迁谪之行。谗人之相中一致于此，此天地之所不容，神人之所共愤，不独一邑之痛，而实天下之所痛也。虽然，自古才人如吾兄者岂少哉？刺刺者灰飞烟灭，负谤者名重金石，此不足为知己患也。绝塞山川风土之奇，人物珍怪之异，古今来英雄豪杰出没战斗，鬼神施设之迹，非兄不能赋；而冰天雪窖，悲惨凛冽，非吾兄之奇姿强干，不足以试其武也。况一时多文章巨公，得兄相聚，抒其怀抱，以树千古未经见之奇，以传于无穷耳。顾以同人为兄悲，弟辈几人独破涕而笑，李白夜郎，子瞻海外，于今何如哉？然弟辈穷愁万状，远我良友，不能奇文共赏，疑义相析，为造物扼我，可叹也！时时候见老伯、老伯母，都善饭无恙。倚门倚闾，朝夕无欢，而弘人、闻夏诸昆，相对唏嘘。知兄孝友，至性萦怀，瘼瘝万里之隔，不能缩地，尤足悲矣！勉矣！吾兄努力自爱，共图不朽，舌尚存也。弟辈时诵兄佳句，以当握手谈笑，不啻如少陵之怀青莲："文章憎命达，魑魅喜人过。"临风叹息，不尽依恋。汉兄大人如手。庚子春仲弟拱乾顿首奏记。

庚子春仲即顺治十七年二月，书内既有痛惜，又有慰藉，反映了对友谊的忠诚及双方关系的密切。

后至康熙二十二年春，兆骞归省吴江，友人周中立召集张拱乾、顾有孝、吴兆骞、叶舒颖于自己的留耕堂中宴集时，"杜门不出"的张拱乾破例前来，也表明了他与兆骞的感情之深。

总之，兆骞与拱乾的友谊，可能是亦师亦友的关系。

①乾隆《吴江县志》卷三十一—张拱乾传。

②温睿临：《南疆逸史》卷四十四逸士。

③④《国朝耆献类征初编》卷四百七十六。

⑤《归来草堂尺牍》家书第四。

⑥《归来草堂尺牍》家书第十。

顾有孝

　　吴兆骞少年之交尚有顾有孝。有孝，字茂伦，号雪滩钓叟，吴江人。生于明万历四十七年（1619），卒于康熙二十八年（1689），享年七十有一。少游于陈子龙之门，为诸生。明亡，焚弃儒衣冠，与山陬海澨之客相往来，思欲有所为。曾参加具有反清色彩的明遗民组织惊隐诗社。家贫，好客，有穷孟尝之目。以选诗为事，其选诗"一以唐音为宗"，有《唐诗英华》、《闲情集》等，并撰有《雪滩钓叟诗集》。康熙十七年，诏举博学宏词之士，"公卿多欲荐引之，有孝坚以病辞乃止"。垂卒，语诸子以头陀服以殓①。

　　他与吴兆骞同为吴江人，为兆骞少年诸友之一。吴兆骞十三四岁时写有《子夜歌》二首，即为和顾有孝之作，可惜有孝原作已佚。

　　其一云：

　　　　侬傍大堤头，问欢在何许？
　　　　那得木兰桡，载侬到欢处。

230　　　　其二云：

顾有孝画像

弃妾高楼上，羞看春草肥。
蛾眉何用扫，夫婿已翻飞。

又有《冠霞阁同顾茂伦、赵若千晚眺》诗：

香阁郁崔嵬，登临野色开。
黄云高古戌，落照隐荒台。
笛思迎寒切，砧声入暮哀。
萧条天际雁，几日故园来？

兆骞还有《题茂伦隐居》诗：

顾欢高卧处，经岁掩柴关。
雨色低春树，云阴散晓山。
池荒侵草碧，帘卷映花间。
薄暮歌声起，应知采药还。

顺治十六年，吴兆骞上父书，嘱其父将自己所作《别诸故人诗》抄送给十四位友人，其中第七人就是有孝，可见二人关系之密切。至康熙十八年，流放已二十一年，仍念念不忘故友，其寄

231

弟书谓："一字寄九临、茂伦，可即面致之，并致我相思之殷，须促一回字来。"

兆骞赦归后，曾于康熙二十二年回吴江省亲。这时，他又与有孝及吴江县教谕蒋以敏联合编纂了《名家绝句钞》一书。此外，顾有孝所辑之《闲情集》六卷，吴兆骞曾助之参订，参订之具体时间，也当在这时②。由上可见二人友谊的历久不渝。

至于有孝之作，由于其《雪滩钓叟诗集》已佚，因此其与兆骞唱和赠答之作也已无征。这类作品，目前可考者，仅存有孝致兆骞书一封，约写于康熙初年，兹摘要移录于下③：

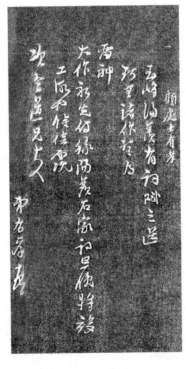

顾有孝手迹

与仁兄言别，已累载矣。关河辽阔，通问惟艰，追念昔游，曷胜凄惘！然患难之来，当以心制境，不当以境役心，处处体认，则顺境(返)〔反〕不若逆境之受益矣（下述勾践栖会稽，重耳过曹卫事，略）……汉槎足下勉之！勉之！荀卿氏有言，怨人者穷，怨天者无志。愿仁兄详味其言，则目下漂流绝塞，家室流离，亦作会稽、曹卫观可耳。由此而竖起脊梁，潜心理道，以上承天意，则今日之忌兄、祸兄者非兄之益友耶？曷恨哉？汉槎，勉之！远大在前，努力自爱，万里贻书，不作一世俗相慰语，不敢以世俗之人待吾汉槎故也。他日策蹇归来，

非复吴下阿蒙，弟为汉槎庆，即为世道庆矣！毋孤吾望也！弟顾有孝顿首汉槎仁兄足下。

此信达人达语，亦为奇人奇语。有孝既然不以世俗之人待兆骞，则二人友谊之远出世俗之外，于此可征。

＊　　　　＊　　　　＊

①徐釚：《南州草堂集》卷二十五；乾隆《吴江县志》卷三十三隐逸。

②顾有孝：《闲情集》卷四目录参订人士名录。

③吴燕兰：《汉槎友札》之七。

赵 漪

赵漪（1619—1682），字若千，号激圆，吴江人。是明福建瓯宁知县赵庚之长子，县学生。工诗，时人认为其"诗品秀雅，如名花奇石，可供清玩"①。有《尔室吟》。据叶舒颖写于康熙二十一年之《哭赵若千二绝句即和若千梦僧赠诗原韵》诗，知赵漪卒于本年②。又因赵漪"卒年六十四"③，自康熙二十一年逆推六十四年，为明万历四十七年（1619），即其生年。

由于文献散佚，兆骞与赵漪之交往已不可考，今所知者仅有兆骞《冠霞阁同顾茂伦、赵若千晚眺》一诗，可以考见二人早年的友谊。诗云：

> 香阁郁崔嵬，登临野色开。
> 黄云高古戍，落照隐荒台。
> 笛思迎寒切，砧声入暮哀。
> 萧条天际雁，几日故园来？

此诗殆写于甲申、乙酉（顺治元年与二年）之交，其中的

"古戍"、"荒台"、"迎寒"、"入暮"诸词,在荒凉之中寓有凄楚的兴亡之感。

＊　　　＊　　　＊

①③《吴江赵氏诗存》卷六赵澐。
②《叶学山先生诗稿》卷六。

赵　澐

赵澐(1621—1675),字山子,号玉沙,明瓯宁令赵庚次子,赵漪之弟。吴江人。"少负才,喜诗。为人尚气概,与海内贤豪相交结"①。"在慎交社,与同邑吴兆骞、计东,并为昆山徐乾学所

赵澐画像

推重。为人外通而中介,遇大利害,敢于任事"②。徐乾学曾言:"梅村、芝麓两先生为骚坛领袖,不轻许可,独于山子诗,每称道不置。"③可见其诗为吴伟业、龚鼎孳所推重。他曾多次参加乡试、会试,但总是不得志。至顺治八年(1651)才中了举人。后来谒选得江阴教谕,但不到半年,"幽愤成疾,卒于官"④。年五十五岁。有《雅言堂诗稿》、《客嘐诗草》。

赵澐生卒年虽不详,但可考知。其友叶燮有《与赵书年话旧,

追忆尊人山子》诗，自注："癸卯冬，予与山子同计甫草北行，两兄并物故五年矣。"⑤考计东卒于康熙十四年（见本《交游考》计东），据此知赵沄亦卒于该年。由于其享年为五十五，则自康熙十四年（1675）逆推五十五年，为明天启元年（1621），即为其生年。

由于文献无征，赵沄与吴兆骞唱和赠答之作，今仅存赵沄《兖州遇朱中五，因记初春同宋既庭、陆青印、吴汉槎叔侄集中五园亭，今承问及，怆然有赠》及兆骞《东飞伯劳鸟》（同计甫草、赵山子作）二诗。赵诗云：

　　　　荒原日暮解征鞍，共赏亭台兴未阑。
　　　　宋玉才华今放逐，陆机词赋漫登坛。
　　　　双埋独惜丰城剑，三刖何愁赵璧残。
　　　　鲁国朱家真大侠，殷勤还复问南冠。

由此诗可见赵沄与吴兆骞在朱中五园亭中的宴集情景。

吴兆骞之《东飞伯劳鸟》诗是以汉魏古乐府诗的旧题，咏一位其夫独戍交河的妙龄女子的哀愁。内容无新意，但由于是同计东、赵沄唱和之作，因此也反映了他们之间的交谊。

＊　　　　　＊　　　　　＊

①《吴江诗粹》卷十九赵教谕沄。

②④《吴江赵氏诗存》卷七赵沄。

③《国朝松陵诗征》卷二赵沄。

⑤王尔纲：《名家诗咏》卷八叶燮《与赵书年话旧追忆尊人山子》诗。

姚士升

姚士升（1618—1669），字子上，一字缝园，湖广江陵人。生而颖异，于书无所不读，有神童之誉。中明崇祯十五年乡试第八。清顺治十五年进士，授广东琼州府推官，后升任江宁府管粮同知。"以绝私谒，得人情为务，人呼姚青天"①。

兆骞有《五日观竞渡因忆楚荆》、《寄怀姚子上》诸诗，均系怀念姚士升之作。内云："昔予知子上，意气远同坚。万里曾贻佩，孤怀愿执鞭。澧兰香澹澹，沅芷影芊芊。神往都无隔，书来各勉旃。"可见二人神交之久与书信往来之频。又云："闻道渡湘曾作赋，漂零谁念贾生才？"将士升比之于汉代的贾谊，可见其推奖。顺治十五年兆骞拘系于京师刑部狱，恰值士升在京参加会试中式，并得以被授为琼州府推言。这年秋，士升南下赴任，可能拟先至家省视，故兆骞于二人诀别之际，在狱中写了《送姚子上还荆州》诗。荆州即江陵，亦即士升之故乡。诗云：

> 御苑秋高树色微，送君拥传出王畿。
> 青蘋风急催征棹，白雁霜清照客衣。
> 山接虎牙寒峡险，江连鹊尾暮潮归。
> 却怜憔悴幽州客，矫首空嗟两地违。

此诗首联点明送别之时令与环境，颔联系悬拟归途情景，颈联咏荆州形势，尾联却抒发自己远离故乡与荆州两地的有家难归，有友难投的感慨，因为自己已被羁囚于京师，丧失了自由。由上可见二人关系颇为密切，可惜士升与兆骞唱和赠答之诗文均佚。

* * *

①储方庆：《遁庵文集》卷三姚缝园行状。

唐世徵

唐世徵（？—1674），字魏子，一字琴叠，湖南湘潭人。明崇祯十五年副榜。至清顺治十八年（1661）中进士，授司李，改任玉山知县（今属江西）。康熙十二年冬，三藩之乱发生，"弃官远遁于广陵"①。次年（1674）卒于此地②。有《数峰诗》、《燕游草》、《为郎小草》、《碧泉诗钞》诸集。

由于在崇祯十五年楚闱乡试中，曾受知于吴晋锡，因此"终身事之"。兆骞出塞时，世徵有《慰吴汉槎》诗以送其行。诗云：

> 短剑辞家日，长杨拟赋时。
> 终然收铁网，不用赂蛾眉。
> 布褐沾香雾，车书会玉墀。
> 一笺天外坠，五色染君诗。

康熙初，吴晋锡卒后，唐世徵仍与吴家保持联系。一次，晋锡夫人李氏曾遣人捎信给世徵，世徵写有《吴江师母遣使至志感》（吴兹受夫人）一诗。诗云：

> 缄书漫灭带霜痕，伤感吴江旧日恩。
> 珠履少时邀上座，雪头边吏愧空存。
> 无缘策向西州哭，有梦来寻白马奔。
> 遥忆瓦棺垂敝障，不堪风雨送黄昏。

该诗自注："吴公以子兆骞累，死边关云。"按吴晋锡本于康熙元年七月以忧愤卒于家，这时世徵尚不知晋锡真实死因，以为晋锡已在流放中死去，故有最后一联之作，并有"死边关"之语。

唐世徵与吴家关系如此密切，而且世徵又有与兆骞唱和赠答之作，那么兆骞自然会有寄赠之诗，但惜文献无征，今已无考。

*　　　*　　　*

①《沅湘耆旧集》卷五十一。
②《楚诗纪》卷八。

王泽弘

王泽弘（1623—1705），字涓来，一字昊庐，湖北黄冈人。明崇祯十五年副榜，也为吴晋锡所取之士。顺治八年（1651）举人，顺治十二年中进士，入翰林，迁吏部侍郎、左都御史、礼部尚书。"立朝专持大体"，曾经进谏，流人非死罪，不可流乌喇。康熙四十二年（1703）以年老辞官归，徜徉山水以卒。有《昊庐集》①。今传《鹤岭山人诗集》。

泽弘对于兆骞甚为推许，曾谓："予始受知于燕勒吴夫子，汉槎兄弟作诗，皆宗家学。已、午（顺治十年、十一年）间，吴中名士，禊社虎丘，吴氏诸昆，三珠照耀，一座尽倾。汉槎尤踔厉超越，分题拈韵，摇笔先成，望之若神仙。"②这是对兆骞才华与名士风度的颂扬。

顺治十七年，吴兆骞已至宁古塔，吴晋锡也因依例流放而被押至京师刑部待命，这时王泽弘有《赠吴挚受先生》诗③：

君忧东去我怀归，塞漠乡国意总违。
谁念老人离少子？独怜孤客忆双闱。
心随白发扶鸠杖，梦怯黄沙响铁衣。
握手莫言成永别，他年此地定相依。

王泽弘手迹

诗中离少子之老人与忆双闱之孤客，是分别指吴晋锡与兆骞而言。对老人之谁念（即无人怀念）？体现了世态炎凉与人情冷暖。对孤客之独怜（指作者一人之怜惜），表明了双方的古道交谊。最后一联，充满深情的慰藉，令人感动。

兆骞流放后，王泽弘还曾给予物资金钱上的接济，如康熙十五年曾托孙旸转寄给兆骞八金。

至于兆骞与王泽弘的唱和赠答之作，多已无征，仅存早期所写之《寄楚黄王涓来》一诗：

相思空唱梅花曲，夷甫行藏近若何？
目极江湘千里暮，书传关塞一鸿过。
浔阳潮落笳声壮，笠泽天高战气多。
好去买山寻凤侣，莫教风雨泣卷阿。

*　　　*　　　*

①袁枚：《小仓山房文集》卷二。
②袁景辂：《国朝松陵诗征》卷三吴兆骞。
③王泽弘：《鹤岭山人诗集》卷一。

二、社集时期（1648—1657）

　　自顺治五年（1648）秋，原复社、几社中名士宋既庭等"订言社事"始，中经六年冬慎交社成立、七年初同声社成立，迄十四年冬丁酉南闱科场案发生止，是十年社集时期。这一时期，吴氏兄弟异常活跃，可谓三珠照耀，一座尽倾，并非过誉。尤其是兆骞"踔厉超越"，如"明珠玉树，照耀江左，一时名流老宿，莫不望风低首"。"江左三凤凰"之美誉，正是此时获得的。在此时期，吴兆骞交结了数以百计的文人墨客，其中有的是他尊崇的诗坛领袖吴伟业；有的是未来清朝的新贵，如徐乾学、元文兄弟、宋德宜等；有的是具有反清意识而无反清行动的明室遗民，如参加惊隐诗社的朱鹤龄、沈祖孝等，未参加此社之侯研德、陆圻等；有的是从事地下反清斗争的文人，如魏耕、陈三岛、朱士稚、祁班孙等，还有大量一直是科场或仕途中不很得志，乃至失意落魄的文人，如宋德宏、丁彪、陈维崧、顾贞观等。这些人成分复杂，思想各异，对吴兆骞的影响也各不相同。有的人对其此后的获祸遣戍有关，有的人为其纳锾赎归有关。兹择其要者，作社集时期交游考。

吴伟业

　　吴兆骞流放后，陈维崧写有《五哀诗·吴汉槎》[①]，以志哀悼与怀念。内云：

娄东吴梅村，斯世之纪纲。

常与宾客言，江左三凤凰。

阳羡有陈生，云间有彭郎。

松陵吴兆骞，才若云锦翔。

三人并马行，蹀躞紫绒缰。

三人同入门，漏卮填酒浆。

三人飒挥毫，秦汉兼齐梁。

座中千万人，皆言三人强……

这里的"彭郎"是指彭师度，"陈生"乃作者自谓。此诗通过对师度、兆骞与自己并马同游、举杯豪饮、挥笔狂书的描绘，揭示了三人倜傥不群、才华横溢的名士风度，也指出了三人被人称为江左三凤凰乃是吴梅村称誉之结果。

吴梅村（1609—1672），名伟业，字骏公，晚号梅村，江苏太仓人。少年多才，"下笔顷刻数千言"。崇祯四年（1631）进士，授编修，历官东宫侍读，南京国子监司业。弘光朝拜少詹事。入清绝意仕进，后为当事者所迫，出为秘书院侍讲，迁国子监祭酒，不久丁母忧归。此后常以仕清为恨，其诗有"我本淮王旧鸡犬，不随仙去落人间"，即抒写这种心境。康熙十年（1671）十二月二十四卒（公历入已1672年），年六十三。遗嘱："殓以僧服，葬吾于邓尉、灵岩相近，墓前立一圆石，题曰诗人吴梅村之墓……"其诗颇负盛名，与钱谦益、龚鼎孳并称为江左三大家。少作大抵才华艳发，吐纳风流，及遭丧乱，阅兴亡，激楚苍凉，风骨愈上，暮年则似庾信之萧瑟。其诗各体皆工，尤长歌行体，人称梅村体。有《梅村集》。

吴伟业与吴晋锡为挚友，当顺治十七年秋冬之际，晋锡在京师等待出塞，伟业有《送友人出塞》（吴兹受，松陵人）诗。其一

云：

鱼海萧条万里霜，
西风一哭断人肠。
劝君休望令支塞，
木叶山头是故乡。

其二云：

此去流人路几千，
长虹亭外草连天。
不知黑水西风雪，
可有江南问渡船？

吴伟业画像

诗写得凄楚苍凉，表明双方关系的非同一般。

正因双方关系非同一般，所以伟业对吴兆骞也极为器重与赏识。顺治十年三月三日，慎交社与同声社在虎丘举行大会，吴兆骞就曾与吴伟业学士"即席唱和，学士嗟叹，以为弗及，一时名噪吴下，传闻至京师，诸前辈巨公，恨不识吴生也"②。鉴于吴兆骞才华艳发与风度翩翩，伟业常常夸奖不已，还把他与陈维崧、彭师度并称为江左三凤凰。由于伟业当时名气很大，一经他品题与推奖，三凤之名也随之大噪。

顺治十六年闰三月，吴兆骞出塞前夕，伟业闻讯，曾写《悲歌赠吴季子》诗相赠。诗云：

人生千里与万里，黯然销魂别而已，

君独何为至于此。

山非山兮水非水，生非生兮死非死。

十三学经并学史，生在江南长纨绮。

词赋翩翩众莫比，白璧青蝇见排抵。

一朝束缚去，上书难自理。

绝塞千山断行李。

送吏泪不止，流人复何倚。

彼尚愁不归，我行定已矣。

八月龙沙雪花起，橐驼垂腰马没耳。

白骨皑皑经战垒，黑河无船渡者几。

前忧猛虎后苍兕，土穴偷生若蝼蚁。

大鱼如山不见尾，张鬐为风沫为雨。

日月倒行入海底，白昼相逢半人鬼。

噫嘻乎，悲哉！生男聪明慎勿喜，仓颉夜哭良有以。

受患始从读书始，君不见，吴季子！

此诗写得哀感顽艳，动人心魄，可以考见双方的友谊。

吴兆骞的诗歌，由于已丧失十分之八，因此其与伟业唱和之作也多已无考。今所传者，仅二三首而已。伟业曾写有组诗《题画》，其中之七为《茧虎》云：

南山五日镜奁开，彩索春葱缚软才。

奇物巧从蚕馆制，内家亲见豹房来。

越巫辟恶镂金胜，汉将擒生画玉台。

最是蚕丝添虎翼，难将赎命诉牛哀。

吴兆骞在戍所也有《茧虎》一诗，诗题下注明："追和梅村夫子。"表明系为与伟业原作的唱和之作。诗云：

熏风妆阁问针神，五日符悬辟厌新。

不见赤刀传粤咒，还从彩胜识雄寅。

黄衣缀就金仍魇，白额描来绣未真。

莫讶使君能化虎，茧丝元是负嵎身。

由上可见，这是未采用伟业原韵的唱和之作。

其实，兆骞此诗之后还有两首诗（《鳌鹤》与《蝉猴》），也是追和伟业之作，只不过题下未曾注明而已。下面先看伟业上组诗之九《鳌鹤》云：

丁令归来寄素书，羽毛零落待何如。

云霄岂有俯糟计，饮啄宁关逐臭馀。

雪比撒盐堆劲翮，蚁旋封垤附专车。

秦皇跨鹤思仙去，死骨何因葬鲍鱼。

其十《蝉猴》云：

仙蜕谁传不死方，最高枝处忆同行。

移将吸露迎风意，做就轻躯细骨妆。

薄鬓影如逢越女，断肠声岂怨齐王。

内家近作通侯相，赐出貂蝉傲粉郎。

而兆骞之《鳌鹤》诗云：

玲珑玉骨倚风疏，莫向纶竿怨豫且。

散雪岂能侔皎鹤，凌云何意起枯鱼。

身余刀俎腥犹在，宠待轩墀翅自舒。

谁道波臣非羽驾，琴高赤鲤亦腾虚。

兆骞之《蝉猴》诗云：

自许孤高饮露盘，求林谁作野宾看。
只怜风外吟枝稳，那识云边啸侣寒。
无口讵沾巴客泪，有绥宜著楚人冠。
君身可是孙供奉，一赐金貂认欲难。

显然这也是伟业前两诗的唱和之作。

还应指出，兆骞既然尊称伟业为夫子，以师礼待之，这就有曾经从之受业的可能。此事由于文献无征，只好存疑。但退一步来讲，即使未曾受业，他也是以私淑弟子自居。总之，不论是否受业，都反映了兆骞对伟业的尊崇。此外，兆骞用了"追和"一词，则表明兆骞此三诗写于伟业卒后，即康熙十年之后。

兆骞对伟业的尊崇，不仅反映在言辞之间，也反映在其诗歌创作方面。他的许多诗篇，如《白头宫女行》、《榆关老翁行》、《浚稽曲》等，在风格上极似伟业的《圆圆曲》诸名篇。这表明他是有意识学习伟业的"梅村体"。这一点，后人也曾发现。如《清代闺阁诗人征略》曾经征引王兰修之言谓："（兆骞）瓣香梅村，能自立帜。"所谓"瓣香梅村"，就是指他对伟业诗歌的尊崇与学习。钱仲联先生进一步指明："吴汉槎能为梅村体歌行，因事谪戍出塞，所为《秋笳集》，多激楚之音。如《榆关老翁行》、《白头宫女行》等，都可以步武梅村。"

伟业在为兆骞出塞写诗送行时，本未预料到他会赦归。至康熙二十年冬，兆骞回到京师，友人们惊喜交集，赋诗相贺，王士禛之诗有句云：

吴伟业手迹

太息梅村今宿草，不留老眼待君还。

这就是叹息伟业早逝于康熙十年，没有来得及看到兆骞之归来。

兆骞即使没有其《秋笳集》，凭借伟业《悲歌赠吴季子》一诗及顾贞观《金缕曲》二词也可享盛名而不朽，因此夏承焘先生在论及顾氏《金缕曲》词时感慨地道："以此与吴梅村《悲歌赠吴季子》一诗并读，死生友谊之感，诚令人慨慕无穷。"此言不为无见。

*　　　*　　　*

①陈维崧：《湖海楼诗稿》卷三。

②张贲：《白云集》卷四吴汉槎诗序。

徐乾学

徐乾学是赎回吴兆骞南归最为得力者之一。乾学（1631—1694），字原一，号健庵，昆山人。顺治十七年（1660），举顺天乡试。康熙九年（1670），进士及第，授编修。十一年，主试顺天乡试。后历右赞善、翰林院侍讲、侍讲学士、詹事府詹事。

二十四年，升内阁学士兼礼部侍郎。二十六年，升都察院右副都御史，擢刑部尚书。三十三年卒，年六十四。乾学"八岁能文"①。"文辞渊雅，学有本原，其才不下潘耒，使不为达宦，或更足取重于时"②。有《憺园文集》。

徐乾学画像

乾学早年为沧浪会中人，后入慎交社，与汉槎为社友。兆骞即将出塞时曾写有《留别吴中诸故人》诗，在上父书中嘱咐将此诗抄送给十四位友人，其中有"天一、公肃兄弟"二人。此"天一"当为"原一"之讹，而原一为乾学之字，公肃为乾学弟元文之字，由此可见兆骞与徐氏兄弟之关系早年就实非一般③。据乾学康熙十一年闰七月廿五日致兆骞书，知在此之前，曾"两承手翰"，即兆骞曾两次去信（均佚）④。乾学于该信中，除告知自己与公肃之状况外，对兆骞之处境给予慰藉⑤。内云：

> 吾兄丁年辽海，皂帽飘零，同学弟兄，参辰乖异，每一念及，搔首踟蹰。所幸伯鸾举案有人，苏卿胤子无恙，穷边绝戍，躬耕读书，搁管捻须，殊足快意！苏长公在岭南尝语人云："辟如原是惠州秀才，累举不第。"此真达人之论。正不必萦忆乡县，增此牢骚耳……

康熙十二年，乾学又曾致信兆骞，表示自己愿意刊印兆骞平生诗文。惜此信已佚，详见后文。

康熙十五年四月二十二日，乾学有致兆骞书，言及已见兆骞手书（已佚），并再次提议刊印兆骞诗文事。内云："见字可付一报书，并以平生诗文邮寄，弟当序而梓之。三年前（即十二年）曾及此，耿耿不忘，幸无遗弃。"⑥

六月二日，兆骞收到此书，曾作复书，并寄上诗赋若干篇。其解释三年前未允其请之原因，并谓⑦：

> 少作故有刻稿，患难度已散失，请室诸咏，稍有存者。今所录诗赋若干篇，皆己亥出塞后作……望加删定，以质当世。

这一年冬十一月，乾学因母丧，与弟元文丁艰回籍⑧。至十八年冬始先后回京。十九年十月十七日给兆骞写有一信，解释自十五年至是四年来未通书信之原因："弟辈衔恤（丁艰）南还（回籍），邈焉书问，不奉佳讯，遂已四年。"并告知正在设法醵资赎归兆骞，但是"城工之费，甚是繁重，若止于一二千，贱兄弟与二三知己尚可措画耳。《秋笳集》刻成送览……"⑨

考徐釚康熙十九年致兆骞书也言及"《秋笳集》去岁（十八年）在南刻完"⑩，可见此书是徐氏兄弟回籍守制时所刻，十八年刻完，十九年十月始将所刻之书寄给吴兆骞。

二十年冬，在徐氏兄弟等人斡旋下，兆骞终于得以南还。

先是，兆骞在狱时，乾学曾赋《怀汉槎在狱》诗以伤之。诗云：

> 吴郎才笔胜诸昆，多难方知狱吏尊。
> 谁为解骖存国士？可怜一饭困王孙。

徐乾学手迹

蝉吟织室秋声静,剑没丰城夜气昏。

闻道龙沙方议谴,圣朝解网有新恩。

兆骞出塞时,乾学又有《怀友人远戍》诗四首。其四云:

十载西园载笔从,于今惨戚苦无悰。

遂令文士虚江左,忍见诸公徒上庸。

患难谁能存李燮?交游无计比何颙。

可怜逐客无消息,盼绝金鸡下九重。

至是,兆骞归来,乾学赋《喜吴汉槎南还》诗:

惊看生入玉门关,卅载交情涕泗间。

不信退睡生马角,谁知彩笔动龙颜?

君恩已许闲身老,亲梦方思尽室还。

五雨风轻南下好,桃花春涨正潺湲。

此诗当时和者甚众,"一时朝野赋喜吴汉槎入关诗,多至数十百人"⑪。兆骞也有《奉酬徐健庵见赠之作次原韵》诗:

249

金灯帘幕款清关，把臂翻疑梦寐间。

一去塞垣空别泪，重来京洛是衰颜。

脱骖深愧胥靡赎，裂帛谁怜属国还。

酒半却嗟行戍日，鸦青江畔度潺湲。

徐乾学之为人，值得非议之处固多，但赎还兆骞一事，可见古道交，为人所难。

＊　　　　＊　　　　＊

①韩菼：《有怀堂诗文稿》卷十八徐乾学行状。

②邓之诚：《清诗纪事初编》卷三徐乾学。

③《归来草堂尺牍》吴晋锡示兆骞书。

④⑤《汉槎友札》之二徐乾学致吴兆骞书。

⑥《秋笳馀韵》附录徐乾学康熙十五年四月二十二日致吴兆骞书。

⑦《秋笳集》卷八答徐健庵司寇书。

⑧徐乾学：《憺园集》卷三十三先妣顾太夫人行述。

⑨《汉槎友札》之一徐乾学康熙十九年十月十七日致兆骞书。

⑩《汉槎友札》之六徐釚康熙十九年致吴兆骞书。

⑪《秋笳馀韵》附录翁广平语。

徐元文

在吴晋锡寄兆骞书中，称与兆骞"为性命交"者，指徐元文而言。

徐元文，字公肃，别号立斋，昆山人，徐乾学、徐秉义之弟。生于明崇祯七年（1634）。清顺治十一年（1654）为举人，十六年成进士第一人。康熙八年（1669），起补国史院修撰，不久进侍

徐元文画像

讲。九年，任国子监祭酒。十四年，改翰林院学士兼礼部侍郎。十八年，召监修《明史》。十九年拜都察院左都御史，十二月迁刑部尚书。二十八年拜文华殿大学士，次年归里。三十年（1691）卒，年五十八①。有《含经堂集》。

徐氏三兄弟，与兆骞均有交谊，尤以元文为甚。这种友谊建立在社集初期。顺治十六年闰三月初一日，兆骞将出塞时，曾赋长诗《留别吴中诸故人》诗，嘱其父将此诗抄送给十四位友人，其中就有元文与乾学兄弟二人②。出塞后，二人"尺素时通"③，而且兆骞寄给宋既庭、计东、宋畴三等人之书信，也多寄由元文转交④。

顺治十八年四月十八日，徐元文有写给兆骞之信。内谓⑤：

> 金鸡之赦，老伯举家放还，知陟岵陟屺，甚慰远情。独是老嫂初返家园，旋当远从客戍。虽双飞天末，无复形影参乘，然朔塞迢遥，治严非易，恐老兄念此，不能不转萦心曲耳。来都之日，倘可相周，尚殚力是视。老伯所留旧衣一簏，亦将并入老嫂行装矣……

据此书，可知兆骞与元文关系甚密。

康熙十年正月三十日，元文有致兆骞信，告知康熙四年南归，

251

徐元文手迹

五月春其父病故,在家守制三年,八年秋始北至京师,随即赴陕西主持该省乡试,九年春自陕回京,入秋又大病一场。总之,"自乙巳(康熙四年)末,忽忽多故,曾不得有尺素寸笺寄言相忆,每感营度"⑥。这样此后双方联系得以恢复。

这时,元文已任国子监祭酒,曾向清廷建议从各地各学中选拔一人贡入国子监读书,得到允准。吴兆宽之子(即兆骞侄)树臣"适膺此选",成为贡生,于次年末至京师读书。此后,兆骞之赦归,固然为徐氏兄弟、宋既庭、顾贞观、成容若之力,但"其中足趼舌敝,以成兹举者",则树臣之力居多⑦。而树臣能贡入国子监读书,与徐氏兄弟之支持不无关系。

至康熙十三年十二月三日,元文又有致兆骞书:

> 顷得手书,极慰相忆,时欲寓尺笺相问,雁足迢迢,难于远托,坐是阔略,深用为歉。

又告知其长兄乾学十一年主北闱乡试,无端左降,并已南还以及二兄秉义十二年春会试中式等事。

康熙十八年立秋后一日,徐元文在访问确庵和尚时,他们共同读起吴兆骞的《秋笳集》,不由又有怀念兆骞之诗:

252

竹风莫莫景悠悠，高树清蝉啸未休。
林罅岩光孤塔迥，篱边墙影片帆秋。
雁门师老东林胜，鹿塞人传朔漠愁。
一卷共吟还共叹，鹤书曾不到营州。

二十年冬，吴兆骞经徐氏兄弟、宋德宜、顾贞观、纳兰容若等人纳锾赎归，元文写有《吴汉槎自塞上归，次家大兄韵二首》诗。其二云：

帝城回首望边关，历历羁踪抵掌间。
犹喜授经塞马帐，徒传献赋动龙颜。
年逾汉使穿庐卧，身傲仙人华表还。
塞外江山偏有恨，更无春禊对潺湲。

此诗首联言兆骞归至京师，回首自己塞外踪迹，历历在目，记忆犹新。颔联以汉儒马融、郑玄之典故咏兆骞之塞外授徒与献赋（《长白山赋》）。颈联以苏武与丁令威之典故喻其归来。尾联本系喜迎之意，但妙在这种喜悦意在言外，它从反面用塞外江山因兆骞离去无人禊饮为恨，反衬出自己之喜悦心境。诗意委婉，感情沉郁，体现了与故友的密切关系。

二十三年春，兆骞自吴江省亲归京，有《致立斋书》：

对我所钦，病躯为愈。枚公之《发》，蔑以加兹。承饷佳政，深荷厚意。

见到元文，竟然"病躯为愈"，既见兆骞心境之佳，又见二人友谊之笃。

二十三年冬，兆骞病逝，时人哀挽之作已不多，但元文却有

《哭吴汉槎》诗二首。

其一云：

辽关生入才三载，燕市羁栖剩一身。
何意牙弦绝流水，那堪玉树委荒尘。
才逢按剑时偏妒，思发鸣笳句有神。
君去曾谁替人在？伤心大雅竟漂沦。

其二云：

羹藜衣鹑淡物缘，一生真意亦谁传？
经将忧患心徐壮，语向交游兴最偏。
早岁文章明晓日，故人涕泪滴春泉。
萱枝已老庭兰弱，两地哀情绝可怜。

诗写得真挚动人，如泣如诉。尤其是大雅漂沦一联，既是作者悲痛情感的反映，也是对兆骞才华学识的高度颂扬与推崇。当时身居尚书要职的徐元文对于身居底层的故人竟能持这种真诚的态度，实属难能可贵。

*　　　*　　　*

①韩菼：《有怀堂诗文稿》卷十七徐元文行状。
②《归来草堂尺牍》家书第四，兆骞上父书。
③⑤《汉槎友札》之三徐元文顺治十八年四月十八日致吴兆骞书。
④《归来草堂尺牍》家书第六，兆骞上父母书。
⑥《秋笳馀韵》附录徐元文康熙十年正月晦日致兆骞书。
⑦吴桭臣：《宁古塔纪略》。

254

宋德宜　宋德宏

挽救吴兆骞南归最为得力之人，吴桭臣《宁古塔纪略》提到五人，其中第一人是宋德宜，也就是兆骞在书信中提到的蓺溪，或其友人提到的广平少宰。

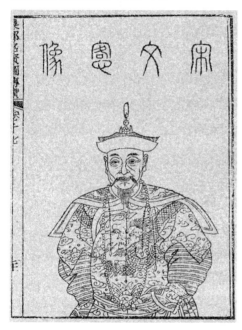

宋德宜画像

宋德宜（1626—1687），字右之，别字蓼天，江南（江苏）长洲人。早年"与兄德宸、弟德宏并著文誉"①，"一时有三宋之目"②。顺治五年（1648），中江南乡试。十二年，成进士，授编修。康熙三年（1664）迁国子监司业。八年，升国子监祭酒，不久迁翰林院侍讲学士。十一年，迁内阁学士兼礼部侍郎，不久调户部。十五年，擢左都御史。二十一年，调吏部尚书。二十三年，拜文华殿大学士。二十六年卒，享年六十有二。"居官廉谨，未仕时有宅一区，薄田数顷。既贵，无所增益，门巷肃然"③。

其弟德宏（1630—1663），字畴三。生于明崇祯三年。十三岁补弟子员。顺治八年（1651），与族兄既庭同举顺天乡试，人称二宋，时年二十二。十二年，迫于母命，从仲兄德宜入都参加会试，复下第，以怀念其母而归。归途闻母夫人丧，"哀毁几至灭性"，

并呕血以病，数年而殁，年三十四，时为康熙二年④。德宏虽然科举考试不利，但"少负才，名出两兄上，与诸文士倡慎交社"，更是才名藉甚。

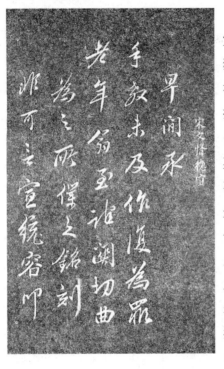

宋德宜手迹

在慎交社中，兆骞与德宜、德宏均有交谊。兆骞在狱时，德宜正在京师，从精神与钱物上均给予极大的支持。兆骞上父书云："右兄（德宜）待儿，亦异姓骨肉，其恩不可忘也。"又云："凡事承右与甫（计东），骨肉至爱，重为周全。儿真感恩入骨，两兄真千古一人也……总之，父亲凡事与右、甫商之，必不有误。右处应补还者，补还，或有可挪移者，挪移……"⑤兆骞在赴沈阳途中所写的上父书，嘱其父将《留别吴中诸故人》诗抄送给十四人，其中第二人是德宏。

其中之所以没有德宜，估计是因当时德宜已在京师见到该诗之故。

约康熙七年九月八日，兆骞曾赋诗怀念几位亡友，其中就有宋德宏。该诗诗题为《九月八日病起有怀宋既庭、计甫草，因忆亡友侯研德、宋畴三、丁绣夫》，可以为证。

兆骞在《戊午二月十一日寄顾舍人书》中提到"合肥（龚鼎孳）先生及蓊溪（德宜）、玉峰（徐乾学）复有见贻，于是翳桑饿人，幸免沟壑"，可见兆骞在戍所曾多次接到德宜等人馈赠与接济。事实正是如此，如康熙十三年十二月三日徐元文致兆骞信就曾说道："敬与广平少宰（德宜）各寄十金，不知犹及佐卒岁之谋否？"十八年秋，兆骞致信陈维崧，"兼乞药物"，宋德宜闻讯就曾"以枸杞、地黄二种缄寄"。

后来，清廷开了新例，流人可以纳锾赎归。但赎回兆骞，开始是"不止一二千（金）"，后经斡旋减至二千金。而这一笔银子，除了向其他官宦人员醵资外，宋、徐本人自然也捐助甚多。徐乾学后来为宋德宜所作的行状，谓："故人孙旸、吴兆骞徙辽左，捐金赎之还。"⑥便是指此事而言。

康熙二十三年，兆骞卒于京邸，宋德宜又"为经营其归榇"，为人所称⑦。

＊　　　＊　　　＊

①③《清史稿》卷二百五十宋德宜传。
②同治《苏州府志》卷八十八宋德宜传。
④计东：《改亭集》卷十六宋畴三行状。
⑤《归来草堂尺牍》家书第二与第四兆骞上父书。
⑥⑦徐乾学：《憺园集》卷三十三宋德宜行状。

宋实颖

宋实颖（1621—1705），字既庭，号湘尹，江苏长洲人。顺治八年（1651）举顺天乡试，十七年举人，后官兴化县教谕。卒于康熙四十四年，年八十五。有《读书堂》、《老易轩》、《玉磬山房》等集。少负盛名，有"江东独秀"之目，与计东为金石交。"与吴下诸名人倡慎交社，声誉藉甚"①。由于淹贯经史，博综旁搜，当时推为名宿。

在社集初期，兆骞就有与宋实颖唱和赠答之作，如《秋日赠

宋广文像

宋实颖画像

九临和既庭作》、《同既庭、敬生、天一诸子及家闻夏集绣夫斋中》（时既庭将有越行）、《既庭来江城忽而卧疾诗以问之》、《九日舟行同既庭、绣夫兼呈敬生及家弘人、闻夏》、《送宋既庭之浙中》诸诗，都反映了其友谊之深。

兆骞在即将出塞时，写有《留别吴中诸故人》诗，嘱其父抄送给十四位友人，其中第一人就是实颖②。顺治十六年十月二十六日宁古塔总管巴海入朝，兆骞曾托巴海给实颖及宋德宏、计东寄上一信。十七年四月，程涵被赦南归时，兆骞再次"寄一家信，并一札致既庭、畴三、甫草"③，可见出塞后他们仍保持联系。

康熙十八年（1679）八月二十二日，实颖曾在阅过兆骞手札后写有《临江仙》词二阙寄赠兆骞。

其一云：

忆昔公车同赴，别来南北飘蓬，千山万水路重重。上林征雁杳，辽海帛书通。　　风景月明如画，延陵文酒相从，武丘箫管照垂虹。思量成昔梦，梦破五更钟。

其二云：

谁似东吴季子，居然宋玉风流，天遥地远一登楼。夜凉银汉永，灯老塞鸿愁。趁此夕阳西下，萧萧白发蒙头，入关夜整黑貂裘。河梁还握手，歌哭也千秋。

前一阕词系追忆旧日之交游，后一阕词系咏兆骞之远戍与期望其赦还。

康熙二十二年兆骞归省吴江时，曾拜访实颖。后来拟再次探访，但因中暑获病，委顿不堪而未果，因此复信道：

宋实颖手迹

二十年冰雪之人，忽逢毒暑，竟委顿不可耐。百老此刻往阊门，明日想欲解维，杯酒剧谈，恐不能矣。此复既老长兄大人，小弟兆骞顿首。

恐怕这是二人最后一次通信。

* * *

①同治《苏州府志》卷八十八宋实颖传。
②《归来草堂尺牍》家书第四吴兆骞顺治十六年闰三月与四月之交上父书。
③《归来草堂尺牍》家书第五吴兆骞顺治十八年上父母书。

259

侯 泓

侯泓（1620—1664），一作侯玄泓，字研德，晚名涵，号掌亭，嘉定人。太学生岐曾之子。少补诸生，声誉鹊起。先是，其伯父峒曾于清军南下攻城时抗节而死，其父也受株连殉难。官府又下籍没峒曾家产并追捕其子侯瀞之令。这时"侯氏祸患踵至，死丧狼藉，亲知相率惊窜"，唯有侯泓"独力支撑其间，上应官府符檄，次谋殡殓，次抚孤寡，盖濒于死者数矣"①。数年之后，其事方解。康熙三年，子殇，哭之恸，呕血而卒。侯泓自少博览强记，于书无所不通。有《掌亭集》。

侯泓是吴兆骞青少年的知交之一，二人关系之密切，通过社集鼎盛时期之交游可以考见。如顺治十年计东与研泓、王昊、吴兆骞、章静宜等人饮于宋畴三家，酒酣耳热时，其不拘形迹、小节的或哭或笑等轶事（详见本书《交游考·计东》一文）即可证明。

此外，通过二人相关的诗文即可得到印证。侯泓有关吴兆骞之诗文惜多已佚，仅存为兆骞《秋笳集》第五卷《秋笳前集》所写之序。这一份七百余言的序言，首先称誉了兆骞才华及其才名，认为"汉槎吴季子，今之贾生、终童也。出其余技为歌诗，才名藉甚吴、楚间"，以汉代贾谊、终军相推许。次叙我国诗歌之衍变，再次点出其诗歌之特点道：

> 故其为人，英朗俊健，忠孝激发，凡感时恨别，吊古怀贤，流连特色之制，莫不寄趣哀凉，遗音婉丽，情盛而声叶，非季子其孰能及之。

最后抒发自己与兆骞"谈河山之变迁，数风云之灭没"时"乐极而哀"的兴亡之感。由上可见二人是亲密无间的良友与知己，可谓是深知兆骞者。

至于兆骞所保留的相关诗文则较多，流放前之作两首。其一《寄侯研德》诗云：

> 相逢吴市赋弹筝，此日犹传旧姓名。
> 佣保已能藏李燮，酒徒何处问荆卿？
> 悲歌草土黄金尽，落魄江湖白发生。
> 无那南来消息断，珠厓烟雨倍伤情。

其《怀侯研德》云：

> 日暮相思谷水阴，故人消息任浮沉。
> 督邮无事惟吹笛，园令多情自鼓琴。
> 兰药池塘春草遍，棠梨帘幕晚云深。
> 最怜高阁登临处，梦渚湘山夜夜心。

前诗以东汉为避祸流亡徐州为酒家佣保（雇工）的李燮，以及战国时谋刺秦王的荆轲以喻侯泓国破家亡的艰苦处境及图谋复明的抱负。后诗抒发了对故友侯泓的深切思念，从而反映了二人的深厚友谊。

这种友谊也反映在吴兆骞流放后的诗文中。顺治十六年（1659）闰三四月之交在出塞途中曾写有一封家书，嘱咐其父将在狱中所写的《将赴辽左留别吴中诸故人》诗抄寄给自己的许多故友，以"使天下人知儿在困顿穷厄之中犹不废笔墨，庶几江左文人为儿哀悯"。其中第三人"研"就是侯泓（研德），可见侯泓在吴兆骞心目中的地位。

康熙三年侯泓卒后，在宁古塔的吴兆骞仍然思念不已。其《九月十八日病起有怀宋既庭、计甫草，因忆亡友侯研德、宋畴三》一诗便是明证。诗云：

> 岁晚霜清木叶愁，病余蓬径愧淹留。
>
> 紫台一别悲苏李，青草频年哭应刘。
>
> 归梦关河长伏枕，客心天地各惊秋。
>
> 明朝谁是登高侣？零落黄垆岂再游。

本诗颔联对侯泓以汉武帝时的苏武、李陵，三国建安文人应场、刘桢相期许，并以"悲"与"哭"字表达了自己对友人早逝的悼念之情。

*　　*　　*

①汪琬：《尧峰文钞》卷十三。

丁 彪

丁彪（？—1665），字绣夫，吴江人。少补诸生，"有才誉，美如冠玉，谈唾风生，一座尽倾"①。工诗，年未弱冠，即已名动江左。时人称其诗"五古清遒，似陈子昂《感遇》；七古体势稳顺，才调富有，逼真初唐诸公；五律雅健，出入辋川（王维）、浣花（杜甫）两家；七律声情高壮，不让大历诸子"②。"在慎交社中，与汉槎孝廉称金石交。其诗与《秋笳》如干将、莫邪从一炉中铸出。又如太华之有少华，太室之有少室，气势稍别，同为宇内名胜"。惜"年未三十卒"，有《延露堂诗集》③。其准确生卒年虽不详，但可约略推知。叶舒颖于康熙四年所写之《病中得丁子绣夫仆音泫然成此》诗，知丁彪卒于该年④。其卒时既未三十，如以二十九岁计，自康熙四年逆推二十几年，为明崇祯十年，此为其生年，可见约小于兆骞六岁。

兆骞与丁彪当相交于少年，社集时更是经常诗酒唱和。一次，宋既庭将有越州之行，兆骞与吴敬生、天一及二兄兆宫共集饮于丁彪家中，在"银盘绛蜡照金杯，深夜相逢绮席开"的宴席上，为宋饯行。兆骞当即写有《同既庭、敬生、天一诸子及家闻夏集绣夫斋中》（时既庭将有越行）诗，借以表述恋恋不舍的"离心"。一次，在断霞残照的傍晚，兆骞登楼远望，突然想起故人丁彪，不由写下《登楼晚晴怀丁绣夫》诗。诗云：

吴
兆
骞
年
谱

> 西阁凭栏久，云山望里赊。
> 断霞江上树，残照野人家。
> 草色迷春雨，莺声隔暮花。
> 思君空极目，愁绝似天涯。

某年的三月初三，恰值上巳修禊之日，兆骞偕同丁彪来至水滨禊饮。这时，正是"迟日江山丽，春风花草香"的季节，日暖风微，莺语草浮，舟中箫管，岸上楼台，增添了无限的诗情画意。兆骞有《上巳同丁绣夫禊饮》诗咏之：

> 桃花曲水绕芳洲，笋屐寻春春事幽。
> 迟日楼台杨柳岸，微风箫管木兰舟。
> 天晴茂宛莺声台，雨歇横塘草色浮。
> 一自羽觞修禊后，风流谁忆洛滨游？

顺治十五年，兆骞在刑部狱中时，丁彪有诗慰藉（已佚），兆骞有《答赠丁绣夫二首》。其一云：

> 独棹孤舟惨别颜，禁魂终日绕吴关。
> 春风无限新杨柳，惆怅东风不忍攀。

263

其二有"谁怜一失所,惜别到如今"之句,可见二人情谊之深。

顺治十六年闰三月,兆骞将赴戍所,写有《留别吴中诸故人》诗,在寄父书中,嘱其父将该诗抄送给 14 位友人,其中就有丁彪。丁彪收到此诗后,与计东为之刊行传播。

兆骞在戍所仍然念念不忘故人,约康熙八年的九月八日与九月九日,写有《九月八日病起有怀宋既庭、计甫草,因忆亡友侯研德、宋畴三、丁绣夫》与《九日》二诗。前诗云:

> 岁晚霜清木叶愁,病余蓬径愧淹留。
> 紫台一别悲苏李,青草频年哭应刘。
> 归梦关河长伏枕,客心天地各惊秋。
> 明朝谁是登高侣,零落黄垆岂再游。

此诗将候、宋、丁三人誉之为三国时建安七子中的应场、刘桢,表明了三人的才华。结句又以向秀思旧的典故,表明了作者怀念亡友的沉痛感情。这些,都是兆骞与丁彪为金石交的有力见证。

*　　　*　　　*

①《吴江诗粹》卷二十。
②③《国朝松陵诗征》卷三。
④《叶学山先生诗稿》卷二。

孙旸

孙旸(1626—1701),字赤崖(崖一作厓),常熟(今属江苏)

孙旸画像

人。"少豪爽，十五即擅文誉"。与其兄承恩（顺治十五年状元）齐名。顺治十四年（1657）中式为举人。不久在北闱科场案中，"遭谤见收，下刑部狱"，后遣戍尚阳堡（今辽宁开原东）。在戍所，与流人中文士过从甚密。清太宗皇太极第六子镇国公高塞对他的才华极为赏识。康熙十年（1671），康熙东巡盛京时，他曾谒见，上《告成功赋》，赋《东巡诗二十首》，得到康熙赏识。二十年（1681），为兵部尚书宋德宜等"捐金赎之还"①。有《蔗庵集》。

时人谓："赤崖与吴秋笛（兆骞）同榜，同时遣戍尚阳堡（按吴为宁古塔），同时放还，才名亦与吴相埒。"②二人虽然流放不同地区，但唱和赠答之作很多。

顺治十六年四月某日，因南闱科场案流放宁古塔之举人吴兰友病卒于途中沈阳，兆骞等周全其丧事，次日即赴抚顺辞行。这时，兆骞写有《抚顺别孙赤崖、刘逸民》诗：

> 边程不可驻，杯酒暂相亲。
> 共此羁孤地，还成去住身。
> 中宵辽海月，万里塞垣春。
> 明发单车别，谁怜绝域人？

孙旸也有《送吴汉槎之宁古》之作：

昨日会葬黑山头，又听骊歌动戍楼。

塞外不堪还出塞，愁中无乃更生愁。

单车问渡松花远，毳帐临风木叶秋。

歧路送君无可赠，存亡双泪一时流。

兆骞至戍所后，双方唱和赠答之作仍然很多，但诗歌仅有兆骞所作两首传世。其一为《瓜儿伽屯值雨晚过村叟家宿即事书寄孙赤崖、陈子长五十韵》诗，前咏值雨晚宿时的所见，后系自伤身事之坎坷多艰。结尾云：

冷山风惨切，瀚海月凄凉。

望望人何在？悠悠路未央。

侧身看朔漠，回首怨河梁。

欲问离居意，天涯泣数行。

可见结尾表达了对于友人的怀念。

另一首为《寄怀孙赤崖》诗：

已是淹穷徼，那堪更索居。

中宵频梦汝，晏岁益愁予。

多病怜青镜，繁忧托素书。

天涯知旧少，漂泊意何如？

后来，兆骞曾为孙旸之诗集作序，此即《孙赤崖诗序》。该序首先指出："孙子赤崖，弱年擢秀，盛齿知名。才为谈士之宗，人擅艺林之俊。"次叙其出塞，再次叙其"娱志缥缃，寄情啸咏，登高摘藻，揽物扬葩"，从而撰写诗篇，结为诗集。其中如"紫云亭

孙旸手迹

堠，兴乘障之悲思；白雪关山，激从军之壮志"、"寒鸦啼野，夕雁横天。怨起衣单，魂销笳脆"，都是十分感人的佳句。

康熙十七年八月十七日，孙旸有《寄吴汉槎书》，其内言及昔年王泽弘赠给兆骞八金，托其转寄，不料因故遗失事。又誉其才华道：

昨见年兄《长白》诗赋，真天才也。近来荐举博学宏词，有二百馀人，总无年兄之敌。若果进呈，内召决矣，雀跃之至……

康熙二十年冬，兆骞被赎归，孙旸有《和徐健庵赠吴汉槎入关二首》。其一云：

共承严谴出榆关，岂意相逢京洛间。
笑语半存乡国韵，相看不是别时颜。
廿年忆尔青衫湿，此日先余皂帽还。
话到伤心重回首，烛花双照泪潺湲。

其二云：

榆关东去更重关，两地相思眺望间。
袖里长怀三岁字，梦中一见故人颜。
彤庭献赋悲同调，紫塞携家喜共还。

267

归计春明同结伴，吴江烟水正潺湲。

由"此日先余皂帽还"句，可以看出孙旸之赦归当在康熙二十二年。

*　　　　*　　　　*

①徐乾学：《憺园集》卷三十三《宋文恪公行状》。
②《江苏诗征》卷三十孙旸。

陈维崧

吴兆骞社友中多次以诗词寄怀赠答者，除顾贞观、叶舒颖、王摅等人外，还有陈维崧。

陈维崧，字其年，号迦陵，江苏宜兴人。生于明天启五年（1625）十二月。其父贞慧，东林党人、明末四公子之一。维崧幼颖异，少负才名，后与宋实颖、计东等唱和，名益大噪，被吴梅村将他与吴兆骞、彭师度誉为江左三凤凰。年三十，始出游，得到龚鼎孳等人赏识。康熙十七年召试博学宏词科，次年由诸生授检讨，参与《明史》之编纂。

陈维崧工于诗文，尤其是骈文与词。其词豪放苍凉，开阳羡一派，被当时人誉为"旷古绝今"、"词学中绝唱"。其填词极富，至康熙十七年（1678）致吴兆骞之信谓"近偶尔为诗馀，遂成三千馀首"①。据钱仲联先生统计，其词现存一千九百四十四首，实为惊人。早年有《乌丝词》、《朱陈村词》之刻，后为《湖海楼词》三十卷，收入其《湖海楼诗文词全集》中。

陈维崧与吴兆骞之结识在社集时期，此后随着交游之密切，唱和赠答之作也日益增多。这方面的作品，惜吴兆骞之作已一无所存，仅在顺治十六年一封上父书信中，曾嘱其父将自己所作

陈维崧画像

《留别吴中诸故人诗》分别抄送给十四位友人，其中就有维崧。而维崧之作所存者，仅诗词多达11首，另有书信二封。

当吴兆骞初遭戍之际，维崧有《暮春杂感》与《读史杂感》诸诗，其中"春来苦忆吴朝请，目断君门奈远何"、"吴质翩翩白塵郎，若为投窜到穷荒"等句，均表达了对兆骞的怀念。尤其是《五哀诗》，系怀念五位友人之作，人各一诗。其中怀念吴兆骞之诗，首咏江左三凤凰之交游、才华，次咏兆骞少年随父宦游沅湘荆鄂与归来后之明亡，再次咏兆骞之与友人偕隐，最后咏兆骞之参加乡试与远戍龙荒。兹将前二部分移录如下：

> 娄东吴梅村，斯世之纪纲。
>
> 常与宾客言，江左三凤凰。
>
> 阳羡有陈生，云间有彭郎，
>
> 松陵吴兆骞，才若云锦翔。
>
> 三人并马行，蹀躞紫绒缰。
>
> 三人同入门，漏卮填酒浆。
>
> 三人飒挥毫，秦汉兼齐梁。
>
> 座中千万人，皆言三人强。

兆骞最年少，绮丽诚难忘。
十龄跳虎子，随父浮沅湘。
荆鄂多旌旗，人民大杀伤。
朝登巫山庙，暮宿巴陵旁。
归来十三四，格斗日相当。
一遭京阙焚，再见江东亡。
衣冠尽涂炭，白骨多于霜。

由此也可见社集之期，二人朝夕相处，过从甚密的情景。

康熙六年，又有怀念吴兆骞之作《春日杂感》之四（怀吴汉槎）：

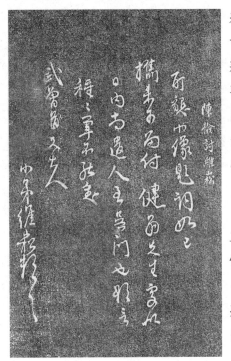

陈维崧手迹

与尔当年共隐沦，若为怊怅误风尘。
一樽惯下中年泪，万事徒伤去国春。
白草琵琶乡思切，浑河烽火客愁新。
李陵台畔应思我，塞雁南归是故人。

康熙十年有《岁暮客居自述，仿渭南体柬知我数公》诗，其中"总苦差强穷塞主，阴山雪窖十多年"句，系指陆庆曾、吴兆骞而言。

康熙十四年，维崧于其远戍宁古塔之叔陈卫玉之子弓冶省亲三年归来，曾赋《贺新郎》词赠之，并借此怀念卫玉与兆骞。词之下半阕云：

平沙列幕悲风吼，猎火照，依稀认是，云中生口。马上回身争拥抱，此刻傍人白首。辨不出，穷边节候。犹记离乡年尚少，牧羝羊，北海双双叟。长夜哭，阴山后。

康熙十七年冬至前夕，有寄兆骞书，内云：

（上阙）为长幅以叙旧游，而每一搁管，五中欲裂，坐此哀怅，无由作讯。嗟乎知己，幸谅此心耳！昨年今夏，俱读书健庵斋中，健庵欲为锓《秋笳集》，弟亦曾与校雠。不意五十之年，头须尽白，复同诸贤豪长者来入长安也。行年老大，万事俱灰，惟待明岁试毕，即返故园，一水一山，以图终老。□兄知我定非诳言也。圣天子崇文爱士，千载一时，长兄《长白》一赋，亦曾经□□矣。乃不缘此时得赐湔洗，后复何望哉。兴言及此，又不禁肺肠之欲裂也……

次年秋，贡鹰使者入都，接到所携兆骞来书，兼乞药物。陈维崧阅后，寄《乌丝词》稿一部，并系四绝句，另附书信一封。绝句之三云：

寄去乌丝十幅多，到时飞雪满蓬婆。
边墙讵少如花女，好谱新词马上歌。

该书内云：

自违我友，旷在各天，每遇北风，何尝不叹？今春读长兄《长白山》一赋，英奇瑰丽，前无古人……方谓河水可清，乌头易白。不谓蛾眉召妒，猿臂难封，仲升无入塞之期，都尉断还乡之信，仰天太息，对酒悲歌，诚不自知其百感之横集也。然而圣主怜才，群公好士，或者刀环之约，尚未逢辰，当归之寄，直须计日……则我两人河梁苏李，讵遂无相见之期乎？寄语故人，幸毋悒悒也。弟以茆才，获邀异数，既抱刘贲之耻，复深饥□之嗟，跼蹐金台，百无一是，长兄尚以此举为鄙人称庆乎？恐玉堂金马，都非昔游也。比在健老斋头，曾为兄校订《秋笳集》，剞氏之事，健翁既毅然任之，不日东海入都，弟便促其竣事，篇首弟当作骈语一序，以叙平生耳……又，《乌丝词》旧刻一本呈政……

此信主要包括四部分内容：（一）惋惜《长白山赋》蛾眉召妒；（二）自己被荐举鸿词科得授检讨之职，并非出自本愿；（三）拟催促徐乾学速将《秋笳集》刻完；（四）将《乌丝词》稿呈政。

康熙二十年冬，吴兆骞赎还京师，陈维崧正在京供职，又有《喜汉槎入关和健庵先生原韵》诗：

当时彩笔撼江关，数子声名天地间。
讵料文章遭贝锦，偏教冰雪炼朱颜。
廿年苦语三更尽，万里流人一夕还。
不信蛾眉真见赎，感恩我亦泪潺湲。

次年正月十五日灯节，陈维崧又同吴兆骞、朱彝尊、顾贞观等人，同饮于纳兰容若之花间草堂，填词唱和。同年五月初七日病卒，从而结束了与吴兆骞的交游。当然，他们忠诚于友谊的精神却是永存的。

*　　*　　*

①《秋笳馀韵》卷上陈维崧致吴兆骞书。

彭师度

被吴伟业誉为"江左三凤凰"之诗人，除了吴兆骞与陈维崧外，还有彭师度。

彭师度（1624—?），字古晋，号省庐，华亭（今上海市）人。明诸生。崇祯十一年（1638），许多名士聚集在虎丘，举行"千英会"。当时师度年仅十五，也参加此会，并即席写成《虎丘夜宴同人序》。序写得"高华典赡"，吴梅村在千人石上读后"抚掌称善"，而"诸名士争为识荆"，因此名声大噪①。王惟夏于顺治七年（1650）写有《赠彭古晋》诗，内云："彭子胸中本突兀，世人龌龊安得知其才。"②可知师度也是才华过人。工诗，有《彭省庐先生诗文集》。

后来，吴梅村鉴于彭师度、陈维崧、吴兆骞三人颖异绝人，才华艳发，因此称之为"江左三凤凰"。陈维崧在《五哀诗·吴汉槎》一诗中详细描绘了三人的友谊与才华（见前文"陈维崧"，此从略）。

三人既然经常在一起驰马郊原，举杯痛饮与挥笔狂书，则唱和赠答之作必然不少，但由于吴兆骞诗文的大量佚失，其与彭师度交谊方面的作品今已无从考察，但从师度的诗文仍可找证据。

吴兆骞入狱后，他有《怀吴汉槎》诗③：

> 文园倦客此盘桓，金刹行吟暮未阑。
> 按剑只愁明月尽，怀人空对碧云看。
> 吴江渺渺归舟远，易水萧萧击筑寒。
> 忆罢钟仪思楚奏，可怜君子亦南冠。

他对碧云而怀念之人，自然是已成为南冠的吴兆骞。

273

吴兆骞流放后，彭师度仍在怀念故人。其《送吴弘人归吴江兼怀汉槎》诗，最后两句："鹡鸰原上泪，春草望年年。"正反映了这种思念之情。

康熙二十一年与二十三年，陈维崧与吴兆骞分别病逝，三凤凰仅剩下师度一凤。师度哀伤之馀，写下了《忆凤，为悼其年、汉槎二子》三绝句④。其一云：

彩羽曾从阿阁栖，高搴谁肯恋山鸡？
一时夜雨梧桐落，别去千年两泪啼。

其二云：

可怜憔悴不逢时，长白山高羽翮无。
才得归来栖上苑，罡风吹散惜空枝。

其三云：

两凤当年艳彩生，不堪鸥鹭托高名。
岂知丹穴雏空后，截竹犹堪作凤声。

其第二首绝句正是悼念吴兆骞之作（惟"无"字不协韵，疑原书刻写有误），感情沉痛，令人不忍卒读。

*　　　*　　　*

①彭师度：《彭省庐先生诗集》附其子士超序。
②王昊：《硕园诗集》卷八。
③彭师度：《彭省庐先生诗集》卷五。
④彭师度：《彭省庐先生诗集》卷九。按：此三诗之二中的

"无"字不协韵，疑误。

顾贞观

在吴氏交游中，与吴兆骞交谊最笃，并以两阕《金缕曲》词誉满词坛者为顾贞观。

顾贞观画像

顾贞观，字华峰（一作华封），号梁汾，江苏无锡人。明吏部侍郎顾宪成曾孙。生于崇祯十年丁丑（1637），吴兆骞生于崇祯四年辛未，因此顾贞观在《金缕曲》词中自谓"兄生辛未吾丁丑"。卒于康熙五十三年（1714），享年78岁。据载，"少有异才，能诗，尤工乐府"。二十余岁游京师，题诗寺壁云："落叶满天声似雨，关乡何事不成眠。"当时的刑部尚书龚鼎孳（一作魏柏乡）"见而惊叹，为之延誉，名益腾起"[①]。康熙五年（1666），中京兆试第二人为举人，同年官秘书院典籍。十年（1671），落职南归。

顾贞观与吴兆骞相识在顺治十一年（1654）。二人相交后，"朝而松陵（吴江），夕而梁溪（无锡）"，经常聚会。当时东南社事正盛，顾贞观在慎交社中也如玉树临风，光彩照人。顾寄吴之书曾经追忆道："东园楼上，诸公云集，誓书实出君手，珠槃玉敦，吾两人遂执牛耳。"又云："嗣后（王）虹友斋头之集，水西关之宴，金陵锁院之追随，宛然如昨。"[②]可见他们友谊之深厚及交往之密切。顺治十四年八月南闱乡试之后，二人再未相见。

同年冬南闱科场案发生，兆骞北上京师接受审查，二人便成久别。十五年夏，他读到兆骞狱中诸诗后，曾赋诗怀念，内云："今君履霜雪（一作縶北阙），令我愁南冠。"又云："精诚两相鉴，鉴之摧肺肝。"十六年夏，兆骞遣戍后，他产生了谋归故友的心愿。康熙元年（1662）十月，他流寓京师郊区，曾将在此之前怀念兆骞的十首诗及长书一封寄赠。其书内云："倘有机缘可乘，为汉槎作生还之计，固是古今一幸事，但不敢必耳。"吴兆骞于年底收到此书，于次年春曾报一书。此后顾贞观饥驱奔走，又忙于参加科举考试，因此二人此后久未通信。康熙五年，中举人，并任秘书院典籍。同年一个春夜，吴兆骞忽然看到顾贞观元年所寄之诗与书信，感慨万端，从而写下《春夜归自西郊不寐，阅顾华峰旧所寄札》诗。内云："检书人独远，忆别梦相仍。磨灭三年字，因君欲抚膺。"可见其感伤。这期间，吴兆骞从家信中得知，顾贞观多次向吴家提出，拟聘兆骞次女为自己长子之妻，但由于该女于吴兆骞出塞后已过继给娘姨李宾侯家，而李家拒不答应。对于顾贞观这种"欲缔姻盟"的盛情，吴兆骞在康熙十二年给贞观写了一信，在信中表示"衔感入骨"。顾贞观读过吴兆骞康熙二年与十二年的书信，了解到其悲惨处境，谋归故友之心更加迫切。

康熙十五年，他有幸结识当朝大学士明珠之子、三等侍卫纳兰容若，二人一见如故，成为忘年之交，于是把希望寄托在容若身上。这年冬，他寓居京师千佛寺，怀念起远在冰天雪地中的故友，悲从中来，写下了两阕脍炙人口的千古绝唱——《金缕曲》词。其一云：

> 季子平安否？便归来，平生万事，那堪回首。行路悠悠谁慰藉？母老家贫子幼。记不起，从前杯酒。魑魅择人应见惯，总输他，覆雨翻云手。冰与雪，周旋久。

泪痕莫滴牛衣透。数天涯，依然骨肉，几家能够？比似红颜多命薄，更不如今还有。只绝塞，苦寒难受。廿载包胥承一诺，盼乌头，马角终相救。置此札，兄怀袖。

其二云：

我亦飘零久。十年来，深恩负尽，死生师友。宿昔齐名非忝窃，试看杜陵消瘦。曾不减，夜郎僝僽。薄命长辞知己别，问人生，到此凄凉否？千万恨，为君剖。

兄生辛未吾丁丑。共些时，冰霜摧折，早衰薄柳。词赋从今须少作，留取心魂相守。但愿得，河清人寿。归日急翻行戍稿，把空名，料理传身后。言不尽，观顿首。

顾贞观在容若面前经常吟诵兆骞诗赋，并向容若"求援"。但容若感到事关重大，因此"未即许"。这时容若见到这两阕词，感动得声泪俱下，云："河梁生前之诗，山阳死友之传，得此而三。此事三千六百日中，弟当以身任之，不俟兄再嘱也。"贞观听说焦急地道："人寿几何？请以五载为期。"容若这才答应下来，并赋《金缕曲》词以赠，内有句云："绝域生还吴季子（指吴兆骞），算眼前此外皆馀事。知我者，梁汾耳！"顾贞观将《金缕曲》词寄走后，又于十六年四月十五日给兆骞写了一信，将此信及其词集《弹指词》寄赠，并谓："乞传示远方，俾知有顾梁汾，即兄不朽之惠矣。"同时云："有新知己词一册（当为容若之《侧帽词》）附去，亦望传寄。"次年二月，吴兆骞在接到贞观前两信及两词后，写了长书《戊午二月十一日寄顾舍人书》，内中详细介绍了自己出塞后的经历、塞外交游与生活状况。顾贞观得信后于同年八月二十日写有复信。后来又有二封书信（写作时间不详，当在十八与十九年），言及"容兄（容若）自丙辰（十五年）以来，即身任为

277

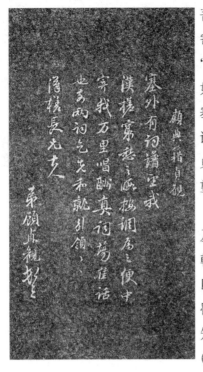

顾贞观手迹

吾兄作归计","书到,速草一赋寄容兄,致知己之感"。又言:"《侧帽词》即〔乞〕为流传,得如《弹指》方妙。"这期间,吴兆骞也有《寄顾梁汾舍人三十韵》诗,追忆了早年二人的交游,顾贞观的才华,自己目前处境及盼望故友挽救自己的愿望。

后在明珠支持下,经顾贞观及旧日社友徐乾学、宋德宜等人斡旋,康熙二十年冬兆骞终于得以赎归。先是,同年秋,贞观因罹母丧南归,舟次写有一信,告知兆骞之赦归,"此举相公乔梓(指明珠与容若)实大费苦心,而健老(徐乾学)长兄真切相为,尤不减于骨肉"③。

康熙二十一年正月十五日上元灯节,吴兆骞、陈维崧等人曾饮于纳兰容若之花间草堂,顾贞观亦参与此会,可见此前不久他曾自故乡来京。不久,顾贞观听兆骞说塞外多暴骨,就商诸京师当事,"亟行掩瘗"。又募集银两,延请关东僧心月者,于六月"率徒遍历兴京、老城、撒儿浒、铁岭诸战场,收瘗骸骨无算"④。后来贞观又曾返回故乡。

次年春,吴兆骞回吴江省亲期间,约三月份,顾贞观自无锡来访,饮于兆骞家。当时王摅也在座,曾赋诗记盛,内云"廿年艰会见,两地黯伤魂。"又云:"故人归绝域,之子共清樽。"这是双方今昔交谊的真实写照(《同顾梁汾舍人饮汉槎寓,赋赠十韵》),可见二人之友谊,是历久不渝。后来黄卬《锡金识小录》

278

载："松陵吴兆骞字汉槎,以事戍宁古塔,得生入关,顾梁汾中翰力也。汉槎既还,与中翰参商,中翰初不自明也。一日,相国明珠招汉槎饮,饮毕复延入书室,见粉壁大书:'顾梁汾为吴汉槎屈膝处。'汉槎惭恧,汗流浃背。"这里谓顾、吴晚交不终,实不足信。

总之,二人生死不渝的友谊及顾贞观二阕千秋绝唱的《金缕曲》词,已成为词坛佳话。

＊　　　　　＊　　　　　＊

①《梁溪诗钞》卷二十顾梁汾。
②《秋笳馀韵》卷上。
③《汉槎友札》。
④《顾梁汾先生诗词集》附邹升恒《梁汾公传》。

叶 燮

叶燮于康熙二十二年(1683)曾自言,吴兆骞"为三十年道义之交",可见二人是顺治十年(1651)前后三吴社集鼎盛时期的旧交。

叶燮(1627--1697),字星期,号己畦,吴江人。明末著名文人叶绍袁之子。幼疑悟,长工诗文,康熙九年举进士第,选江苏宝应知县,因忤直忤巡抚意,落职归。晚居吴县之横山,构小园曰独立苍茫处。人称横山先生。其论诗以杜、韩、苏三家为宗。有《己畦诗集》、《己畦文集》等①。

吴兆骞与叶燮之交游,虽然在遗失过多的吴氏著述中已无可考,但在叶氏诗文集中尚多保留。

吴兆骞自塞外回到京师的第二年,即康熙二十一年,其赦归的消息就已传至吴江,叶燮闻之自然喜出望外。这年枫叶正红的

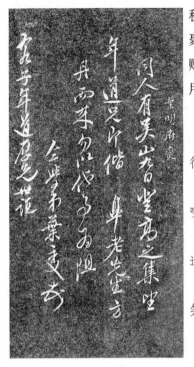

叶燮手迹

秋季某一天，吴慷庵召集许多友人聚集在传清堂赋诗宴饮，叶燮当即赋《吴慷庵招诸子集传清堂感旧，用红字》诗[②]：

> 时序关心枫叶红，烟横雨断度征鸿。
>
> 逢场眼底难追少，回首肩随幸唤翁。
>
> 梦转辽西真入塞，赋夸江左遍遗宫。
>
> 君怀旧有湘江泪，久付檐花一笑中。

其中"梦入辽西"二句就是咏兆骞之生还。

至康熙二十二年春兆骞回吴江省亲，至春夏之交，听到这一消息的叶燮写有《吴汉槎北归赋赠，次昌黎〈昨日行〉韵》诗寄赠。诗云：

> 山空木槁寒拥灰，远传故人绝塞回。
>
> 恍惚二十七年别，旧游零落邹与枚。
>
> 事异管宁讶苏武，闾里浩叹君号哀。
>
> 北堂慈母幸无恙，皓首重酌儿金罍。
>
> 我欲握手急劳苦，重湖浪隔连山摧。
>
> 遥闻满城管弦发，玉瓶蛮槟驰风雷。
>
> 宅南昔友墓木拱，子弟斑白襄孺孩。
>
> 城郭人民半疑信，我为君感挥潸潸。

昔君龙荒判袂日，陆行蹶躄川倾楮。

短衣不暖皮肉皱，沙惊碛乱崖崩陨。

生入玉门即昼锦，金鸡丹凤天双来。

殊恩异数起徒伍，古来将相何嫌猜？

爱君者曰是天道，彼谮久化沉渊能。

人生生死并离合，升沉荣辱阖与开。

今君历尽钢百炼，从此学道何有哉？

终天之恨雁行感，此日酬尽无馀灾。

击钟烹鼎绯紫耀，箕眼直视嘘黄埃。

馀年奉母寿千百，登堂吾岁祝考鲐。

谀辞日进不足听，北山堪买筑且栽。

君才过人擅绝慧，瞽言无当中宵推。

此诗前部分既咏自己对故人能够自绝塞归来的无限感慨，又咏兆骞旧地重归、人事已非的凄凉景象。后部分则是贺其生入玉门之乐趣，并祝其买山隐居。当然其中也包含了叶氏闻其归省急欲握手相慰的心愿。

同年五月，可能是吴兆骞见到叶氏赠诗不久，赠经携带孩子桭臣（南荣）乘舟来到叶氏的二弃草堂相访。二人分手二十七年后之会晤，悲喜交集，边谈边饮，天色已晚，就"脱粟欢然，襆被信宿"，作长夜之谈。"酒空灯暗云岩夜，说尽龙荒山鬼诧"。兆骞讲了许多塞外轶闻奇事，使叶燮惊诧不已。兆骞又说自己已决定北上回京，特来辞别，叶燮不免黯然。"山空寂历响缥缈，东峰月吐穿林好"，东方拂晓，叶燮把吴氏父子送到山下，吴氏父子登舟而去。事后，叶燮写下长诗《汉槎携令子南荣枉顾草堂，兼以入都言别留信宿，赋长歌，以送其行》。诗云：

湖天飔飔摧山骨，仲夏森如秋气沈。

鸥惊雀起冲萝烟，故人兰桨来言别。
故人绝塞归故乡，行辞故乡登明光。
前途尽是鹓鸾侣，为念穷交到草堂。
酒空灯暗云岩夜，说尽龙荒山鬼诧。
千秋知己几蛾眉？泪珠一握酬无价。
羡君有子健如虎，问君堂北谁与釜？
昔人片语立通侯，拾紫何须长袖舞？
黯然回首廿载前，共君襆被秋堂眠。
君家二难及计赵，文章性命誓两全。
飘风疾驱沉秋烟，重泉绝漠旋踵间。
秦楼东南日再出，照君重拂珊瑚鞭。
夷险哭歌难指数，绣岭曲唱开元前。
我行窅冥订鹿豕，夜阑恍似三生缘。
山空寂历响缥缈，东峰月吐穿林好。
信宿深留终古心，江南蓟北同芳草。
送君门外溪前去，飞蓬积断缘溪路。
若到明春望鹿门，山穷水断云迷处。

　　此诗写得哀感顽艳，十分动人，可见二人友情之深厚。不久，叶燮又给兆骞写有一信："弟自黜废山野，于今七年矣。生平知交故人从无有闻问齿及者……仁兄忽枉扁舟过我草堂，脱粟欢然，襆被信宿……此古人之事，非可求之薄俗者也……"下面解释其在宝应知县任内以忼直被黜事，结尾云："仁兄为三十年道义之交，因故问及，备胪始末"。可见他对自己在黜职后"知交故人从无有闻问齿及者"的情况下，对于兆骞父子之相访，感激涕零。

　　二十三年十一月兆骞病卒于京师后，以诗赋悼之者今可考之人九人，即有叶燮。其《闻吴汉槎卒于京邸哭之》诗三首。其一云：

八千里外闻君信，垂老心惊良友沦。
辽海秋风原上草，销沉天宝旧才人。

其二云：

绝域归来鬓已苍，又随北雁去茫茫。
书生旧有明妃恨，月夜魂归总断肠。

其三云：

白首高堂晨与昏，倚闾望断赋招魂。
流传冷煞枫江句，难与巫阳仔细论。

"垂老心惊良友沦"、"月夜魂归总断肠"等句，沉痛哀感，令人不忍卒读，仅此二人交谊可以概见③。

* * *

①《清史列传》本传。
②《吴江诗粹》卷二十。
③本文所引叶氏诗文，除《吴江诗粹》外，均见其《己畦诗集》、《己畦文集》相关部分。

叶舒颖

叶舒颖（1631—?），字学山，吴江人，明工部主事叶绍袁第四子叶开期之子。顺治十四年（1657）副榜，贡生。其诗秉承家学，"工于言情，色遒丽而不艳，意沉着而不浮"。有《叶学山先生诗稿》。其生年据赵沄《庚戌人日，叶学山四十初度，赋二十四韵祝之》诗可以考知。因庚戌为康熙九年（1670），据此逆推四十岁，则其生年在明崇祯四年（1631），与兆骞同岁。卒年不详，但其作为编年体诗集最后一诗《寿虹亭检讨七十》作于乙酉，即康熙四十四年，（1705年），时已七十五岁，估计卒于此年或稍后。

叶舒颖与兆骞的游处，始于社集期间。顺治十三年有《七夕，张金圃、赵山子、吴天麟、天申、苾如、弘人、闻夏、汉槎、袁古处、尧民、丁绣夫、家星期叔宴集瑞芝堂分赋》、《七夕后一日，诸同人又集吴天麟、天申、苾如涵春堂分韵》诗。前一诗系咏在"闲庭雨过湿疏桐，习习凉生近夜风"之七夕，诸同人宴集瑞芝堂的情景，后一诗系咏七夕后一日诸同人又宴集涵春堂的盛况，其中"雄辩四筵挥玉麈，离情一夕怅银河"，描绘出这些名士社集宴饮时的风度。

吴兆骞入狱后，叶舒颖多次写有与兆骞唱和之诗。顺治十六年有《见吴汉槎狱中送张绣虎南行诗次韵寄怀》与《见吴汉槎将谪辽左别吴中故人诗有感》诗。前诗云：

> 苦忆延陵吴季子，新诗吟罢奈愁何？
> 羁栖北寺添华发，高会南皮逐逝波。
> 自古文章憎命达，如君坎壈患才多，
> 涛声树色江乡在，几日重来携手过？

怀念之殷，关切之苦，感慨之深，溢于言表。

此外，本年所写《馆舍杂咏》之五纯系怀念狱中兆骞之作。诗云：

> 永夜黄花酒，怀人涕泪看。
> 三年羁北寺，万里对南冠。

铁岭飞霜早，金笳叫月寒。

新词传塞下，萧瑟莫轻弹。

顺治十七年《岁暮怀远诗》之三，也是怀念吴兆骞之作：

菰城雨雪连床日，扬子波涛把酒馀。

回首故人今万里，霜风猎猎正愁余。

顺治十八年又有《喜吴弘人、闻夏出狱，侍燕勒先生南还》及《兼忆吴汉槎塞外》二诗，可见于故人是念念不忘。

至康熙二十一年，他得知兆骞赦归京师之消息，写有《喜吴汉槎南还次徐健庵太史韵》：

腊残时候去吴乡，雪窖冰天黯淡间。

厚禄故人能举手，穷边词客可开颜。

左徒兰芷空忧怨，供奉词章未放还。

独尔君恩邀格外，故应感激泪潺湲。

康熙二十二年春，兆骞回至吴江省亲，叶舒颖见到分别二十六年的故人，悲喜交集，有如梦寐，写有《周中立招同张九临、顾茂伦、吴汉槎集留耕堂，得六绝句》（汉槎初从塞外归）诗。前二首为：

一回狂喜一伤神，把酒高斋见故人。

二十六年有底事？海天万里不逢春。

其二

乘车戴笠心期古，临水登山意气闲。

樽酒重持疑是梦，相看那不鬓毛斑。

故人相见如梦，喜极而悲的神态写得栩栩如生。

二十三年冬，兆骞客死京邸，舒颖惊闻噩耗，曾哭之以诗。

其一云：

吴关重出客燕关，飞鹏偏闻集坐间。

往事竟难回白简，盛名却易损朱颜。

倚闾乍慰三年望，扶榇犹疑万里还。

从此垂虹亭下水，长将呜咽比潺湲。

其二云：

侵晨几度报当关，共话离情向夕间。

老树坐来仍绿萼，下泉埋去未苍颜。

怕看书寄双鱼在，忍听车从广柳还。

死别转思生别处，寒流春水两潺湲。

垂虹亭下，流水呜咽，此恨绵绵无有尽时，作者此诗也如流水之呜咽，由此可见二人情谊之笃。

王 摅

王摅（1636—1699），字虹友，号汲园，江苏太仓人。王时敏第七子。生于崇祯九年（1636），卒于康熙三十八年（1699）。

太仓王氏以书画诗文名世，时敏九子，摅最有名。幼年"颖敏绝人"①，长而工诗。吴伟业以摅诗入《太仓十子诗选》，名《步

橝集》。后又为《据青集》。最后重行编定者为《芦中集》。其诗，田雯评为"精于持论，研寻物理"，王士禛誉为"幽奇悲壮"，"必传于后世无疑也"[②]。

王摅幼遭亡国之痛，因此虽然才名藉甚，但终身抗节不仕，穷愁而卒。其诗师承吴伟业，后交王士禛，风格一变。早年多故国之思，晚年则多纪游山川之作。

王摅与兆骞都是慎交社中人，本来关系很密切，到了顺治十一年，王摅又约社中一些少年如吴兆骞、顾贞观、周纶等结为私盟，即建立了更为密切的小团体。

当兆骞在狱中时，王摅有《和吴汉槎就讯刑部口占》诗，内有"海内正怜余失侣，天涯谁料汝为囚"句，表明了自己失去伴侣的惆怅与对故人为囚的哀伤之感。又有《闻汉槎谪戍宁古塔》诗：

> 欲叩君门万里赊，惊闻远谪度龙沙。
> 文章只道金难铄，谣诼翻成玉有瑕。
> 减死蔡邕方出塞，哀时庾信未还家。
> 可怜交橐归来日，岂有明珠载一车。

用了"惊闻"，表示深感出于意外。"谣诼"句表明诗人对于造谣中伤陷人死罪的卑劣行径深感痛恨。接着以负冤出塞之蔡邕、国破难归之庾信喻兆骞之远戍，最后用马援有功受谤的典故，为兆骞的清白辩护，从而表达了诗人对兆骞的无限同情。

康熙初年，又有《怀吴汉槎》诗：

> 绝域龙沙外，孤身雪窖中。
> 故乡无路到，严谴几人同？
> 放逐真何罪，羁离且固穷。

休嗟万里阔，来往仗诗筒。

"放逐真何罪"？实质是说"放逐真无罪"。这种大胆疾呼，实质是对清廷制造这种冤案的控诉。他在其他场合，仍然坚持这种观点，一直认为"蜚语吴郎（汉槎）遭远谪"（《侯生行》）。

康熙二十二年，得知兆骞已赦归京师，他写了《喜吴汉槎南还次徐健庵宫赞韵》诗：

怜君彩笔动江关，廿载穷荒窜逐间。
未易别离重会面，且从患难强开颜。
金鸡幸荷皇仁返，铁岭愁经战地还。
童稚情亲谁似我？不禁悲喜泪潺湲。

悲喜交集的情感，跃然纸上。

康熙二十二年春，兆骞归省吴江，曾经去太仓探访王摅，王摅兴奋地写了《汉槎归自塞外见访》诗：

殊方乍喜蔡邕回，小径从教蒋诩开。
羁戍廿年穷海别，风尘万里故人来。
追思往事惊颜面，呜咽交情尽酒杯。
不道松花江畔客，乡园归及见残梅。

诗中写追思往事而惊疑于对方颜面大变，边呜咽边叙交情而举杯为祝，颇为传神。

其弟王掞（时敏八子）于兆骞之赦归，写过《和徐健庵喜吴汉槎南还次韵》诗，这时闻知兆骞来访，也赴其兄家中问讯。三人挑灯夜话，备叙离情。王掞又有《虹友兄斋同汉槎夜话》诗，内谓："海内争传季子名，相逢执手喜还惊。廿年塞外空归梦，一夕灯前似隔生。"③可称是感情深沉之作。

不久，他又邀同顾贞观共访兆骞，饮于兆骞寓，并赋《同顾梁汾舍人饮汉槎寓赋赠十韵》诗。内谓：

> 童稚追随日，情亲若弟昆。
>
> 廿年艰会面，两地默伤魂。
>
> 理学先贤旧，词华后辈尊……

在追述双方的情谊之中，又寓有推崇与颂扬之意。

后来，兆骞患病，王撽又写信问候，并附诗请求斧正。兆骞复信道：

> 日来贱体委顿特甚，竟不能欹坐，兼恶人声，深感惠问。
>
> 尊咏，病中未能毕阅，俟稍痊，当细为僭笔也。

此信可能是兆骞与王撽交游中最后一份历史见证。

＊　　　　＊　　　　＊

①《太仓十子诗选》。
②《芦中集》王士禛序。
③王撽：《一揽集》卷二。

徐　釚

徐釚，字电发，号虹亭，吴江人。生于明崇祯九年（1636），卒于清康熙四十七年（1708），年七十三。"幼颖敏，年十三，吟诗有惊人句"。后"入慎交社，声誉日起"②。康熙十八年（1679），由国子生召试鸿词科，得授检讨。不久以外转乞归，不再出仕。

徐釚画像

工诗、古文，尤擅词，有《南州草堂集》，附《菊庄乐府》，另有《词苑丛谈》、《续本事诗》。

徐釚与吴兆骞之交游，始于社集期间。但唱和赠答之作却主要集中在康熙十七年至二十三年。先是，十七年冬至日，徐釚有致兆骞书，这是自兆骞遣戍二十年后二人的第一次通信。该信云：

奉别以来，忽逾廿载，回首少年，真如隔世，榆关紫塞，古人犹动望乡之感，而况先生处层冰雪窖之地乎？侧闻投荒以来，意气道上，撰著甚多，太傅长沙，坡公海外，不是过也。近读《长白山》一赋，□渊云再见，当宁叹嗟，赐环有日，前席之召，拭目可俟。釚以固陋荒落，屡困棘闱，南北饥驱，漂零万状，破琴击筑，已久不索长安之米。近奉征书，与其年、展成诸先生同应诏诣阙。然自顾□才，尤惭启事也。兹因大冯便羽，肃此附候道履外，德维兄家一函，幸为转致，衔芦有雁，望惠好音。临池不胜翘切！同学弟徐釚顿首汉槎先生文几。戊午冬至日灯下长安珠市口寄。

该信之后，还附有其《菊庄词》稿一部及十年前所作怀念兆骞一诗。诗云：

蓟门云黑飞霜雪，苦忆征人倒玉鞍。

归雁似随沙际没，穹庐时向碛中看。

投荒漫拟崔亭伯，浮海何如管幼安。

无那故交摇落尽，思君不置泪阑干。

吴兆骞于次年接到此信，并于七月初三日写有复书（已佚）。复书寄至宁古塔已为八月二十日，徐釚于八月二十五日又写了第二封信。内云：

> 中秋后五日，接我兄七月初三手谕，开缄色喜，如瑶花自天而降，始信绝塞音书，不必假上林雁足，亦能相通，而且有如是之速。二十载相思，一朝顿豁，欣慰如何可言！

下面叙述了自己本年应鸿词科之荐举得授检讨之事，并言及京师七月地震诸事。

该年（十八年）冬，吴兆骞接到徐釚八月来信后，托骁骑校某将徐釚《菊庄词》、容若《侧帽词》、顾贞观《弹指词》三部词稿带至朝鲜会宁府，该国会宁都护府记官仇元吉以金饼购得《菊庄词》，并题一绝句如下："中朝寄得菊庄词，读罢烟霞照海湄。北宋风流何处是？一声铁笛起相思。"以高丽纸书之，仍交该骁骑校带回，于是此事得以盛传。至十九年四月，他写书将此事告知徐釚："《菊庄词》已播之平壤，闻甚钦叹。"

十九年十月十三日，徐釚复书道："《菊庄词》芜陋浅率，播传东国，得毋笑我中土久无晓风残月之句耶？"又告知"《秋笳集》去岁即在南边刻完"云云。

此后，吴兆骞陆续寄有四份书信，分别告知徐楚玉省亲塞外、潘耒表弟贻札惠诗、郎侍中奉使塞外及乞徐釚、徐乾学早日救己南还诸事，均详《归来草堂尺牍》。

二十年冬，吴兆骞南还，徐釚有《喜汉槎入关和健庵叔韵》诗：

相思夜夜梦榆关，翻怪相逢京洛间。
雁碛久羁添别恨，乌头赤白惨离颜。
廿年词赋穷边老，万里冰霜匹马还。
犹幸脱骖人有在，与君握手泪潺湲。

二十三年十月吴兆骞卒，徐釚又哭之以诗：

塞垣生入方悲汝，谁料仍归广柳车。
半世已怜为逐客，两年只当未还家。
梦残吴苑花如雾，惊断关门雪似沙。
弦绝广陵无觅处，只馀清泪滴秋笳。

此诗文情相生，感人至深，实堪与顾贞观《金缕曲》词并传。

*　　　*　　　*

①同治《苏州府志》卷一百〇六。
②康熙五十九年《吴江县志》卷六。

魏　耕

吴兆骞的交游很广泛，又很复杂，除了出任新朝的社友，还有许多明朝的遗民，乃至抗清的志士，而抗清志士中最为典型者为魏耕。

魏耕，原名璧，字楚白，明亡后改名耕，号雪窦山人，浙江慈溪人。生于明万历四十二年（1614）四月六日。"少失业，学为衣工"，但能读书，后成诸生，明亡弃去。为了复明，其"所交，皆当世贤豪义侠，志图大事"。与归安钱缵曾、长洲陈三岛、会稽张近道与朱士稚、山阴祁理孙与班孙交尤厚。曾投书郑成功，建议入长江，下金陵。基于此，顺治十六年（1659）郑成功兵临金陵城下，声势大震，但不久功败垂成，仓促东归，致使张煌言一军孤悬上游。魏耕又庶道献策，建议入英霍山寨，坚持抗清。事后，通海案发生，被捕入狱，康熙元年（1662）六月初一日殉节。其妻凌氏自经，次子魏高亦自缢，长子魏乔戍尚阳堡。耕工诗，宗李、杜。有《息贤堂诗集》，并与钱瞻伯编有《今诗粹》。今传《雪翁诗集》①。

魏耕与吴兆骞之交往在社集期间。他对吴兆骞之诗甚是推崇，其《今诗粹》在选录吴兆骞《江记室淹楚望》、《柳吴兴恽捣衣》等6首拟古诗后，评价道："拟汉魏者，往往得貌而遗情。今汉槎独拟齐梁以下调，无不神合，而用笔用意，皆恣肆有馀，故知其才敏，亦其善寻出路耳。"又谓："汉槎天才绝丽，虽原本初唐四子，兼溯江、徐、王、庾，驰驱文路，独擅其长。然自有所获，足以方驾曩贤，如小钱师之后，于惊沙坐飞之外，悟夏云自然之势也。"在选录吴兆骞《春日篇》、《秋雁篇》、《白头宫女行》、《春雪篇》、《闰月朔日将赴辽左留别吴中诸故人》五诗后，道："予昨秋游江城，饮于汉槎，酒中请出其七古，乃为口吟数首，篇篇皆东川之俊。今秋朱朗诣从吴下来，得汉槎《秋雁》、《春雪》、《白头宫女》、《将赴辽左》诸作，悉悱恻不堪，摇曳愈甚。欧阳永叔谓梅圣俞诗穷而后工，吾于汉槎信之矣。"又谓："吾谓今之称诗者，皆是学而后工，其生而才思溢发，出口华艳，可以才子归之者，山阴之张用宾、萧然之毛大可、松陵之吴汉槎。今用宾赴夏侯之邑，汉槎蹈亭伯之祸，惟大可独得放旷人间，而又嗟原宪之贫。噫，亦可悲矣！"

魏耕不仅对吴兆骞之才华与诗歌予以高度评价，而且对其负屈远戍深致同情、惋惜与哀悼。他道："汉槎俊才也，以少年迕误文网，远谪塞外，长为异域之人，良可哀悼！"又道："汉槎兄弟翩翩，不减机、云之秀，棘闱之祸，本属李代，所惜不早遂初服也。"②

上述引文，魏耕自言"予昨秋游江城，饮于汉槎"云云，可见社集期间二人就有唱和赠答之交谊。这方面之诗作，魏耕之作尚保存三首。约顺治十二年（1655），有《吴门七夕，云间金是瀛、冯瑞振、彭师度、刘徽之招同山阴朱士稚、松陵吴兆骞宴集》诗：

> 晶晶双塔散高云，袅袅长杨逼暮曛。
> 异域留宾还倒屐，狂歌跳足为离群。
> 当筵坐待黄姑转，卷幔遥怜乌鹊纷。
> 愁是衣裳侵玉露，江城捣练日相闻。

此诗咏吴门七夕与吴兆骞等人宴集的情景。当他离开吴江，返回苕中时，又写诗奉别吴兆骞等人，此即《奉别计东、赵沄、汪琬、汪永恺、吴兆宽、兆宫、兆骞还苕》诗：

> 刘向校书天禄阁，马卿作赋上林边。
> 自惭衰晚非公事，坐看风流是谪仙。
> 苕霅信来香稻熟，洞庭霜落蟹螯鲜。
> 扁舟解缆鸣珂里，今夕忘归舞袖筵。

一次，他来至太湖，望见青青的柳色，怀念起兆骞，写有《望太湖柳色寄吴四兆骞》诗：

> 度雨回风晓上台，太湖柳色望中来。

枝枝金缕愁难定，树树霜花皎欲开。

明月楼头曾寄远，关山笛里总徘徊。

最怜才子听莺去，几度鸣鞭薄暮回。

吴兆骞流放之后，曾有寄怀魏耕之作（已佚），而魏耕也有唱和之诗《越州邸舍酬吴四兆骞塞垣见寄之作》。诗云：

茂苑才人戍塞北，四明狂客多惋惜。

忆昨论文待月来，吴江淡淡苇花白。

江流万里去家轻，缥缈何处玄菟城？

捣衣无复深闺听，吹管长闻猎骑声。

南楼独坐披新作，我已知君悔入洛。

书札空教海雁传，秋风应怅华亭鹤。

迁居远隔越州春，浣纱石上思杀君。

几度双星望牛斗，天汉微茫一片云。

此诗首四句咏对兆骞远戍的惋惜及回忆从前二人在吴江论文待月的情景；次四句咏兆骞万里去家，在戍所只闻胡人猎骑、筜管之声，而不闻妻子深闺捣衣之声；再次四句咏披览兆骞新作，加深了对兆骞的了解；最后四句系咏对兆骞的思念，"浣纱石上思杀君"，这是何等深厚的友谊。

总之，二人多次在一起宴集、论文，又有唱和赠答之作，表明了他们非同一般的友谊。惟惜兆骞之作佚失过多，这类作品已一无所考。仅在其寄妹书中，嘱其妹将魏耕等编纂的《今诗粹》中所选己诗，找人"将细字写了，照样圈点，寄我一看"，可以看到二人交谊的蛛丝马迹③。

* * *

①全祖望：《鲒埼亭集》卷八雪窦山人坟版文；《鲒埼亭集》

外编卷四十四奉万西郭问魏白衣息贤堂集书；魏耕：《雪翁诗集》卷十七明处士雪窦先生传。

②魏耕、钱瞻伯：《今诗粹》卷二、卷六。

③《归来草堂尺牍》家书第十五（《黑水丛书》第六卷本）。

朱士稚

朱士稚也是魏耕反清集团成员之一。

士稚，字伯虎，后更字朗诣，山阴人。少好游侠，与同里张宗观（字朗屋）善，人称"山阴二朗"。明亡，散千金结客，思欲有所为，因此曾被捕下狱，以贿赂清吏得释归。后放荡江湖间，至归安，与魏耕、钱缵曾善。至长洲，交陈三岛，梅市交祁班孙，长芦交朱彝尊。顺治十六年（1659），三岛"以忧卒"，士稚也"叹息悲思，遂病膈"①。次年冬病亟，自归安渡钱塘而归。十二月卒，年四十七。

朱士稚与吴兆骞之交游始于社集时期。这时，士稚经常至吴门、吴江等地，与陈三岛、陈维崧、魏耕等人宴集，自然免不了与当地文坛活跃人物吴兆骞唱和游处。如某年七夕，在吴门的一次宴集中，二人都曾参加。席上，魏耕当即赋有《吴门七夕，云间金是瀛、冯瑞振、彭师度、刘徽之招同山阴朱士稚、松陵吴兆骞宴集》诗②。诗云：

> 晶晶双塔散高云，袅袅长杨逼暮曛。
> 异域留宾还倒屣，狂歌踏足为离群。
> 当筵坐待黄姑转，卷幔遥怜乌鹊纷。
> 愁是衣裳侵玉露，江城捣练日相闻。

这次宴饮竟然持续到玉露侵衣，时逾子夜之际，可见主宾融洽的情景。

朱士稚与吴兆骞的多次游处，自然会增进其了解与友谊。一次，当兆骞赋诗送惊隐诗社中友人沈祖孝自吴江回其故乡吴兴时，就曾怀念起朱士稚与另一名友人殳丹生。其《送沈雪樵（祖孝字）归苕中（即吴兴），兼怀朱朗诣、殳山夫（字丹生）诸子》诗云[3]：

> 雨笠烟蓑足胜流，和君八咏共登楼。
> 凭将万顷长虹月，映彻苏潭一样秋。

可惜朱士稚之诗作基本已荡然无存，而吴兆骞之诗也佚失过半，因此二人唱和赠答之作至今仅此一首。但这一首（其实这一首也是吴氏的佚诗），也如吉光片羽，飞鸿雪泥，弥足可珍。

顺治十六年闰三月，兆骞动身赴戍所前夕，曾将狱中所作的《秋雁》、《将赴辽左》诸诗，寄赠吴中诸故人。同年秋，朱士稚曾赴吴门，特地将这些诗抄归，转示给兆骞的一些友人，其中魏耕读后，大书道：

> 今秋，朱朗诣从吴下来，得汉槎《秋雁》、《春雪》、《白头宫女》、《将赴辽左》诸作，悉悱恻不堪，摇曳愈甚。欧阳永叔谓梅圣俞诗穷而益工，吾于汉槎信之矣[4]。

魏耕的这种推崇与评价，自然也反映了朱士稚的心声。

＊　　　＊　　　＊

①朱彝尊：《曝书亭集》卷七十二朱士稚墓表。
②魏耕：《雪翁诗集》卷十。
③周廷谔：《吴江诗粹》卷二十。
④魏耕等：《今诗粹》卷六。

陈三岛

陈三岛，字鹤客，长洲人。明崇祯末为博士弟子有声。清初，晦迹授徒，"眷顾故国，中怀孤愤"[①]。为魏耕、祁班孙反清集团成员之一。顺治十六年（1659）"以忧愤卒"[②]。其享年一作三十有四[③]，一作三十有七[④]。工诗，有《雪圃遗稿》。曾作《当泣草序》，"以叙眷顾之意，凄惋可颂"。其诗颇为其友钱瞻伯、魏耕所推崇。钱瞻伯谓："鹤客五古，鲍照、崔颢之流，而激烈过之，微嫌其气稍直……诗壮激至此，想见其胸次，垒块不群。"魏耕亦云："鹤客冲口横直，上激风云，自是刘太尉一流人诗。"[⑤]

陈三岛也是吴兆骞社集时期关系颇为密切的友人，虽然苦于文献零落，无可征考，但仍有少数文献可以为证。

首先，吴兆骞在顺治十六年寄父书中，嘱其父将其《留别吴中诸故人》诗抄送给十四位友人，其中第八人即为陈鹤客（即三岛），可见二人关系绝非一般。

其次，吴兆骞入狱（或初至戍所）后，陈三岛有《夜宿吴江道中怀吴汉槎》诗：

> 鸡鸣残月晓钟微，怅望燕城戍不归。
> 春酒葡萄愁绝塞，乱云羌笛湿征衣。
> 十年故苑交游隔，万里营州客梦稀。
> 零落江南才子尽，孤城绿草自芳菲。

由"愁绝塞"、"湿征衣"句，可以证实二人感情的真挚与友谊的深厚。最后一联，显然是将兆骞以才子相推崇。

吴兆骞交结了陈三岛、魏耕、祁班孙等反清志士，还交结了具有反清意识的组织惊隐诗社成员顾有孝、张九临、顾樵、朱鹤

龄、周安、沈祖孝等人，这些人（包括其父）的反清事迹及反清意识，对其思想感情不能不产生一定的影响，恐怕其获祸远戍与此也有一定的联系。

*　　　*　　　*

①朝鲜佚名：《皇明遗民传》卷四陈三岛。

②朱彝尊：《曝书亭集》卷七十二朱士稚墓表。

③同①。

④徐晟：《存友札小引》。

⑤魏耕等：《今诗粹》卷四陈三岛。

三、狱中时期（1657—1659）

自顺治十四年（1657）年底北上复试，中经十五年三月九日被拘系刑部狱，至十六年闰三月出塞，这是狱中时期。在这一时期，吴兆骞结识了桐城方拱乾、孝标、亨咸父子，海宁相国陈之遴、容永、堪永父子以及张贲。这些患难之交后来都成为其塞外挚友，本来可以安排在塞外时期，但由于塞外时期交游者较多，故均安排于此时期。为此择其要者，作狱中时期交游考。

方拱乾

吴兆骞《寄顾舍人书》云："龙眠父子，与弟同谪三年，情好殷挚，谈诗论史，每至夜分，自彼南还，塞垣为之寂寞。"

这里的龙眠父子是指方拱乾、方孝标、方亨咸等人而言。

方拱乾（1596—1666），初名策若，字肃之，号坦庵、裕斋，晚年号甦庵，安徽桐城人。生于明万历二十四年四月三日。少颖悟，七岁即能属文，"弱冠负文誉"[①]。万历四十六年（1618）举人，崇祯元年（1628）中进士。后任编修、中允，至少詹事。明亡，归金陵。清顺治九年（1654），被清廷起用为内翰林秘书院侍讲。十三年，升任为詹事府右詹事。十四年，南闱科场案发生，其第五子方章钺参加此次考试，被言官弹劾为与主考官方猷"联宗有素，乘机滋弊，冒滥贤书"而被拿解刑部。十五年十一月，方拱乾与长子方孝标、次子方亨咸也因此被褫职入狱，并被判处

方拱乾手迹

连同家属流徙宁古塔。十六年闰三月出塞。十八年冬，以认修京师前门城楼工自赎而被赦归。归后"既老且贫，无家可归"，以卖字为生。康熙五年五月二十六日病逝，年七十一[②]。拱乾喜为诗，"虽流离播迁，无一日辍吟咏"，有《白门》、《铁鞋》、《裕斋》诸集，写于宁古塔、归途与归后者为《何陋居集》（此是黑龙江现存第一部诗集）、《甦庵集》。另有《宁古塔志》。

　　方拱乾与吴兆骞之相识是在刑部狱，双方都是因科场案入狱，出塞也是同路而行。至戍所后，双方不仅经常谈诗论史，每至夜分，而且方氏在经济上予兆骞以资助。方氏赦归时，又将兆骞托付给另一处境好的流人许康侯，为之讲《汉书》。其子方孝标在怀吴兆骞诗中曾追忆道：

　　　　吴子后我生，文藻堪崇奖。
　　　　论交白云司，枉械述向往。
　　　　投荒同柳车，艰险难具象。
　　　　豺虎伺崇巘，死生身在掌。
　　　　感子琅玕躯，时扶我亲杖。

冰窟魍魎丛，稗食鱼皮襁。

吹坝涕泗潜，洁飧欢颜强。

带经惟子俱，吞声勉俯仰……

这段诗概括了方氏与兆骞在狱中、途中以及戍所的交游、处境与友谊，这种交谊可称是名副其实的患难交与忘年交。

方拱乾在宁古塔近三年写诗九百五十余首，赦归途中在宁古塔境内之诗约四十首，共计近千首诗。而在这近千首诗中，与吴兆骞唱和赠答及其他有关之诗却多达一百四十余首，竟然占了百分之十四，仅这一数字就已反映了双方关系之密切。几乎其中的每一首诗都反映了这种关系，如吴兆骞二十九岁生日时，方拱乾写有《寿吴汉槎》诗云：

吴郎明岁才三十，名著多年废两年。

诗老还惊人似玉，祸深谁问笔如椽。

读书日月归才富，历险冰霜炼骨坚。

莫恨依间心缱绻，春风行帐即堂前。

有时兆骞与方孝标等人论诗时，拱乾也参与他们的讨论。其《与汉槎及儿辈论诗》诗云：

衰躯客到恕不拜，为听新诗特下床。

有时数日不见，方拱乾又赋诗怀念。《谷雨后大雪兼忆汉槎》诗云：

吴子日数过，三日隔城隅。

有时他"偶作诗书其（孝标）几上，招汉槎来观"。《过儿标屋》诗云：

> 隔墙求仲招寻惯，踏湿应来户莫扃。

一日拟游东京城（渤海国上京龙泉府遗址），先以诗代柬邀请兆骞。《游东京先一日柬汉槎》诗云：

> 久有东京约，非关浪出游。

当兆骞有病时，他既探讯，又写诗慰问，认为诗篇可以代药疗疾。其《问汉槎病》诗云：

> 倾城争问病，病小见情深。

又云：

> 良朋胜妻子，大药恃篇章。

兆骞出游，他写诗怀念。《汉槎从调御之沙岭，值雨怀之》诗云：

> 带雨郊游好，将毋湿马蹄？
> 淋漓怜叩户，灯火晚应迷。

在他赦归时，写诗留别的第一人是兆骞。《留别汉槎》四首有句云：

穷荒应疾离，恋子转迟迟。

又云：

同来不同返，处处动人悲。

这些诗均写得楚楚动人，没有真挚的感情是写不出这样好诗。

至于吴兆骞，与方氏在狱中相识后，即结为挚交，认为"至若方年伯（拱乾）……极其照拂，亦恩人也"。按理，方拱乾与他有关之作既然多达百数十首，他与方拱乾有关之作自然也不在少数。可是由于兆骞诗文稿遇到三次劫难，遗失过多，目前可考知的唱和之作除《芳树》、《巫山高》、《铜省伎》、《湘妃怨》等十二首乐府诗外，仅有两首咏及二人的交谊。

顺治十五年冬，兆骞有《冬夜同诸子饮方坦庵先生斋即席赋呈》诗：

月落层城雁度哀，南冠相对暂衔杯。
天涯兄弟情偏苦，江表山川梦未回。
穿径已荒庾信宅，思家莫上李陵台。
夜深何处吹羌笛？肠断乡关是落梅。

月落雁度，南冠相对，本已令人感伤，更何况夜深人静，羌笛谱出令人肠断的《落梅》曲呢？

次年闰三月出山海关时，兆骞又有代方拱乾赋赠守关之留守潘某一诗《关上留别潘守戎（代方詹事作）》。诗云：

塞天万里送征鞍，意气逢君欲别难。
侠客军中倾灌孟，故人门下识任安。

望乡台迥边云断，姜女祠空海气寒。

明发骊驹分手后，榆关风雪竟南看。

兆骞与方拱乾唱和赠答之诗，遗失过多，可称是我国流人史研究中的憾事。

＊　　　＊　　　＊

①②方氏享年，潘江等作七十二。不确，应为七十一，详见李长祥《天问阁文集》卷二和宪先生桐城方氏墓志铭，参见李兴盛《清初诗人方拱乾及其诗作》（《北方论丛》1992年第2期）。

方孝标

方孝标是吴兆骞狱中的患难之交。

方孝标（1618—?），原名玄成，以字行，号楼冈，方拱乾长子①。自言："余之七岁，实明天启之甲子（1624）年也。"②据此可推知生于万历四十六年（1618）。卒年未详，但康熙二十八年（1689）尚存。顺治三年（1646）举人，六年进士，改庶吉士，任左中允。十三年五月，由洗马升任内秘书院侍读。十二月擢弘文院侍讲学士。十四年八月充经筵讲官。十五年九月充修《通鉴全书》官③。十一月二十八日，南闱科场案定案，受其弟章钺之牵连，与其父拱乾、弟亨咸均褫职入狱。次年闰三月动身赴戍，七月抵戍所宁古塔。十八年冬以纳锾认修前门城楼工被赦归。工诗，有《钝斋诗选》，另有《钝斋文选》、《光启堂文集》、《易学十解》等。因其《钝斋文选》中载有南明永历王朝抗清事迹之篇章，后被戴名世收入《南山集》中，触犯清廷忌讳，至康熙五十二年（1713）因受《南山集》文字狱案牵累，被开棺戮尸，著述遭到禁

毁。

孝标是在狱中结识兆骞的，顺治十五年冬，兆骞曾有《夜同子长过方娄冈学士赋赠》诗：

> 绛蜡沉沉照眼红，冰天历历度飞鸿。
> 披帷莫厌经过密，把酒应怜患难同。
> 夹巷鼓笳喧北寺，中宵星斗动西风。
> 十年冠剑铜龙署，回首君门叹转蓬。

十六年出塞，方氏父子数十口人同吴兆骞、钱威是同路而行。闰三月十五日行至山海关时，适值立夏，方拱乾在车上以《出塞送春归》命题。孝标与其弟亨咸、吴兆骞、钱威同赋此诗。吴诗虽已佚，但孝标之作尚存。诗云：

> 出塞送春归，天心无是非。
> 柳同官舍绿，马逐战场肥。
> 草木深兵气，关山壮客衣。
> 芳菲随地满，何异故园扉。

待他们行至中后所登上城楼远眺时，兆骞咏之以诗，孝标也有《登中后所城楼和吴汉槎韵》诗：

> 迢递层楼倚大峰，凭高愁思益忡忡。
> 海因客至明千里，山恐人归绕万重。
> 汉将几家还鼎食，榆关一日已云封。
> 兴衰转许山僧习，残砾荒榛指旧踪。

他们行至了深河，兆骞有《次了深河水涨不得渡赋呈方楼冈》

诗：

> 蒹葭一水雾初收，欲济苍茫少客舟。
> 树合双崖迷塞路，雨添千涧引河流。
> 萧条瓯脱秋先到，呜咽琵琶暮起愁。
> 总是播迁京国外，不妨此地更淹留。

到了戍所后，他们更是经常"商榷图史，酬唱诗歌"。该年九十月之交，兆骞去方家借阅《通鉴纲目》，并赋诗咏之（已佚），孝标有《答吴汉槎借读〈通鉴纲目〉》诗二首。其一云：

> 可与言今古，荒边只有君。
> 赋诗能渐朴，观史不徒文。
> 我已中年后，心能强记分。
> 幸将成败理，抉要与同闻。

"荒边只有君"，反映了他们的志同道合。

该年十一月兆骞三十岁生日之日，孝标又写诗以祝。诗云：

> 三十登科放逐随，多才坎壈似君奇。
> 汉宫未入眉先妒，秦法初严翅已垂。
> 缝线亲怀辽鹤梦，捣衣人寄塞鸿诗。
> 万端悲转欢颜慰，宣室宁无召贾时？

最后一句反问语，实质是谓宣室终有召见贾谊之时，即谓兆骞必有被赦还之日。此外，兆骞有《宫怨为方学士赋》诗，估计写于戍所。诗云：

玉砌霜花薄，金铺月影多。

自从辞辇后，无复翠华过。

当方氏父子被赦归起身时，兆骞悲痛欲绝，孝标答应设法救回兆骞。但孝标归后南访吴家，发现其父已卒，母老弟幼，家庭破产，已无法赎回兆骞，只得惆怅而去，后来写了《过吴江有怀吴汉槎》诗，该诗有一段，即咏此事。诗云：

我归子祖行，恸绝攀车鞅。

寄语问尊亲，滴土泪成响。

我誓报子义，图子归乡党。

及我入长安，万事非想像。

南还访子门，尊严已黄壤。

尊慈茕茕居，饥寒无肸蚃。

令弟方龆龄，令兄各异向。

虞卿家且无，卜式义安仿？

王程况加严，负子徒怀襄……

此后二人的交谊，已无可考。

＊　　　　＊　　　　＊

①金天翮：《方孝标传》（《国学论衡》1934 年 6 月）。

②方孝标：《钝斋诗选》自序。

③《清世祖实录》卷七十七、七十五、九十一、九十二、一〇一、一〇五、一一一、一二〇。

方亨咸

在方拱乾诸子中，与兆骞交往最密者，除孝标外，还有亨咸。

亨咸（1620—1679），字吉偶，号邵村，方拱乾次子。顺治四年（1647）进士，后任大理寺员外郎。十五年九月初二日，改授监察御史，十月为陕西道监察御史①。这期间，南闱科场案虽已发生一年，但由于尚未定案，因此亨咸及其父拱乾、兄孝标不仅没有被褫职，反而仍在任职或升迁。不过至该年十月二十八日，却发生了急遽变化。因为该日此案定案，其弟方章钺等八名举人，"家产籍没入官，父母兄弟妻子并流徙宁古塔"。基于此，方亨咸及其父、兄均被拘捕入狱，从此与吴兆骞结为患难之交。

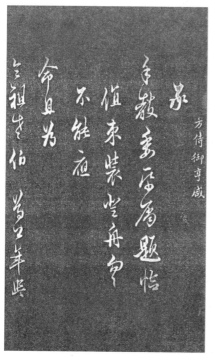

方亨咸手迹

亨咸"工诗文，善书，精于小楷，兼善山水"②。而"患难后，自塞外归……舒写其抑郁无聊之气，故其画更进"③。有《塞外乐府》、《邵村诗集》、《楚粤使草》、《苗俗纪闻》等。

亨咸生卒年不详。考方文有《兄子邵村五十》一诗，写于康熙八年（1669），既然亨咸是年五十，则生于明光宗元年（1620）④。又，其友人施闰章所撰《祭方邵村文》云："康熙己未岁仲冬丁巳，前陕西道监察御史邵村年兄先生讣至京邸……"⑤可见亨咸卒于康熙己未，即十八年（1679）。

由于亨咸的塞外诗目前仅传《击豕行》等几首诗，因此与兆骞唱和赠答之作基本无考。仅从兆骞少量作品可以考知二人交游。首先是顺治十六年底兆骞有《芳树》、《巫山高》等十二首诗。这次唱和是亨咸与兆骞倡之于前，方拱乾与方孝标和之于后，惜亨咸之作已佚。其次顺治十七八年之交，兆骞写有《赋得春风和方邵村作》诗。这显然是亨咸先有咏春风之诗，兆骞后有唱和之作。诗云：

> 春风日骀荡，远近遍亭台。
> 传响莺先觉，萦空柳渐催。
> 暗随暄气度，时逐薄寒来。
> 宁有雄雌异，空劳楚客才。

尽管二人唱和赠答之作已难征考，但双方的交谊却有迹可循。兆骞上父母书云："楼（孝标）、邵（亨咸）气谊甚好，儿日日在他家。邵老尝称儿为老弟，弟称彼尊兄，可以见交谊矣。"这是双方亲如手足的自述。

顺治十六年闰三月十五日出关时，恰逢立夏，方拱乾以《出塞送春归》命题，亨咸、兆骞与孝标均各有作，惜亨咸与兆骞之作均佚。该年八月二十四日宁古塔大雪，雪中亨咸遣小童持《史记》向兆骞易《汉书》，方拱乾曾将此事咏之以诗，诗云：

> 柴门开冻径，雪里送书童。
> 乱世斯何物，清晨溷乃公。
> 校雠当日义，斟酌几人同。
> 共笑雕虫技，穷荒益觉穷。

顺治十八年五月十四日夜，适值雨后月亮将圆，兆骞同孝标、亨咸等人又齐集拱乾斋，"请限韵分赋"，固然他们的唱和之作目前仅存拱乾一诗，馀人写者均佚，但也反映了亨咸与兆骞的交往之频。

自从入狱与流放以来，亨咸与兆骞劫后余生，感到"万事俱

空"，万念俱灰，因此产生了皈依宗教的消极念头，信道与佞佛成了二人的共同特点。兆骞上父母书曾劝其父母念诵佛经以祈福消灾，还谓："儿若得生，便当皈依佛门，作佛弟子矣。"在戍所听到其父母遇赦，兴奋得立即"向佛母大士、斗母圣前叩头拜谢"。亨咸也是"好道之笃，可称第一"的道教信徒，"每日晨昏拜斗母四十九拜，日诵《斗心咒》一万遍，《玉皇经》三遍，未遑有缺"。基于此，二人常在一起结坛诵经。如顺治十八年七月十五日夜中元节，二人同另外几名流人钱威、姚其章等就曾"结坛诵《三官经》五百卷"，为此，拱乾曾赋《中元步虚词》八首以咏之。

总之，共同的遭遇，密切的来往，频繁的唱和，使二人结下了深厚的友谊。

＊　　　　＊　　　　＊

①《清世祖实录》卷一二〇、一二一等。
②《国朝书人辑要》卷二。
③周亮工：《读画录》卷二。
④方文：《嵞山续集》卷四
⑤施闰章：《施愚山先生全集》愚山文集卷二十四。

陈之遴

吴兆骞在狱中及赴戍途中上父母书，多次言及："儿承素翁厚待，每事照拂，意如骨肉。"又云："相国与子长待儿之情，可称极厚……此等情谊，何可忘也。"还云："儿患难之后，受恩最大者，则季康老、陈老太师两公，皆素不知之交，忽挥金周给，毫无吝惜，此真稀有之事。若陈师一种怜惜之意，尤令人感泣……此恩将何以报耶？"①这里的素翁、相国、陈老太师都是指陈之遴而言。

陈之遴（1605—1666），字彦升，号素庵，浙江海宁人。明崇祯进士，授编修，迁中允。以其父任辽东巡抚曾乞假省亲，至山海关时，"诸将皆戎服郊迎，参将以下，扶舆而行，极为荣显"。入清，官至礼部尚书，授弘文院大学士，与陈名夏结为南党，与北党之冯铨、刘正宗等相抗。顺治十三年（1656）三月，以结党之罪，命以原官发盛京居住。这次遣戍，"遇公事，位在诸卿以上，犹然大学士也"。十月召还。十五年因贿结内监吴良辅下狱，在狱中，与吴兆骞、方拱乾等结为患难之交。同年四月，被判处褫职，流徙盛京②。次年三月同其妻徐灿、子子长等出塞。这次遣戍，"竟与军伍杂处矣。之遴平生凡三出关，而荣辱顿异"③。至康熙五年，卒于戍所④。有《浮云集》。

陈之遴手迹

顺治十五年，陈之遴与其子陈直方、陈子长在狱时，恰值兆骞也因科场事负屈入狱，他们经常在一起唱和赠答。兆骞每当论诗或赋诗，之遴"从而和之，令幼子子长日听绪论，以为取法"⑤。

这年冬，陈之遴有《冬日书怀同汉槎作》诗：

> 长空横断雁，故国杳双鱼。
> 谁道颠连久，今方患难初。
> 名污轻性命，身废怨诗书。
> 他日重携手，应连万死馀。

除夕之夜，狱中窜逐诸文士齐集之遴斋中守岁，兆骞有《戊戌除夕偕诸子集陈素庵先生斋即席同直方、子长赋》诗：

> 促漏催寒尽，官梅逼岁新。
> 不堪今夜酒，相对异州人。
> 窜逐存馀齿，艰难愧此身。
> 伤心瞻北斗，明日帝城春。

　　次年正月，兆骞将童时所作的《春雪篇》诗凭记忆录出，以就正于之遴。之遴及其二子均有和作。

　　之遴不仅于兆骞在狱时给予资助，而且于顺治十六年四月至沈阳时，又拟留兆骞共居一年，但沈阳守帅不许。临行时，又令子长赠予"车马衣裘"。兆骞至戍所后，之遴复常写诗慰藉。可考知者，本年季秋（九月）有《寄怀吴子汉槎》二首。其一云：

> 已度重关更出边，江东才子独颠连。
> 流年转眼人三十，故国伤心路八千。
> 拔帐怒风深夜里，没阶飞雪季秋前。
> 金鸡莫道无消息，只在天心一转圜。

　　兆骞见到此诗后，估计应有诗唱和，惜已无征，因此这年冬又有《答吴汉槎》二诗。其一云：

> 乌龙江外海东陲，白月黄沙夜夜悲。
> 自是汉家长远戍，相传唐将有丰碑。
> 千群鸣镝凌风出，四野哀笳带雪吹。
> 犹有惊人诗句在，醉濡柔翰一扬眉。

　　其二有"天涯苦忆吴公子"之句，可见他们的相思之切、相知之深。

康熙元年（1662）冬，之遴有《寄怀吴子汉槎》五律四首。先是，该年十月，兆骞妻葛采真自刑狱出塞，前赴宁古。这时之遴已知此讯，故第二首诗有句云："夫征犹绝徼，妇叹复长途。稍慰三年隔，难胜百感俱。"其三有"遐陬异天气，珍重御春风"之句。考该年十二月二十六日立春，春风刺骨，不次于冬风，因此嘱咐兆骞"珍重御春风"。其四"故山如可到，待子白云边"，是邀兆骞将来赦归后共同隐居之意。

康熙二年秋，之遴有《寄吴子汉槎》七律二首，内有"二千里路数行书，每发缄题恨有馀"，可见他是多么渴望着经常有书信往来，以叙离情别绪，以慰故人之心。

至于吴兆骞，在宁古塔与之遴唱和赠答之作必然不少，但惜多已佚失，今仅存一首《奉寄陈相国素庵先生》（即用先生见寄原韵）诗。诗云：

　　昔岁从公别蓟门，短衣涕泪日双痕。
　　谁怜阮籍居穷途？独向平津感旧恩。
　　空碛冰横秋未晏，乱山沙起昼长昏。
　　侧身西望临屯塞，满目寒云断客魂。

诗中平津（即丞相）指陈之遴，又以途穷的阮籍自比，此联表达了吴兆骞对陈之遴的感戴之情。考《浮云集》未收原作，可见原作已佚。

*　　　　*　　　　*

①《归来草堂尺牍》家书第四、第五、第六。
②《清世祖实录》卷一百一十六。
③王一元：《辽左见闻录》。

④民国《海宁州志稿》卷二十九陈之遴传。

⑤张贲：《白云集》卷四吴汉槎诗序。

陈容永　陈堪永　附陈奋永

吴兆骞在狱中的患难之交，除方拱乾父子外，就是陈之遴与陈直方、子长父子，尤以子长为最。之遴已另文评介，这里仅介绍容永与堪永及其与吴兆骞的交游。附带介绍一下陈奋永。

陈之遴有六子，长子苍永、四子容永、五子奋永、六子堪永。尚另有二子，其一早夭，名不详，另一为坚永，唯不详二人者何人年长，故二人齿序难以排定。此六人与吴兆骞有深交者为容永、堪永，与奋永仅晚年有一面之交。

陈容永，字直方，官监生，顺治十一年（1654）举人。生于崇祯十年（1637），卒于康熙四年（1665）①，娶诗人吴伟业之女为妻。

陈堪永，字子长，官监生，顺治十一年副榜，生于崇祯十二年（1639），卒于康熙六年（1667）②。娶其母族侄女徐文琳为妻③。

陈奋永，字执谦，号寄斋，一品荫生，生于崇祯十一年（1638），卒于康熙三十年（1691），有《名山集》。顺治十六年（1669）陈之遴流徙沈阳，堪永随侍出关。容永"以病废（即眇一目）得留"④，但至次年四月仍被遣戍辽左。当时奋永远居家乡海宁，没有寓居京师，"亡命特逸"，但后来仍被捕获遣戍辽左。

先是，顺治十五年，陈之遴因为赂结内监吴良辅获罪，与其子堪永入狱，适值吴兆骞也被拘禁在狱中，双方唱和赠答，过从甚密，结下了深厚友谊。兆骞每赋诗，陈之遴"从而和之，令幼子子长（堪永）日听绪论，以为取法"⑤。后来陈容永被捕入狱，容永与兆骞也有唱和之作。可惜堪永与容永的狱中之作均佚，仅存兆骞所作者 14 题 16 首。这年秋，兆骞写了《有感三律次陈子

长韵》、《九日同陈子长饮分韵得十五删》、《即席再用前韵答赠子长》、《再和子长》、《夜坐柬陈子长》诸诗。这些诗，既有"月色远连吴苑树，角声寒动蓟门秋"的乡愁，又有"直道原如此，吾生可奈何"的无奈，还有"已成钩党祸，莫忌独醒人"的愤慨。

这年冬至次年春，兆骞又有《冬日同子长赋限韵立成》、《夜同子长过方娄冈学士赋赠》、《戊戌除夕偕诸子集陈素庵先生斋即席同直方、子长赋》、《己亥正月朔夜同子长小饮口占》、《人日同子长赋》、《答赠陈子长》、《正月九日同子长望月》、《元夕同直方、子长赋》、《感示子长》诸诗。这些诗既歌颂了他们"漫怜同难久，还忆结交初"、"凤阙彩花稀到眼，龙沙迁客自相亲"、"惊座闻名久，相逢即故知"的深厚友谊，又抒发了自己"非关刀笔严持法，自是声名解误人"的追悔莫及之情。

除此之外，在与容永、堪永"酒酣耳热"之余，听到他们谈起崇祯时旧宫人国亡后出家为尼的妙音的遗事，"悲红粉之飘零，感羁人之沦落"，从而写下了长诗《白头宫女行》。在"积雪绵旬，凝阶不散"之际，追忆童子时旧作《春雪篇》诗，录出以就正于陈之遴，之遴与容永、堪永"皆为属和"。

顺治十六年三月十二日，陈之遴与堪永首先动身赴戍。闰三月初三日兆骞与方拱乾等动身赴戍，三四月之交来至沈阳，陈堪永已于城外十里迎候。居沈期间，兆骞写有《沈阳旅舍赋示陈子长》、《同陈子长坐毡帐中话吴门旧游怆然作歌》、《同陈子长夜饮即席作歌》、《将发沈阳过子长饮怆然有作》四诗。这些诗记录了在"辽城四月春风来，黄鹂啼树梨花开"的季节，他们驰马南郊，把臂话旧，然而兴尽悲来，感慨生哀，兆骞又吟出了："君才弱冠我盛年，可怜沦落俱冰天。"

这时，堪永又"解衣推食，事事周全，挥涕赠金，情款绸悉"。既将东发，复赠车马衣裘。兆骞自谓塞外路险难行，若非子长赠以车马，"已委沟中矣"。

与堪永别后，途中有《夜宿阴沟关有怀子长》诗，倾诉了在"春声过碛冷，月色到边孤"的阴冷春夜里怀念故友的悲凉心境。

至戍所后，有《寄怀陈子长》、《忆旧书情寄陈子长一百韵》、《酬子长见怀之作》、《寄怀陈子长》、《瓜儿伽屯值雨晚过村叟家宿即事书寄孙赤崖、陈子长五十韵》、《酬陈子长七夕见怀》六诗。其中《寄怀陈子长》云：

> 毡帐风连曙，长河雪过春。
> 一年频卧疾，万里独怀人。
> 世事文章贱，交情患难真。
> 茫茫穷塞外，愁记别离辰。

另一首《寄怀陈子长》云：

> 雪霁山城月色新，天涯怜汝倍沾巾。
> 家残已恨无归日，道远空怜梦故人。
> 尺素三秋凭去雁，短衣十月叹悬鹑。
> 伤心同是他乡客，偏是相思隔塞尘。

其余如"冰河雁阵霜中断，雪碛雕声夜半闻"、"笛里风霜哀朔塞，桥边机杼望明河"等，都堪称是怀人之佳句。

在兆骞怀念容永，尤其是堪永之际，容永与堪永也有怀念兆骞之诗文。

康熙元年（1662），容永有《松陵行》长诗，反映了兆骞的才华、遣戍及其妻子葛采真远赴戍所、吴文柔伴送葛氏赴京的壮举。其中，咏兆骞流放前才华与处境云：

> 松陵寒华落秋水，月明静照苏台里。

华月依然故国情，天涯愁切吴公子。
自伤文采擅词坛，曾向延陵显姓行。
绝代风流惊宋子，殢人容貌陋潘郎。
冰毫五色仙都梦，蕙庭珠树巢雏凤。
慈母怜才解护持，丈夫爱少偏珍重。
翻风翡翠每双飞，宿水鸳鸯亦并栖。

容永另有《送汉槎夫人赴戍》诗二首，其二云：

混同江水共肠回，重画愁眉向镜台。
已恨劳人歌草草，更伤游子赋哀哀。
朱颜暗逐青春换，雪顶都缘绿鬓摧。
独上高冈东望处，满天霜雾雁还来。

陈堪永与兆骞的唱和赠答之作，惜已全佚，仅传致兆骞书信二封。其一是顺治十六年中秋后十日在接到兆骞初至戍所之信而写。此信首先写京城分手后的思念之感与沈阳重逢时惊喜交集之情，其次写对故友的慰藉，最后向兆骞索要唱和诗篇。兹将前部分信函摘录如下：

东郊执手，出涕潸然，眷言思之，回肠欲绝。顷接惠音，益增凄然。一身多病，万里长征，惟我汉槎，何堪此跋涉耶？忆昔患难缔交，情逾骨肉，蕙兰托契，金石铭心，尚拟虎阜桂轮，武林画舫，遂风雨之思，寻湖山之胜。岂期凤城一别，余也前驱，龙塞长流，君焉后至。边荒羌笛，听来总是伤心；白草黄沙，独处无非泪眼。犹幸揽辔晴原，引觞良夜，悲歌慷慨，少慰寂寥。乃复攀渭水之长条，唱阳关之几叠。把臂无多，忽焉分袂。嗟乎！伤哉！何余两人相遇之艰也。李陵

318

有言：人之相知，贵相知心。余与汉槎有同然耶……

另一封致兆骞之信，写作时间不详，估计在顺治十八年，原信后文已阙。首写兆骞之负屈远戍，深愁积思；次叙自己之悲凉处境；后言栖心仙道，弃谢凡俗，寻求精神寄托。兹将前部分转录如下：

思吾汉槎，负梁苑之鸿林，担长沙之深痛，入宫生妒，投杼见疑，卞璧蒙冤，隋珠见点。虽玉关落日，莫可照其深愁；金塞悲风，未足吹其积思矣。至如弟者，事异幼安，乃同避地；人同梅福，亦复逃名。衰草愁云，目断黄龙之外；寒烟积雪，心摇玄菟之间。每当边笳暮动，寒鼓宵传之时，一望荒凉，寸心凄折。即相与如汉槎者，犹不能分题良夜，晤对晴窗，聚朋友之欢，托生平之契，兴思及此，复何言哉？……

信中所述，悲凉如流水之凄咽，令人不忍卒读。

通过上述，可以看出吴兆骞与容永，尤其堪永友谊之深。兆骞在《寄顾舍人书》中谈到堪永时道："弟患难之交，陈子长最笃。但隔在辽海，不得相见。此君风流文采，不减华峰，意气亦复相类，惜其无命，流落而死，为之痛心。"⑥兆骞的这种痛心，正反映了他们友谊之诚笃。

至于陈奋永没有与其父与兄弟同时入狱，但后也被遣戍。"自出关以后，不欲以名闻于人，故但曰寄斋。寄者，寄慨也"。康熙四年，其兄容永死，五年之遴死，七年弟堪永亦死，他"奉其母夫人（即徐灿）茕茕一身，屡滨于死而未死"，至康熙十年始与其母奉诏还乡。可见此前他与吴兆骞从未谋面。可是至康熙二十二年（1683）四月，吴兆骞赦归回吴江省亲时，曾游禾城（即嘉

319

兴），当时友人查慎行曾赴其寓楼相访，这时恰值陈奋永与俞大文也来相访，四人快晤，感慨殊深。查慎行当即写下一诗《过吴汉槎禾城寓楼》⑦：

> 快事相看一笑真，忽传域外有归人。
> 劫灰已扫文星灿，党禁初宽士气伸。
> 佳客偶逢如有约，盛名长恐见无因。
> 廿年冰雪思乡梦，才向田园过一春。

写罢，在第五句下加有一注道："时陈寄斋、俞大文俱在座。"由此可见吴兆骞晚年与陈奋永也有了一面之缘。当二人谈起之遴、容永、堪永时，不知是如何感慨？

＊　　　　＊　　　　＊

①陈赓笙：《海宁渤海陈氏宗谱》。
②陈赓笙：《海宁渤海陈氏宗谱》。
③陈赓笙：《海宁渤海陈氏宗谱》。
④黎士弘：《仁恕堂笔记》。
⑤张贲：《白云集》卷四吴汉槎诗序。
⑥《秋笳集》卷八。
⑦查慎行：《敬业堂诗集》卷四。

按：本文所言陈之遴有六子，及其中五子之具体生卒年，系采取刘刚《清初贰臣流人陈之遴研究》一书之说，而刘君之说又主要取自陈赓笙《海宁渤海陈氏宗谱》之所载，信而有征，可称定论。在这一点之论述上，本人曾有过失误。2000年所写的《吴兆骞交游考·陈容永、陈堪永》一文，仅据一些旁证，考定之遴有七子，后来读过柯愈春先生《清人诗文集总目提要》，始发现此说有误，方知陈之遴实有六子。但此六子之生卒年及其前三子之名字号均未考出，仅考知其四子陈容永字直方，五子奋永，字㧑谦，号寄斋，六子堪永字子长。近来读过刘君书稿，方知自己之失。兹借《吴兆骞年谱》增订版付梓之际，特为更正。

李兴盛于 2014 年 4 月 5 日

张 贲

张贲（1620—1675），字绣虎，晚号为白云道人，浙江钱塘人，明史部尚书张瀚之后。少有文名，明末诸生，贡入太学。清顺治十四年（1657）北闱乡试中式为举人，不久北闱科场案发生，牵连入狱，在狱中与吴兆骞、陈之遴父子等相识。原判处遣戍尚阳堡，在左都御史龚鼎孳帮助下，不知以何法斡旋得释。十二年后（康熙九年），又因事遣戍宁古塔。居三年，改徙吉林乌喇（今吉林市），后卒于该地。有《白云集》。

张贲生卒年不详，但可考知。有人据其"穷边北去七千里，垂老投荒五十时"句（《听友人谈徙所事》诗），自流放之康熙九年（1670）起逆推五十年，则生于明天启元年（1621）。但据他于即将遣戍之年所写之《元旦病起》诗推算，则应提前一年。其诗云：

> 五十昨年过，吾衰病屡亲。
> 又看新甲子，追忆旧庚申。
> 弱骨支残夜，寒风畏向晨。
> 知非无一是，不死更逢春。

此诗"追忆旧庚申"句，已点明生于明光宗泰昌元年（1620）。又，"五十昨夜过"句，表明此元旦之日（流放之年）已是51岁。既然流放之年（1670）为51岁，而自1670年逆推51年为1620年，此与"追忆旧庚申"句完全吻合，可见生年1621与1620年两说相比，以1620年为更准确。其"垂老投荒五十时"句中之"五十"，只不过是五十左右之代词而已。总之，张贲生于明光宗泰昌元年（1620）。至于其卒年，据其友人叶舒颖写于康熙二十一年之《张绣虎被遣与吴汉槎相依，今其殁已八年，并用前韵悼之》诗，应卒于康熙十四年（1675）。但由于张贲《九日登白云岩》一文，自谓"乙卯（康熙十四年）季秋九月九日偕友七人……至北山"，表明十四年九月尚在，则其卒应在该年九月之后，即十四年年底，享年56岁。

张贲曾自言，顺治十五年（1658）与吴兆骞相识于狱中，兆骞"出所为诗，纵读之，日夕联床，极论古人诗体格"。又云："余生平性喜雄迈，迹类粗豪，不逮吴生诗律之细也。"可见二人入狱相识后，就曾经常商榷诗歌，互为唱和。该年冬，张贲一度有南行之举（原因不详），同年入狱的前大学士陈之遴有诗送行，兆骞也曾赋《送张绣虎南行和陈相国》诗。康熙九年，张贲初至宁古塔，兆骞又有《赠张绣虎》诗：

> 昨年闻汝系京华，忽漫边头度玉骢。
> 昔去白衣悲击筑，今来红袖泣吹笳。
> 断肠水咽三秋戍，绝脉城遥万里沙。
> 谁道飘零非壮士，姓名久已属轻车。

不久又有《与张绣虎饮》诗：

> 十载一相见，怜君气未除。

天涯今夕会，旧国隔年书。

白发边愁里，青山战哭余。

不须悲异域，能醉即吾庐。

康熙十二年张贲被征调至兀喇（即乌喇）时，兆骞有《秋日杂述》诗，其四云：

朔风毡幕拥旌旄，八阵营开筚篥高。

铁马两甄横塞草，水犀三翼动江涛。

迁人未见征徭息，属国微闻战伐劳。

漫道射雕多健卒，只今文士习弓刀。

诗中于颔联自注云："时大治水军于松花江，以流人之习水者充棹卒。"另外，据邓汉仪《诗观》于此诗尾联附有吴氏自注："雁群书云，绣虎方戍兀喇。"可见该诗兼咏张贲改徙兀喇（即乌喇）事，习弓刀之文士系指包括张贲在内的流放文人而言。

先是，张贲至宁古塔所后，有《苦雨同吴汉槎》诗：

异域关河邈，淫霖越五旬。

阴风连北海，巨浸隔西邻。

旅病愁长夜，朝饥畏及晨。

百忧无倚赖，肠转逐车轮。

康熙十二年春夏之交，张贲在改徙乌喇之前，恰值徐乾学致兆骞书，谓欲刊布其诗文，于是为兆骞写有《吴汉槎诗序》。内云：

松陵吴子汉槎，少于余十余岁，髫稚时随父游宦学于楚，

323

已自江右历闽粤返吴会。十二三岁时，发言吐词，一座尽惊，长老人人逊避。同人会于虎阜，与娄东吴（伟业）学士即席唱和，学士嗟叹，以为弗及，一时名噪吴下，传闻至京师，诸前辈巨公恨不识吴生也……又迟之十有二年，余至徙所，吴生出近所为诗，诸体并有增益，裒集为若干卷。长安故交某某将征而梓之。嗟乎！吴生其传之后世有不朽之名，信乎无疑也……

康熙十三年九月初九日，陈志纪曾在宁古召集兆骞、钱威诸人游泼雪泉，西山登高，并有诗寄给远在吉林乌喇的张贲，张贲有和诗奉答：

> 重阳绝漠兴难违，千里遥同胜事稀。
> 岭护白云留几席，泉飞泼雪溅珠玑。
> 寻花无地栽黄菊，送酒何人是白衣？
> 尔我茱萸愁遍插，明年此会几人归？

此诗是张、吴二人交游最后的见证，此后再未见有二人交游之记载。

至于张贲之为人，佚名《丁酉北闱大狱纪略》颇有微词，谓贲"原系光棍，拐妓逋寓京师，惯为拿讹札诈之枭"。北闱案发生前夕，曾诈得考官张我朴、李振邺"二房考银一千二百两"云云，是否属实，俟考，志此存疑。此外，他写的《东京记》等文与张缙彦写的《东京》等文，大同小异，实有抄袭之嫌疑。原因何在，亦俟考。

四、塞外时期（1659—1681）

自顺治十六年（1659）闰三月出塞，至康熙二十一年（1681）冬入塞，流放二十三年，此期为塞外时期。在此期间，吴兆骞所交结之人分两类，一类是同患难的流人，如钱威、姚其章、张缙彦、杨越、钱虞仲、方叔、丹季三兄弟、祁班孙、许尔安、吴稚恭、陈志纪等，另一类是当地官员，如巴海、安珠护、萨布素等。兹择其要者，作塞外时期交游考。

张缙彦

黑龙江地区第一个诗人结社——宁古塔七子诗会（亦称七子之会）的发起人是张缙彦。

张缙彦（1599—1670），字坦公，原字濂源，号大隐、筏喻道人、外方子等。河南新乡人。明万历二十七年生。十岁能文。天启元年（1621）举人，崇祯四年（1631）中进士。不久历清涧、三源知县、户部主事、编修、兵科都给事中。崇祯十六年擢兵部尚书。清顺治十年（1653）任山东右布政使，不久改浙江左布政使，十五年为工部右侍郎。十七年，在南北党争中，由于他依附的北党党魁大学士刘正宗失势，也受牵连，被言官弹劾为官浙江时，"刻有《无声戏二集》一书，诡称为不死英雄，以煽惑人心"而获罪。十一月，以"巧辩欺饰"、"情罪重大"拟斩，诏从宽免死，流徙宁古塔。次年二月初二日出关，四月十三日至宁古塔。

325

张缙彦画像

其为人性喜山水，吴兆骞誉之："司空雅博物，爱撰名山志。"（《读张司空所撰〈岱史〉奉赠》）张司空即缙彦，因缙彦任过司空（兵部尚书）。他不仅畅游过许多名山，而且为泰山及五岳名山作传写史，著有《岱史》、《五岳名山志》等书。出塞后，鉴于塞外山水，"询之土人，皆不能名"，于是在登山临水之际，"探奇搜奥"，凡耳目之所及，足迹之所至，无不留心考察，为宁古塔许多山水撰写小传，或记其源流形胜，或载其物产风俗，而山水之无名者，"姑以其地，以其里，以其所居之人姓氏名之"，或另外起名。如泼雪泉原为"土人冬月饮马得之"，缙彦闻讯，经调查后，发现该泉水"能凌冰破雪"，故为之命名为泼雪泉。康熙八年他又请来石匠在此泉旁摩崖壁上勒石。名贤胜迹，逸闻佳话，使宁古塔山光水色生辉不少。他写的这些山水小传后来辑录成书，即《宁古塔山水记》。这是第一部为黑龙江山水作传之书，具有很高的史料价值。应该指出的是，在缙彦考察山水之过程中，曾"与吴江钱德维、吴汉槎谋再搜索，撰为山记"，可见这部黑龙江第一部山水记之成功，也包含有钱威与吴兆骞之心血。

他在黑龙江的另一贡献是七子诗会的创建。康熙四年（1665）夏，他召集秣陵的姚琢之、湖州的钱虞仲、方叔、丹季、吴江的钱威及吴兆骞结为七子之会，亦称七子诗会，规定每月集会三次，然后分派题目，限定诗韵，吟诗作赋。这是黑龙江第一个诗社，流风余韵，对于该地区文化的发展不无影响。

他又性喜吟咏，出塞前就有《依水园诗文集》等书（今幸传世）。出塞后，仍常与流人中文士诗酒唱和，其中，与方拱乾、吴兆骞、钱威等交往最为密切，"朝夕相对，欢若一家"。在戍所，他写有许多诗文，其文结集，为《域外集》（这是黑龙江第一部散文集），但其诗却全部失传，甚至残篇断句也不复存在，因此他与吴兆骞在诗歌创作中的交游，只能从吴氏诗集与张氏文集中去寻找。

二人有时共游西岭，在"草色凄迷四野开"的暮春，"笑携笋屐共登台"，去领略"烟霭碧潭芳树暖，天清丹嶂夕岚来"的旖旎风光（《陪张侍郎坦公游西岭》）。有时在张缙彦斋中，观赏山水画卷，去领略名山大壑的壮丽景观（《张侍郎斋观山水画卷歌》）。或坐在张缙彦斋中，观赏窗外莲池中盛开的白莲（《张坦公侍郎斋中观白莲歌》）。秋天的傍晚，登上缙彦斋前小阁，边对饮边领略黄昏的景象（《秋夕同诸君饮张司空凭岚阁》）。有时兆骞谈起缙彦的著述而赋诗以赠（《读张司空所撰〈岱史〉奉赠》、《读张坦公先生所撰〈徵音集〉却赠》）。

甚至连缙彦斋前的小松也成了兆骞吟咏的对象（《咏张侍郎斋前小松》）：

> 小松亭亭托幽径，黛色凝阶石苔静。
> 吐叶才凌春草高，抽条已入秋霜劲……

看到这株从山林中移植来的小松，刚抽条就遇到秋霜的肆虐，卑枝弱干，难以作为栋梁之材，他感到如再移回深山老林，在仙人呵护下，定能长得粗壮高大，矫首云天。言外之意是联想到自己等流人，倘能恢复自由，定能施展才华，发挥作用。想到此，不由感慨地吟出：

327

何当更植丹崖外，夭矫云霞待偓佺（仙人名）？

总之，兆骞对于张缙彦是十分尊重的，誉之为"河朔英灵，而有江左风味"，对其人品、才华均予颂扬。而张缙彦对兆骞也是颇为推崇，虽然其诗已无可征考，但他曾为兆骞的著述《词赋协音》撰序，内誉之云：

> 汉槎吴子，能文章，擅词赋，其所著《羁鹤》、《秋雪》诸赋数十篇，读之者，至比之司马相如、扬子云。乃以文事下西曹，试以囚诗立就，然卒以同事徙塞外。又究极古今词苑，取古韵转注，合以古乐府、骚、赋，调叶成书，曰《词赋协音》……吴子协古今人之所不协，是其所以为全也……

显然，缙彦对兆骞的才华、学识也是颇为推崇的。

康熙九年（1670）十月十四日，张缙彦卒于戍所中的外方庵，年七十二岁[1]。

*　　　　*　　　　*

[1] 张缙彦生平行实详见李兴盛整理之《宁古塔山水记》整理
　　前言与后附《张缙彦生平简表》（《黑水丛书》第六卷）。

姚其章

吴兆骞塞外文章之友，尚有姚其章，也是"七子诗会"成员。

姚其章，字琢之，秣陵（今南京市）人。生卒年不详。顺治十四年（1657），南闱乡试中式为举人。不久，科场案发生，此案至十五年十一月二十八日定谳，有八名举人，被判处偕同家属流放宁古塔。其章即为八人之一，也"以时忌，流寓塞外。"至戍所后，"楗户谢客，灌畦菽卉以自好，与人绝不见有怨怼之色"①。善于制造工艺，每值上元灯节，或制作莲灯，或制作灯鼎，由于制造得精巧绝伦，致使"土夷迁客聚观"②。平时不闻其章谈论诗赋，但是"及其送远酬和，迫而后应"，写出了许多诗句，如"寒天箛角鸿声里，绝塞星河雪影中"，又如"孤城临落日，万木冷秋山"，"一座叹以为胜绝。"曾选唐诗1563首，为《唐人诗略》，张缙彦为之序。从此，人们才知其章工于诗，而其章与诸流人中文士唱和赠答之作也开始增多起来。如顺治十七年（1660）九月十三夜月明，他与方孝标、亨咸、许尔安、吴兆骞诸人就曾酤饮吹箫赋诗③，当时兆骞系用秋字韵赋诗，可惜其诗已佚。

其章与兆骞的唱和赠答之作已全部佚失，但兆骞所写者尚存十首。当他与其章行在"皂雕惊古木，白豹穴荒台"的阿波道中时，写有《阿波道中同姚琢之马上作》诗；在上巳同姚其章等饮于江上时，有《上巳同钱德维、姚琢之饮江上》诗；他赠张缙彦之诗，有和姚其章之韵（《赠张侍郎坦公次姚琢之韵》）；当他登上东岭写有寄杨越之诗，也是和姚其章之韵（《晓登东岭寄杨友声次姚琢之韵》）；他们同游"薄暮岩林外，飞花满绿芜"的马耳山时，他有《马耳山中同姚琢之作》诗。一次，他期待着其章能乘马来访，可是雨雪达暮，犹不见来，引起他的愁思，于是他写了《九月十日雨雪达暮寄琢之》诗，内云："乘兴期君匹马过，霏霏秋雪奈愁何？"可见他对故人的怀念。当其章奉将军之征调赴乌喇（今吉林市）时，他写诗勉励故人为国家大事着想，不要考虑个人的离别之情，即应将个人利益置于国家整体利益之下。诗云：

雪花昨夜度秋峰，君去单车碛几重。

八月边程依白雁，千年战地出黄龙。

征衣卒岁何曾授？旅食因人岂尽供。

幕府只今勤远戍，敢将离思问重逢。

不久，他又寄诗给远戍乌喇的其章，诉说了对故友的怀念：

> 骖驔铁马战初还，又见征车度远山。
> 万事总伤边塞外，十年空老别离间。
> 秋风穿帐松花戍，夜雪雕戈木叶关。
> 一别天涯嗟岁晚，回肠几度大刀环。

一次，他又有诗寄怀其章与杨越，其《寄琢之、友声》诗云：

> 昨岁登高日，从君泛羽杯。
> 只今千嶂里，犹忆百年台。
> 风景人将老，江山客又来。
> 殊方良会少，俯仰有馀哀。

会少离多，俯仰生哀，实在令人感慨无限。

康熙四年夏，其章参与了"七子诗会"，其诗被吴兆骞誉为"如春林翡翠，时炫采色"。观其前述零星断句，可见此评语是当之无愧的。除前引零星诗句外，另有为张缙彦《域外集》所写一序传世。

*　　　*　　　*

① 张缙彦：《域外集》唐人诗略序。
② 张缙彦：《域外集》琢之灯鼎记。
③ 方拱乾：《何陋居集》庚子稿《九月十三夜月明，儿辈就
　　许、姚诸子酤饮吹箫赋诗，诘朝向老夫称说，亦为勃然》
　　（用汉槎原韵秋字）。

钱 威

被吴兆骞誉为"议论雄肆，诗格苍老"的钱威，也是"七子诗会"中的重要成员。

钱威，字德维，一作德惟，震泽北麻人（一作保障里）[①]。其兄昌（字继升）曾因吴日生抗清事件牵连入狱，后获释。威与昌"皆能文"。威中顺治十四年（1657）南闱乡试为举人，不久科场案发生，威"遭谤议流徙塞外"，由于他"实公取经元"，受诬遭戍，因此"时甚惜之"[②]。昌也因其弟"牵连至京师病卒"[③]。威妻吴氏，有一女一子，鉴于女儿年过幼，就将此女托付给其妹（时已为徐釚妻）抚养，然后携带其子出塞。

出塞时是与方氏父子、吴兆骞同行，共同的遭遇，使他们结下深厚的情谊。当时宁古塔地区的文人，"贫而通满语，则代人贾，所谓掌柜者也"，钱威就以代人贾为生[④]。后来吴氏又生一女，但至康熙九年（1670）"宁古出痘……以痘毙者不啻千馀"，钱威此女"亦以痘觞"。康熙二十一年（1682）被赦还[⑤]，其友人叶舒颖有《闻钱德惟南还再次徐韵》诗以咏之。内云："残春鸟语尚关关，似报新恩下草间……溪畔烟波长缥缈，时时放艇弄潺湲。"[⑥]至于袁景辂谓钱威"终于漠北"之说，殆为传闻致误[⑦]。

钱威工诗文，方拱乾曾谓："论诗人不易，塞外得钱生。"（《读钱德惟喜而答之》），可见颇为欣赏其诗。康熙四年夏，钱威参与"七子诗会"，与流人中文士经常唱和，可惜其诗文散佚殆尽，仅有为张缙彦《宁古塔山水记》所撰一序及送吴兆骞南还一诗传世。

钱威与吴兆骞同为吴江人，同为顺治十四年举人，同时出塞，康熙五年十月十二日移居新城时，与钱威之居相去百步，康熙十九年三月相居更近，两家"只隔一篱，灯火互照，吟啸相闻，屣履往来，殊慰寂寞"⑧，可见其关系颇为密切。他们经常诗酒唱和，也多可征考。他们看到张缙彦斋前小松时，同作《咏张侍郎斋前小松》诗；当冬夜同赴伍谋公（即伍成礼）斋吟诗唱和时，又写有《冬夜伍谋公斋同钱德维作十韵》诗；康熙十七年七月宁古塔副都统安珠护升任奉天将军时，二人又同作《奉寄安大将军》诗。可惜这些唱和之作，目前仅有吴兆骞之作传世。此外，吴兆骞同钱威携带门人陈昭令同游北山，或者上巳日同钱威等人禊饮江上，又或者同钱威等西山登高时，都曾赋诗以纪之。当然，在游览中，总免不了浓郁的思乡之愁。如《同德惟及门人陈昭令游北山》诗，既咏"溪声连暮急，林色带烟空"的秋日景象，又发出了"书隔边烽外，秋生旅望中"的思乡之情。其《上巳同钱德惟、姚琢之饮江上》诗，在咏"际海冰河见断鸿，连山雪帐闻嘶马"的塞外风光时，又想起此刻"我家遥隔吴江滨，细柳崇兰此日新"的家乡景象，从而使之发出"可怜徒旅天山下，不见春风吹四野"及"阮公终日哭途穷"的哀吟。在康熙十三年所写《九日同德惟、雁群两同年西山登高》诗中，这种思乡之感更浓。诗云：

> 落日一樽酒，长云万仞台。
> 寒声随雁去，秋色傍雕来。
> 烽火乡书隔，冰霜旅鬓催。
> 故园丛菊在，零落为谁开？

钱威之诗虽然散佚殆尽，但仍有一首长达 700 字之《送吴汉槎同年南还》诗传世。当康熙二十年冬兆骞赦还时，钱威写诗送行。此诗写了兆骞的家世、才华、遣戍、赎归，并设想了兆骞归后的状况，抒发了自己的未能赦归的悲哀，最后以下面勉励语结束全诗：

白发吾衰矣，青云子勉旃。

殷勤相判袂，浩荡任乾坤。

兆骞此去，再未见有二人交游的记载。

* * *

① 同治《苏州府志》卷一四八，杂记五；乾隆《震泽县志》卷十三。

② 徐釚：《南州草堂集》卷三十先室吴氏行述。

③ 同治《苏州府志》卷一四八，杂记五。

④ 杨宾：《柳边纪略》卷三。

⑤《归来草堂尺牍》家书第十四与家书第九。

⑥ 叶舒颖：《叶学山先生诗稿》卷五壬戌稿《闻钱德惟南还再次徐韵》诗。

⑦ 袁景辂：《国朝松陵诗征》卷二。

⑧《归来草堂尺牍》寄电发书一。

杨 越

被吴兆骞誉为"铁面虬髯，而诗甚清丽"的杨越，也是吴兆骞的塞外文章之友。

杨越（1622—1691），字友声，初名春华，号安城，浙江山阴人。明末诸生。"少喜读书任侠"①，长而"重义气，好交游"②，"慨然有济世之志"③。明亡后，"散家资结客，豪杰盈门"，以期有所作为，为魏耕、祁班孙反清集团成员之一。通海案发生后，钱缵曾在狱中作书寄其妻，以幼子托付给杨越、李兼汝、周长卿，事泄，杨越等也被捕入狱。康熙元年（1662），魏耕等被杀害，杨越等长流宁古塔。

至宁古塔后，见当地人不注重农耕商贾与读书，于是"倡满汉人耕与贾"④，又"出所携布帛丝枲，易（土著人）鱼皮之属，由是知市贾"。见当地人多"无庐舍，掘地为屋"，又教之"破木为屋，覆以其皮（指鱼皮），且炕牖之，由是知室处"⑤。还"教之读书"，"授满汉子弟书"，因此博得了当地人的爱戴与官员的礼遇。康熙三十年（1691）十一月卒于戍所。

在戍所，杨越与吴兆骞过从甚密，"家人妇子日相见，米盐琐琐同经营"，"谈心夜夜入三更"，"一日不见泪沾巾"。当兆骞赦归，在江边送行时，双方"相对相看双眼赤"，无愧是骨肉之交、患难之交⑥。至于二人唱和赠答之作，杨越所写者因其鉴于诗歌能够贾祸，已"投笔焚砚，不复有所书"而全部佚失，仅吴兆骞所作之诗尚存三首。兆骞登东岭时有寄越之作，其《晓登东岭寄杨友声次姚琢之韵》诗：

> 双峰霜净削觚棱，倚马高寒试一登。
> 晓色迥添雕岭雪，春风不拆菟河冰。
> 名污久拟沦屠钓，身废空怜有爱憎。
> 乡国茫茫徒极目，图南谁道是鲲鹏？

寺楼雨望时又有怀念故人之作《寺楼雨望怀杨友声》诗：

> 北风吹雨色，日暮遍江浔。
> 木叶千山冷，松阴百里深。
> 楼台纷远目，砧杵动离心。
> 遥忆求羊径，萧条孰尔寻？

有时回忆起去岁与杨越等人的游处时，就写诗寄赠，《寄琢之、友声》诗云：

> 昨岁登高日，从君泛羽杯。
> 只今千嶂里，犹忆百年台。
> 风景人将老，江山客又来。
> 殊方良会少，俯仰独馀哀。

感慨于这种殊方良会之少，正反映了他们对于友谊的执着的追求，而这种良会也正是他们之间友谊的象征。

＊　　　＊　　　＊

①③⑤余懋杞：《杨安城传》（《国朝耆献类征初编》卷四百五十）。

②杨宾：《杨大瓢先生杂文残稿》范孺人传。

④杨宾：《柳边纪略》序。

⑥杨宾：《力耕堂诗稿》卷二《吴汉槎先生自宁古塔归述两大人起居书感》）。

祁班孙

祁班孙（1635—1673），字奕喜，山阴人。明弘光朝苏松巡抚祁彪佳之次子。弘光朝亡，彪佳投水殉节。此后班孙同其兄理孙毁家纾难，支援浙东江上抗清义师，并于家中容纳大批抗清志士，密图复明。其中有慈溪的魏耕、湖州的钱瞻伯与钱缵曾、山阴的杨越与朱士稚、萧山的李兼汝，另有陈三岛、吴祖锡、周长卿等。康熙元年（1662），魏耕从前联系海上义师张煌言、郑成功事泄，被捕而死，二钱亦惨死，祁班孙、杨越、李兼汝、周长卿及钱瞻伯三个弟弟虞仲、方叔、丹季则长流宁古塔（朱士稚、陈三岛事先已病卒，吴祖锡适值流亡在外），此即浙东通海案。

康熙二年至戍所，四年十月初六日自吉林逃归山阴。由于逐渐为人所知，乃下发苏州尧峰山为僧，号咒林明。后来主持常州马鞍山寺，"喜议论古今，不谈佛法，每及先朝，辄掩面哭"①。康熙十二年（1673）十一月十一日卒，年仅三十九岁②。有《东行风俗记》、《紫芝轩集》等。

祁班孙在社集时期，就与吴兆骞过从甚密。社集期间，兆骞有《赠祁奕喜》诗：

> 兰桨春涛发棹讴，兴来重泛五湖舟。
> 胥台麋鹿非吾土，江左衣冠异旧游。
> 已见酒家藏李燮，谁从幕下问王修？
> 十年东府中丞节，双戟凄凉泪未收。

此诗殆为祁彪佳殉节十年（即 1654 年）时赠班孙之作。诗中用汉代李燮为避祸隐匿为酒家佣的典故指代班孙家中容纳反清志士事，而尾联则指彪佳之殉节。全诗感慨苍凉，隐含兴亡之感。

顺治十六年兆骞自京师出塞时，远居浙东的班孙有《遥送吴汉槎》诗：

> 相传才子谪龙沙，北阙关门飞落花。
> 丝竹满堂谁惜别？南云呜咽度悲笳。
> 去日相思不知返，落日天涯忽以远。
> 苦忆临歧江海遥，转惜论交岁时晚。
> 当时曾折柳条青，吴江水满风泠泠。
> 春深回马曲塘里，夜深秉烛草玄亭。
> 归去山阴道上行，卷帘白月湖波横。
> 愁看织女渐西度，一雁孤飞玄菟城。

诗中追忆了旧日的交谊及对故人的思念。

康熙二年（1663），祁班孙也被流放到宁古塔，二人意外地相逢，兆骞感慨万千，写下了《祁奕喜初至留饮》诗：

> 清霜羸马古城东，笳管声凄帐影空。
> 一别朱门瑶草后，相逢紫塞战尘中。
> 交游只讶当时尽，樽酒翻怜此夕同。
> 莫道朔边冰雪地，迁人何处不途穷。

康熙三年二月二十一日，班孙被征调往乌喇（今吉林市）充当水兵，至四年十月自乌喇逃归。这期间，他曾一度返回宁古塔，停留一段时间后，又复还乌喇。复还时写有《复还兀嗽（即乌喇）留别松陵吴生，感怀夙昔，率成三十五韵》诗。此诗首先咏往昔之交谊，最后咏留别时之哀伤：

> 思君应侧召，嗟予更投荒。
> 藉草愁牵袂，临流泣举觞。
> 征笳吹野碛，前旆促危冈。
> 木脱乌巢覆，山深兔穴藏。
> 明朝白云路，惨绝此相望。

这一别，即成永诀，因为次年十一月班孙自乌喇逃归江南，以上是二人自社集至遣戍期的游处概况。

*　　　*　　　*

①全祖望：《鲒埼亭集》卷十三祁六公子墓碣。

②杨宾：《杨大瓢先生杂文残稿》祁奕喜、李兼汝传；刘继

337

方育盛　方膏茂

方拱乾共有六子，依次为玄成（即孝标）、亨咸、育盛、膏茂、章钺与奕箴。顺治十六年闰三月出塞时，玄成、亨咸与章钺三人与父同行，而育盛与膏茂则是次年夏末始至宁古塔。方拱乾编年体之诗集于十七年五月十四日至秋季之间有《儿育儿膏至》诗六首，内云："是亦名团聚，何如离别愁？"意谓流放中的团聚，还不如长此分别，即使离愁如海，也比流放中遭受各种折磨为佳，可见，育盛、膏茂是该年夏秋之交来至戍所。由此可见，吴兆骞与方氏诸子中的玄成、亨咸、章钺结识早于育盛、膏茂，也就是说，兆骞与育盛、膏茂相处时间仅为顺治十七年夏末至十八年十月，约十六个月，相处时间短，唱和赠答之作自然也就少一些，但又不是毫无迹象可寻，现简单介绍如下。

方育盛，字与三，拱乾第三子，"读书敏悟，工诗赋"。顺治十一年（1654）举人。以其弟章钺事株连遣戍宁古塔。"性至孝"，赦归后，"拱乾侨寓邢上，育盛遍历四方谋所以养者备至"。晚岁一度失明，据说"梦神人药之，不数日愈"。著有《栲舟诗集》、《无目诗集》①。

方膏茂，字敦四，号寄山，拱乾第四子。"倜傥英隽，博极群书，年二十三领乡荐（指乡试中式成举人），两上公车不第（指入京参加会试不第），归遂不复出，以著书自娱，事亲以孝闻"。有《馀垒集》②。

吴兆骞与膏茂、育盛之唱和赠答之作，今已无考，但方拱乾曾多次谈到其儿辈与吴兆骞等诗酒唱和事，如《（顺治十七年）九月十三夜月明，儿辈就许、姚诸子酣饮吹箫赋诗……》（用汉槎原秋字韵）、十八年《五月十四日夜，汉槎偕儿辈请限韵分赋》诗，

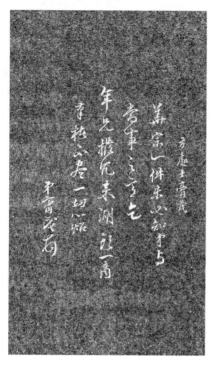

方膏茂手迹

显然这里的儿辈必然包括膏茂与育盛③。也就是说在这种唱和之中，必然包含膏茂、育盛与兆骞的交往与游处。顺治十八年十一月初，方氏南归动身时，兆骞曾"聊托敦四，书排律一首"，寄给友人计东。这虽然是小事，但也反映了双方的交谊。

至于方育盛，与兆骞唱和之作，虽然也已无考，但育盛在戍所"著播迁以后诗二千馀言"，共古、律数十首，"各系小序，述宁古塔风土甚备"，命名为《其旋堂集》④。顺治十八年五月二十四日张缙彦将应邀所写之诗序送来，该序指出其特点为"写流人之幽恨，发万古之悲凉"。在这稍前，吴兆骞也应邀写了一序，内云：

> 方子与三，才为艺苑之宗，名在俊流之右……开缃写怨，流翰陈弦，客路山川，塞天风雪。或车中之赠别，或马上之行吟，以至真番土风，鲜卑国语，无不调成金石，丽错琼瑶，名曰《其旋》，都为一集。寄羁臣之幽愤，写逐客之飘踪。怨入琵琶，陨乌孙之涕泪；哀传刁斗，感雁臣之苦辛。允为传世之篇，聊当述征之作。

此序既写出了该诗集的内容、特点及可以传世的价值，也反

339

映了兆骞对方育盛才华的推崇，而诗集中的羁臣幽愤与逐客飘踪，又正是兆骞悲惨遭遇与凄苦情怀的真实写照。

　　总之，方膏茂、方育盛与吴兆骞共同的遭遇与思想基础，以及一年零四个月的交往游处，不可能不建立一定的友谊。倘有朝一日，膏茂与育盛的塞外诗集能重见天日，这一友谊必有更多的历史见证。

＊　　　　＊　　　　＊

　　①同治《桐城县志》卷十六方育盛传。
　　②同治《桐城县志》卷四方膏茂传。
　　③上二诗并见方拱乾《何陋居集》庚子稿、辛丑稿。
　　④张缙彦：《域外集》其旋草序；张尚瑗：《宁古塔纪略》序。

钱虞仲　钱方叔　钱丹季

　　被吴兆骞誉为"苕中三钱，才笔特妙"的钱虞仲、方叔、丹季三兄弟，是兆骞的塞外文章之友，也是"七子诗会"之成员。

　　钱虞仲，名志熙，其弟方叔、丹季名不详，归安（苕）人，为明吏部郎中元悫（悫一作懋）之子，与其兄钱价人（字瞻伯）并以诗名。魏耕曾言及："虞仲英姿磊砢，皎皎若仙，不愧王谢家风。尝与其兄瞻伯，弟方叔、丹季刻烛联句，予以四皇甫目之。"①在《简钱二志熙》诗中另有"君复才华正妙年"句，可见魏耕对虞仲之推奖②。至康熙元年，浙东通海案发生，价人与魏耕等被捕而死，虞仲、方叔、丹季则长流宁古塔，次年至戍所。在戍所，与张缙彦、吴兆骞、姚其章、钱威结"七子诗会"。

　　吴兆骞《九日登东山，忆甲辰此日同冯炳文侍御游眺河上，钱虞仲茂才以五言长律相赠，今冯钱皆逝，溯怀畴昔，情见乎辞》诗，内有"三载夜台人不见，空将沉醉哭西州"句，据此，自甲辰（康熙三年）顺推三年，为六年，则虞仲当卒于康熙六年。杨凤苞曾据吴兆骞《寄顾舍人书》中"苕中三钱，才笔特妙，不意大者有山阳之痛，而小者复为濮阳之匿"语，断定"则方叔、丹季尝逃归矣"③，应该是信而有征。

三钱兄弟均工诗，但塞外之作均佚（只有虞仲出塞前之作尚存数首，载于《今诗粹》），因此，欲了解其与吴兆骞之交谊，只能从兆骞诗文中征考。

兆骞之诗作，有九首与三钱有关，除上引一诗外，尚有八首，即《人日过钱子》、《早秋同钱子》、《送钱丹季之松花兀喇》、《柬钱子方叔》、《代姬人寄赠钱茂才方叔》、《寄钱子方叔》、《赠吴兴钱虞仲》、《早春集钱虞仲斋》。其中，点明丹季者一篇，方叔者三篇，虞仲者二篇，笼统点明钱子者二篇，当指方叔。下面仅将与每人有关之诗各录一首，以见双方之交谊。

《送钱丹季之松花兀喇》诗：

> 男儿好长征，结束事军侨。
> 鸣鞭欲何适？松花江路遥。
> 山雪北横漠，河冰西限辽。
> 晓色带归雁，夜火惊鸣雕。
> 千峰万碛迷南北，送尔行行一沾臆。
> 马上惊蓬无那飞，笛中折柳长相忆。

《早春集钱虞仲斋》诗：

> 晴雪层峦照帘牖，文茵杂坐淹杯酒。
> 径荒空见没蓬蒿，春至何曾识花柳。
> 四座高谈殊未休，徘徊片月挂城头。
> 醉凭服匿悲歌发，忽忆西园旧日游。

341

《柬钱子方叔》诗：

> 垂杨千万丝，东风弄烟碧。
> 别君曾几时，中宵梦颜色。
> 闻君卜筑小城南，野性由来七不堪。
> 阶分红药过新雨，窗倚青山入晓岚。
> 寂寥隐几无尘事，细草萋萋满苔地。
> 丝履能弹刘向棋，练裙自草羊欣字。
> 落日衡门怨索居，洛生新咏近何如？
> 边庭自昔轻儒雅，嗟尔长贫更读书。

另如"未知归国期，且复履边雪。盛年委榛莽，壮气尽羁绁"（《寄钱子方叔》），既是咏方叔处境，也是自我写照，反映了他们共有的赦归无望的悲哀。

＊　　　　＊　　　　＊

①魏耕等：《今诗粹》卷六。
②魏耕：《雪翁诗集》卷十简钱二志熙。
③杨凤苞：《秋室集》卷一钱瞻百（即伯）河渭间集选序。
　　按：濮阳之匿系用西汉季布匿于濮阳周氏之典，详《史记》季布本传。

许尔安

许尔安，为许定国之子。许定国，河南太康人，明末由行伍官山东游击，迁累山西总兵官、河南总兵官。后降清，入京师，隶镶白旗汉军。顺治三年（1646）三月卒。五年八月，追叙投诚功，授一等子爵，并以尔安袭封。

十二年，诏大小官员直陈时政。三月尔安为已故失势之睿亲王多尔衮颂扬功绩，请宽其罪，"原其功"，修其墓，"笃亲亲之谊"①。郑亲王济尔哈朗以尔安妄颂睿亲王元功，比拟周公，应论死。特旨从宽流徙宁古塔②。尔安所袭世爵，准其弟尔吉承袭。

考吴兆骞诗文与家书中言及许康侯一人。其实，此许康侯与许尔安实为一人。原因有四：首先，康侯之"康"与尔安之"安"有着相辅相成之联系，符合古人名与字具有内在联系之命名规则；其次，许尔安为太康人，而许康侯为阳夏人（详下文），考阳夏为秦至隋时太康之古称，可见二者籍贯相同；再次，兆骞称许康侯为许总戎，而总戎为总兵之尊称，考许尔安既袭其父之子爵，也有可能袭其父之总兵官职衔，可见二者未流放前官职同；最后，二人在宁古塔活动之时间同（均在顺治末年与康熙初年）。基于此，康侯必为尔安之字。

吴兆骞自云："（至戍所后）一身飘寄，囊空半文，赖许总戎康侯、孙给谏汝贤解衣推食，得免饥寒。"可见曾得到许尔安之经济资助。兆骞父母寄给兆骞之书信有时也经在京之许太太（尔安之妻）转寄。顺治十八年冬，方拱乾赦归时曾将兆骞托付给许尔安，"要他照管"。许尔安于该年十一月二十日，即请兆骞"到他家，与他讲《汉书》"。后来兆骞子吴桭臣曾谈到其父"惟馆谷为业，负笈者数人，诸同患难子弟"有陈昭令、许丙午等③。此许丙午必为许尔安之子。

许尔安与兆骞在其他方面的游处，有吴兆骞下列二诗为证。其一为《许康侯总戎招饮城东江上》诗：

> 一石酒新碧，四月花始红。
>
> 阳夏许侯有佳兴，携宾日暮城之东。
>
> 缇油小幕披华褥，锦袖金鞭照沙曲。

343

烟郭风微晚树迷，清江冰断春波渌。

双鱼拨剌红肌鲜，铜垆作鲙吹芳烟。

客子欲题鹦鹉赋，主人自奏鸳鸯弦。

班荆藉草青莎软，杂坐高歌不知晚。

且看欢笑玉山颓，休语风尘银碛远。

酒尽高丽双翠罍，看君俊气何纵横。

半酣忽跃紫骝去，落日南冈按海青。

其二为《上已许康侯招同诸君禊饮江上即席分韵得年字》诗：

近郭林峦净野烟，佳辰车骑遍晴川。

秉兰禊事仍三日，拜柳军侨已十年。

寒雪渐消貂去后，春风不在雁归前。

流澌处处沧江里，欲泛清觞倍惘然。

这两首诗均咏许尔安同流徙诸人招饮江上的情景，也反映了许尔安与吴兆骞的交谊。

许尔安结局如何？是已赦还或卒于戍所？不得而知。但康熙八年（1669）十月仍在宁古塔，因为该年四月至十月为宁古塔西来庵开凿莲花池这一工程"醵资助役"的八人中，第一人就是许尔安④。

*　　　*　　　*

①《清世祖实录》卷九十。

②《贰臣传》卷九许定国传附许尔安传。

③吴桭臣：《宁古塔纪略》。

④张缙彦：《域外集》西来庵新开莲花池记。

344

吴惟华

吴惟华，字稚恭，顺天人。生卒年不详。明末诸生。先世本为蒙古族，有巴图特逯尔者，仕于明，赐姓名为吴允诚，封恭顺伯。其子克忠，进侯爵，七传至惟英。崇祯十六年惟英卒，未有袭爵者。惟华即为惟英之弟。清顺治元年（1644），睿亲王多尔衮至京师，惟华首先迎降，以招抚山西功，擢授总兵。二年，又封恭顺侯。四年，总督漕运。至九年八月，以贪婪不职，削爵褫职，永不叙用。十五年四月二十六日，因与原任大学士陈之遴交结内监吴良辅被判处流徙宁古塔①。康熙元年（1662），因输工作赎罪被赦回原籍。七年七月，又以"害民敛财"获罪，应流徙，诏免罪，令入旗，不久死②。

考方拱乾在宁古塔所写之诗，多次提到吴实宰，而且在《饭邻家》诗题下自注道："吴实宰，故通侯。"③其实吴实宰就是吴惟华。原因有三：首先，古人命名，名与字有内在联系，实宰之"实"与惟华之"华"即有相辅相成之联系（有春华秋实之意）；其次，二人在宁古塔活动时间相同，均为顺治十六年至康熙初年事；再次，二人均为侯爵。凡此，均可证明二者实系一人，实宰当系惟华之字或号。

目前，吴惟华与吴兆骞唱和赠答之作，仅存兆骞两首诗作。首先，顺治十六年（1659）秋，兆骞初至戍所，就结识了吴惟华，并有《赠吴稚恭散骑》（故恭顺侯勋卫）诗。诗云：

> 白头吴叟何龙钟，先朝曾直华清宫。
> 十年丧乱无人识，万里羁孤泣路穷。
> 忆昨西京全盛日，子侯年少承殊泽。
> 门下金鞍惯射生，楼中银管频留客。

345

油戟香轮陌上骄，佩刀日护紫宸朝。
从猎别分都尉马，奉车特赐侍中貂。
山河举目须臾异，荆棘凄凉旧东第。
仙人已叹海生尘，侯家宁保山如砺。
几度天涯怨负薪，萧条绝塞讵逢春。
梦里宫云雕辇路，愁中边草玉关人。
玉关回首伤怀抱，短衣浊酒长潦倒。
雀满门前翟氏悲，羊归陇上苏卿老。
日暮哀笳四野闻，黄榆秋雪正纷纷。
凭高欲纵乡关目，肠断南归雁几群。

约顺治十八年秋冬之交，兆骞有《过恭顺侯吴公寓斋奉赠》
诗：

日暮巾车载酒过，青帘乌几共婆娑。
年侵渐觉豪游少，官罢方知醉尉多。
五国云山凝旅望，九秋冰雪怨羌歌。
那堪回首淮南郡，列帐青油拥玉珂。

上述两首诗就是二人交游的唯一历史见证。

*　　　　*　　　　*

①《清世祖实录》卷一百一十六。
②《贰臣传》卷九吴惟华传。
③方拱乾：《何陋居集》己亥稿《饭邻家诗》。

陈志纪

陈志纪（？--1677），字雁群，又字懿诵，江西吉水人，江苏泰州籍。顺治十六年（1659）进士，授庶吉士①。十八年春，为会试同考官。五月，授编修②。康熙十年（1671），京畿一带发生旱灾。四月初七日，康熙帝下诏"戒饬各官修省过愆，祈求雨泽"，并求直言③。志纪上书道：

> 近因亢旱，皇上朝夕求祷，忧勤惕励，甘霖虽降，民情未畅。大小臣工，稍有良知，亦当兢兢戒惧，用节俭以守官，用廉耻以持身。乃有曾为总督、巡抚者，犹然缮治峻宇高堂，连街极巷。至取地方子女以为娼优，昼夜宴饮。其不节俭，不廉耻，亦已甚矣！近在辇毂之下，悍然不守法度，无所忌惮如此，又何以责远方之为督抚大吏者，而求其廉节不逾也？

基于此，他"劝上用威刑"④。康熙认为这是"越职言事"⑤，"亲鞫"，结果将他遣戍宁古塔。同年冬至戍所，因"贫甚，以医自活"⑥。他与吴兆骞"情致特深，酬唱亦富"，病势垂危时，遗嘱将其所居之室赠与兆骞，又嘱兆骞"在其榻前作行状"。后来兆骞所写的《寄顾舍人书》谈到此事时道："人琴之悲，至今犹哽。"

其生卒年虽不详，但可约略考知。考张贲《陈太史谪至投赠三首》诗，有"两朝近侍人三十"句，既然其流放之年为三十左右，则其生，约在明崇祯十五年（1642）。至于其卒年，既然兆骞写于康熙十七年二月十日之《寄顾舍人书》谓志纪已卒，则志纪之卒必在十七年二月之前。又，《秋笳馀韵》附录徐乾学康熙十五年四月二十二日致兆骞信，内谓："雁群先生，深念之，希为致意。"据此，十五年四月志纪尚存。基于此，其卒必在十五年五月与十七年正月之间，当以十六年最为可信。

由于陈志纪的《塞外吟》已佚（仅存《岁暮枕上作》一首、《宁古塔春日杂兴》四首），因此他与兆骞唱和赠答之作均无考，只能从兆骞著述中考索二人"情致特深，酬唱亦富"的情谊。

当二人在蒙古屯中晚眺时，兆骞写有《蒙古屯同雁群晚眺》诗：

> 碛烟山雪远苍茫，落日层台雁几行？
> 残垒迥连寒烧紫，穹庐遥压暮沙黄。
> 边书乱后应难达，客鬓秋来各已苍。
> 漫道山川堪极目，登临无那是殊方。

回至帐中时，他又有《帐中作示雁群》诗：

> 白草高原绕拂庐，长天凝望意何如？
> 关山夜月悲龙笛，江海秋风隔雁书。
> 摇落漫惊时序改，艰难空惜故人疏。
> 只今转徙随羊马，敢向长沙问谪居？

康熙十三年重九同钱威、陈志纪西山登高时，又曾即兴赋诗道：

> 落日一樽酒，长云万仞台。
> 寒声随雁去，秋色傍雕来。
> 烽火乡书隔，冰霜旅鬓催。
> 故园丛菊在，零落为谁开？

在郊行时有《郊行赠雁群》诗：

> 城北城南千树林，断烟衰草日萧森。
> 白山冰雪秋将暮，黑水风云昼欲阴。
> 龙笛三年吹客泪，鸳机万里寄边心。

招邀漫极江皋目，憔悴终伤泽畔吟。

登岭时有《晓登天罗岭柬陈雁群》诗：

沧江碧璋晓寒凝，莽莽云山郁几层。
貂豽四时霾白雪，鱼龙九月蛰玄冰。
放歌绝塞频来往，抱病穷边独寝兴。
多难渐看豪气尽，愧将湖海问陈登。

与志纪泛舟时又有《同雁群城南泛舟至白崖口》诗：

数里层城色，超遥带落晖。
欲乘孤棹去，只诃旧游非。
江晚沧波净，山寒翠霭稀。
微霜边候早，愁揽薜萝衣。

吴兆骞与陈志纪这些唱和赠答之作，反映了他们的交往与友谊。

* * *

①法式善：《清秘述闻》卷十三。
②《清圣祖实录》卷二。
③《清圣祖实录》卷三十五。
④王士禛：《池北偶谈》卷九。
⑤王一元：《辽左见闻录》。
⑥王豫：《江苏诗征》卷二十五陈志纪。

陈光启

吴兆骞塞外授读之学生甚多，但作为其"塞外文章之友"的学生仅有一人，即陈光启。

陈光启，字昭令，福建人。兆骞《寄顾舍人书》谓："敝门人闽中陈昭令，名光启，秀而嗜学，北州少年，此为之冠，与弟居止接近，拥炉啜茗，靡夕不共也。"①其《奉吴耕方书》亦谓："有门人陈昭令者，风流文采，绝类南士，与弟居止接近，时能赋诗，破我旅恨，此正如蜉蝣、蟪蛄，哀吟草间，以自乐其春秋耳。"②可见陈光启是兆骞最为得意的门生。

陈光启疑为陈嘉猷之子。陈嘉猷为史科给事中，于顺治十一年（1654）十一月因事流徙宁古塔。临行时"同妇挈女一、子三、奴一"。考兆骞塞外交游，除陈光启外，陈姓者只有四人，即陈嘉猷、陈卫玉、陈蓉甸与陈志纪。其中，陈卫玉为浙江宜兴人，陈蓉甸与陈志纪为兆骞交游中后期出现之人，此三人不可能为光启之父。而陈嘉猷虽然籍贯不详，但排除了上述二人，就成为可能性最大之人。陈嘉猷既有三子，但不知陈光启究为三子中的第几子。

由于陈光启是兆骞最为钟爱之门生，因此兆骞将他推荐给将军巴海，"称其精通满汉文理"。巴海就用为官庄拨什库，管理三十二官庄。后来"复兼管笔帖式事，办事勤能，不数年遂得实授八品笔帖式"。黑龙江将军设立后，又调至瑷珲③。

陈光启与吴兆骞的关系非常密切，而且经常唱和赠答，惟惜这种作品仅有兆骞所作 8 题 10 首传世。兆骞与钱威同游北山时，曾携带光启，并写有《同德惟及门人陈昭令游北山》诗：

积岱纷岩岫，招寻兴未穷。

溪声连暮急，林色带烟空。

书隔边烽外，秋生旅望中。

自怜淹谪戍，俯仰愧墙东。

与陈光启游西山时，曾写有《同陈昭令游西山道院》、《同陈昭令过西山兰若十韵》诗。前诗咏西山道院"疏松日冷瑶坛静，清磬风微碧殿深"的静穆景象，后诗系咏傍晚雨后西山寺院"汀树收残暑，山钟落晚风"的幽邃风光。

在观猎时，写有《赠陈昭令二首》、《观猎赠陈昭令》、《猎后再赠陈昭令》诗，系咏八旗将士闱猎时，"马嘶秋草摇珠勒，雕惊寒云下锦韝"、"边云压地霜旌卷，营火连山雪帐开"的壮丽景观。

当陈光启去往乌喇（今吉林市）时，兆骞又有送别诗《送陈昭令之兀喇》：

野馆骊歌咽，晴郊骑置行。

凄心看往路，屈指问严程。

晓帐毡墙重，春衣锦带轻。

云峰马上出，雪涧鸟边明。

林暗貂馀迹，江空雁度声。

年光寒食近，边色旅愁盈。

杨叶遥分塞，松花曲抱城。

宁同陇头别，早擅幕中名。

露布推书记，风流想步兵。

不知惊坐客，何似弃儒生。

此诗咏惜别的凄怆之情，表达了二人非同一般师生关系的深厚友谊。

兆骞还有《赠陈生昭令》二首，对于了解陈光启的才华、骑射，很有裨益，兹将其一移录如下：

软裘修带日翩翩，管记风流擅朔边。
趋府直登兰锜内，赋诗时向射堂前。
陈琳笔健原名士，丁掾才多自少年。
译罢石经还跃马，秋雕原上试鸣弦。

在本诗最后一联，有兆骞之注："昭令善国书。"由此可见陈光启不仅"笔健"、"才多"，而且能弯弓跃马射大雕，此外还擅国书（清文）。

＊　　　＊　　　＊

①《秋笳集》卷八寄顾舍人书。
②《归来草堂尺牍》奉吴耕方书。
③吴桭臣：《宁古塔纪略》。

姜希辙

姜希辙，字二滨，别字定庵，会稽人。"少颖异，善文"①。清初补温州教授，摄县事，升元城知县。累官至礼科都给事中、户科都给事中。康熙十六年（1677）擢奉天府丞，十八年，以母疾，予终养归。三十七年（1698）卒，生于明天启元年（1621），享年七十八。

先是，姜希辙自家赴盛京时，恰值吴兆宽在越郡入幕任幕僚，九月九日重九登高，姜希辙与兆宽相晤，始知兆骞之才华。约至京师时，纳兰性德又托他赴任后对兆骞多加关照，从而为二人的交游提供了条件。十七年春抵沈阳，曾有书致兆骞云：

老年翁文章声望，久著寰宇，乃落落朔方，几及廿载。

犹忆向荷尊公老先生素札往还，凝神左右，已非朝夕。昨令兄弘人入幕越郡，重九何昆峰郡伯登高话别，始与握晤。闻新诗俱邮致徐原老，渴欲奉教，而舟过吴门，迅速度辽，遂不复得惬素愿。及至沈阳，与以简、德子诸君购索弘章，究不可得。时王昊庐年翁札寄候祉，附以纸笔，觅鸿邮达，至今未得回信，未知曾达典签否？吴老犹以前寄赤崖者未得邮到，心为耿耿。日晤赤崖，亦以一时无便鸿，遂致南国有滞凤，客心切不宁。似此非甘于浮沉者比也。向闻张绣虎亦有遗文，未识案头曾有存本否？并乞与老年兄久近诗文，统赐抄读。祷切望切！昨余淡心暨家学在寄来吴（兰）〔园〕次、汪茗文近咏艺圃诗，并拙刻呈正，幸于便鸿时通尺素为望。吴老回札，并乞示寄何如？外附潞绸一端、（相）〔当作松〕萝一封致候。馀不多及。弟名另具。

本书叙述了对兆骞才华的渴慕及至沈阳后致书兆骞请寄诗文等事。

他另有《寄汉槎年兄》诗。诗云：

> 远客携书至，松花江上来。
> 传君长白赋，已奏柏梁台。
> 身世名牵累，文章死不灰。
> 何年宣室召，重见贾生才？

按兆骞所写《长白山赋》是本年夏奉呈封山使者，使者归京师呈给康熙，而此诗言及"传君长白赋，已奏柏梁台"事，可见必写于是年秋后。本诗最后两句以汉文帝召见贾谊之典故，安慰兆骞赐环有日。

吴兆骞有《寄赠姜京兆定庵二十韵》诗，虽无具体写作时间，

但考姜希辙在沈阳任职仅康熙
十七、十八两年，故此诗当写
于十八年接姜氏来书或此诗之
后。该诗云：

昭代论才杰，
先生实擅场。
人宗瞻艺苑，
乡誉最岩廊。
议国曾焚草，
承家本钓璜。
夕郎青琐闼，
京尹黑犀章。
望久兼丁孔，
名今压赵张。
官曹连凤掖，
封域划龙荒。

姜希辙手迹

沉水侵辽绿，关云带阙黄。
山川尊北镇，居守重南阳。
共喜台衡逼，还看竹帛光。
龙门延客峻，马帐说经长。
儒雅耽柔翰，风流凭隐囊。
探奇兴不浅，爱士势偏忘。
岁晏怜穷鸟，天涯恤翳桑。
诗传子卿窖，书到幼安床。
高义驱流俗，微生愧激昂。
幸邀千里顾，弥结九回肠。
恩重空衔涕，情深漫自伤。

无家随泛梗，有赋献长杨。

何日伸良觌，凌云感圣皇。

如能荐文似，矫首望杨庄。

本诗主要颂扬了姜希辙的才华与政绩。结尾"何日伸良觌，凌云感圣皇。如能荐文似，矫首望杨庄"句，盼望希辙向"圣皇"荐举自己的心态，跃然纸上。

* * *

①毛奇龄：《西河文集》神道碑铭一，定庵姜公神道碑铭。

安珠护

吴兆骞在宁古塔二十三年，"所遇将军固山，无不怜才，待以殊礼"①，表明他受到了当地官员的照顾。正是因此，他与这些官员结下了深厚友谊。其中主要有安珠护、巴海。

安珠护（护一作瑚），瓜尔佳氏，苏完部人，隶满洲正黄旗。清初袭父世职云骑尉，后晋轻车都尉，任参领，兼刑部郎中。康熙六年，积功至宁古塔副都统。十五年，调任为吉林副都统。与宁古塔将军巴海奏迁东海部落四千七百馀丁，安置宁古塔附近，号新满洲，得到清廷嘉奖。十七年，升任盛京将军。二十二年因事革职，发往吉林乌喇效力。二十四年，授索伦总管。次年卒。

安珠护与吴兆骞的初次相会在顺治十五年三月初九日。该日，吴兆骞赴礼部点名后，被突然拘送刑部下狱。他感到冤枉，于是"口占二诗，厉声哀诵"。其一云：

仓黄荷索出春官，扑目风沙掩泪看。

自许文章堪报主，那知罗网已摧肝。

冤如精卫悲难尽，哀比啼鹃血未干。

若道叩心天变色，应教六月见霜寒。

兆骞后致其父书谓，吟诗之后，当时"礼部诸公及满洲启心郎，皆为儿叹息，称为才子"②。这些清吏中就有安珠护。因为安珠护此时任刑部郎中，而且又正为刑部江南司问官。

后来，二人先后来至宁古塔，长期相处，结下深厚友谊。史书载，安珠护"喜接文士，钱威、吴兆骞等皆以遣发至，暇辄引接，与共谈论……先是，遣发之文士多不能充当苦差，公行文咨部，令每人纳粮一石，免其役，由是士人得无苦"③。可见安珠护对流人中文人颇为重视，给予关照。吴兆骞在致顾贞观信中也曾自言："庚戌，诸徒皆散，而岁复早霜，米石十金，副帅安公，雅重文士，怜弟之贫，以米相饷。"

这种关系，从吴兆骞诗歌中也可得到印证。《秋笳集》目前保留下来的与安珠护有关之诗共5首。当安珠护为安集海东诸部启程时，兆骞有《奉送安都统安集海东诸部因便道阅松花江水军》诗：

雉尾高牙落日悬，雕鞯精骑北风前。

军容直历无雷地，战气初消盛雪天。

款塞紫貂新属国，浮江赤马旧楼船。

遥知缓带行边处，千帐铙歌拥玉鞭。

缓带行边，铙歌鞭影，一位风流儒雅的武将形象，跃然纸上。

安珠护去往乌龙江（即黑龙江）时，兆骞又有《奉送副都统安公之乌龙江》诗。该诗结句以询问何日归来的语气，表达了作者的关切。

此去关山秋草遍，行边何日玉鞍回？

有时，吴兆骞陪安珠护出游，就咏之以诗。《上巳奉陪都统安公游饮西山十韵》诗，就是咏三月上巳陪同安珠护游西山之作，反映了二人过从之密切。有时，吴兆骞独自出游，也有诗作奉赠给安珠护。其《阿波山中呈安都统》诗就是这方面之作。

当安珠护升任盛京将军时，吴兆骞闻讯，与钱威各写了《奉寄安大将军三十韵》诗，以示祝贺。兆骞之诗，开首即谓"今日须颇牧，维公翊禹汤"。把安珠护比喻成可以翊戴禹、汤等圣主的战国时期赵国名将廉颇、李牧，可见是推崇备至。接着颂扬了其"开幕"、"行边"等政绩功业，最后咏道：

努力登三事，从容靖四方。
谁知击壤代，有客恸龙荒？

既勉励安珠护在正德、利用、厚生三件事情方面有所作为，从而绥靖四方，又抒发了自己在太平盛世，恸哭于荒漠而不能赦归的悲哀。

康熙二十年冬，安珠护听说吴兆骞被赦归，将行至沈阳，特意"遣人至柳条边迎候"④，留兆骞在奉天居半月余。其间，将顺治元年破扬州时亲眼看到史可法死难的情形告知兆骞，并嘱兆骞道："今闻朝廷修明史，而徐立斋先生领史事。子归，幸以吾言告知。"⑤当兆骞离去时，又"照前护送"。此事反映了二人关系的融洽。

　　　　　*　　　　　*　　　　　*

①④《宁古塔纪略》。

②《归来草堂尺牍》家书第一。

③《吉林通志》卷八十七安珠瑚传。

⑤王源：《居业堂文集》卷二十自书史阁部遗文序后。

巴 海

清人笔记载："汉槎在宁古塔时，历任将军皆延之为上宾，飞书草檄，纵情诗酒，无异于在内地。盖其地读书人少，汉槎至，则官吏子弟及土人之志在科第者，皆就之执经问业，修脯丰腴，养生之具，赖以无缺。"① 这段记载，谓吴兆骞在宁古塔受到历任将军的重视，容有溢美，但多少也反映了一定的历史真实。在这一点上，巴海就是典型。

巴海，瓜尔佳氏，世居虎尔哈。为驻防宁古塔总管沙尔虎达长子。顺治十六年，沙尔虎达病卒，巴海袭爵。巴海初为佐领，顺治十四年，授秘书院侍读学士。十六年，袭父一等男爵。升任宁古塔总管，代父驻防。十七年，俄罗斯犯我边境，他率兵至黑龙江与松花江交汇处，大败敌军。康熙元年，改总管为将军，仍以巴海任之。后以招抚新满洲功，得到清廷嘉奖。二十二年，因"奏报田禾歉收不实"，罢将军任。二十三年授镶蓝旗蒙古都统。三十五年病卒。

吴兆骞到宁古塔不久，巴海不仅不以犯人对待，反而另眼相看。顺治十七年十日二十六日，巴海入朝，兆骞托巴海"寄一信上父亲，一字寄两兄，一字与甫草（计东）、既庭（宋实颖）"。作为一地最高军政长官，竟然能为自己管制的流犯捎带家信，不能不说是一种出人意料的宽大，而这种宽大，正反映了他对吴兆骞的同情与关照。

康熙三年，因沙俄侵犯黑龙江，巴海奉到部檄，令流人充当水手、庄头或壮丁，去水营操演打仗，或去官庄种田打围。由于这是冒有生命风险或是极为艰苦之事，对于吴兆骞等文人来讲，实难承担，因此诸人闻讯，"莫不相向落泪"。而巴海见状，却

358

"亦为凄惶"②。这种凄惶的表情，实质是对吴兆骞等人的同情。

康熙六年正月初五日，副都统某因巴海卧病，忽发令，命吴兆骞与钱威立刻迁往乌喇（今吉林市）。时正大雪数尺，天寒地冻，行至三日，艰苦万状，险些葬身雪海，幸亏巴海发觉，"命飞骑追回"，免于全家冻死。兆骞"才回家，将军（巴海）即差管家慰问"，致使兆骞有"将军真再生之恩也"的感动心态③。这件事情，也说明巴海对兆骞的保护。

康熙十三年，巴海又聘兆骞为家庭教师，"延教其二子，待师之礼甚隆，馆金三十两，可以给薪"，致使兆骞感到"旅愁为解"④。

康熙二十年初，巴海又遣人聘请兆骞去乌喇，"将以为书记，兼管笔帖式及驿站事务"。同年秋，兆骞赦归时，巴海"遣拨什库一人、兵八名护送。又发勘合，拨驿车二辆，驿马二匹及饮食等项，按驿供给更换"。兆骞行至乌喇，又"留数日"，临行"如前护送"⑤。这一切，表明巴海对吴兆骞已由同情、保护，发展到帮助，甚至起用，而临行时的护送与留住，更进一步反映了双方友谊的加深。

从吴兆骞的诗歌来看，也证明了这一点。

巴海出巡海东诸部时，兆骞写有《奉送大将军按部海东》诗：

> 玉勒动珠帻，旌旗远肃纷。
> 鸣弓行碛雪，飞盖入边云。
> 属国鲛鱼部，佳兵鹅鹳群。
> 海东三万里，笳吹日相闻。

康熙三年，巴海东征逻察（沙俄）时，兆骞有《奉送巴大将军东征逻察》诗。该诗咏巴海出征时的动人景象，指出战争的正义性质、各族人民的欢迎、敌人必败的结局。诗云：

乌孙种人侵盗边，临潢通夜惊烽烟。
安东都护按剑怒，麾兵直度龙庭前。
牙前大校五当户，吏士星陈列严鼓。
军声欲扫昆弥兵，战气遥开野人部。
卷芦叶脆吹长歌，雕鞯弓矢声相摩。
万骑晨腾的朱戟，千帐夜移喧紫驼。
驼帐连延亘东极，海气冥蒙际天白。
龙江水黑云半昏，马岭雪黄暑犹积。
苍茫大碛旌旗行，属国壶浆夹马迎。
料知寇兵鸟兽散，何须转斗摧连营。

此诗将巴海这位大将军威武雄壮的英雄形象塑造得栩栩如生。另如《秋夜师次松花江，大将军以牙兵先济，窃于道旁寓目，即成口号示同观诸子》诗、《奉送大将军按部海东》诗，都是这方面代表之作。

吴兆骞另有《奉赠大将军巴公》诗，颂扬巴海因"功高"可以居于南宫凌烟阁功臣画像之首。而《陪诸公饮巴大将军宅》一诗，通过参与巴海招饮的夜宴情景的描绘，从侧面反映了主宾融洽、巴海与吴兆骞过从甚密的友谊。诗云：

佳兴南楼月正新，森沉西第夜留宾。
围炉卷幔初飞雪，击剑行杯不起尘。
四座衣冠谁揖客，一时参佐尽文人。
褐衣久已惭珠履，不敢狂歌吐锦茵。

吴兆骞正是由于得到了巴海等官员的同情、关注、保护、帮助，才逐渐摆脱困境，得以生存下来。

* * *

①徐珂：《清稗类钞》师友类，吴汉槎为师于塞外。
②《归来草堂尺牍》家书第十二康熙三年春上母书。
③《归来草堂尺牍》家书第九康熙六年七月二十一日上母书。
④《归来草堂尺牍》家书第十五康熙十三年寄弟书。
⑤吴桭臣：《宁古塔纪略》。

萨布素

吴兆骞流放至宁古塔之后，"所遇将军固山，无不怜才，待以殊礼"①。对他持这种"殊礼"之人，除了安珠护、巴海之外，还有萨布素。

萨布素，富察氏，满洲镶黄旗人。顺治间任领催。康熙初升至骁骑校，十二年升协领（此即吴兆骞笔下的参领）。十七年（1678）八月擢宁古塔副都统。二十二年擢黑龙江将军，两次参与抗击沙俄入侵的雅克萨之役。后在康熙亲征噶尔丹时，曾任东路军主将②。

他在宁古塔任职期间，对吴兆骞与其他流放文人颇为关照。吴兆骞有四首咏及的萨公、萨君、萨参领，都是指萨布素而言。其《送萨参领》诗云：

> 高杨城郭草初曛，翠带风飘锦战裙。
> 五月混同犹白雪，单车瓯脱只黄云。
> 射鱼部远人难到，市鹿军回路自分。
> 今日漠南无战伐，不须铁马更嘶群。

本诗是为萨布素率领部下往边境（瓯脱）巡视时的送行之作，

结句颂扬了边境（漠南）和平安静的局面，即萨布素的政绩。

《送萨参领入都》诗云：

> 画角吹严霜，征车待明发。
> 手持都护书，去谒承华阙。
> 奉使偏轻万里行，辞家又作经时别。
> 碛里春来草未生，黄云荒戍度双旌。
> 行人马首吹羌笛，客路鸿边指帝城。
> 帝城此日多欢赏，翠盖骊珂自来往。
> 春燕楼台照玉河，曙鸦宫殿辉金掌。
> 如君俊迈许谁伦，入奏应知宠命新。
> 封事倘传青锁闼，流离须忆紫关人。

前四句咏其因准备入都而征车待发情景，次六句咏行途中景象，又次四句咏京城景观，最后四句咏萨布素入奏后会得新的宠命，并盼望封事上达帝王时不要忘记了流落在塞外的自己，从而表达了强烈的盼望赦归的心态。

《九月十二晚观回猎赋赠萨君》诗云：

> 山晚初回猎，江寒早渡冰。
> 凤旗收万马，雪帐散千灯。
> 拂剑君何壮，鸣弦我未能。
> 莫言狐兔尽，侧目有饥鹰。

此诗咏傍晚萨布素率军围猎归来时的壮观场面及其马上拂剑的英雄气概。最后两句是言虽然狐兔已经猎尽，但身侧还有饥鹰窥伺，借此提醒萨布素安不忘危。

最后一首《奉赠副帅萨公》则是为其荣任宁古塔副都统的致

贺之作。诗云：

彤墀诏下拜轻车，千里雄藩独建牙。
共道伏波能许国，应知骠骑不为家。
星门昼静无烽火，雪海风清有戍笳。
独臂秋鹰飞鞚出，指挥万马猎平沙。

此诗首联指萨布素新职之任命。颔联是以平定交趾叛乱的马援及国而忘家的霍去病两位汉代名将相推许，可见对其高度评介。颈联是以"星门昼静"、"雪海风清"的平静太平景象喻其政绩之佳。尾联则是以萨布素携带雄鹰指挥大军围猎于平沙的英雄形象，喻其勇武。

总之，这几首诗以颂扬为主，以请托为辅，虽然反映了二人政治地位的不同，但也从一个侧面反映了二人关系还是比较密切的[3]。

*　　*　　*

①吴桭臣：《宁古塔纪略》。
②《清史稿》卷二百八十及光绪《吉林通志》卷一百四。
③本则引诗分别见《秋笳集》卷二、二、三、七。

五、归后时期（1681—1684）

自康熙二十年冬入塞，至二十三年十月客死京邸，为归后时期。其间曾归省吴江一年馀。在此期间，吴兆骞除与诸多故人相见外，又结识了许多新友人。其中重要者有纳兰性德、潘耒、冯溥、王士禛等，另有毛奇龄、宋荦、王鸿绪、姜宸英、蒋景祁、杨宾、宋涵、徐宾等。兹仅择其最重要者，作归后时期交游考。

纳兰性德

纳兰性德是挽救吴兆骞归来最为得力、最为关键的人物之一。

性德，姓纳兰氏，初名成德，字容若，后避太子讳，改名性德。为大学士纳兰明珠长子。生于顺治十一年（1654）十二月，即1655年初，年十七补诸生，进入国子监读书。十八岁为举人，二十二岁成进士，时为康熙十五年春。不久授三等侍卫，后来又晋二等、一等。扈从康熙巡游各地，“服劳惟谨”。二十一年三月随康熙东巡至乌喇（今吉林市），八月奉命与副都统郎坦远赴黑龙江梭龙（即索伦）地区侦探罗刹（即沙俄）敌情。二十二年九月，又随康熙南巡。次年五月十三日卒，年三十一。其为人，重视友谊，振恤孤寒，“坎轲失职之士走京师，生馆死殡，于赀财无所计惜”①。善诗，尤喜为词。其词哀感顽艳，“纯任性灵”②，以自然真率见长。况周颐认为他是“国初第一词人”，王国维也认为他“北宋以来，一人而已”③。有《侧帽词》。康熙十七年，其友顾贞

纳兰性德画像

观等重新订定其词，改名《饮水词》，刊于江南。后人又据此两部词集，拾佚补阙，总名《纳兰词》。

性德与吴兆骞的友谊是由顾贞观搭桥建立起来的。康熙十五年，一直想挽救兆骞归来的顾贞观结识了性德，就把希望寄托在性德身上。这年冬，寓居京师千佛寺，写了两阕脍炙人口的《金缕曲》词，以词代书，拟寄给吴兆骞。此二词为性德所见，感动得"泣下数行"，说："河梁生别之诗，山阳死友之传，得此而三。"答应贞观，五年救还兆骞。

为了表示这种决心，他赋《金缕曲》（简梁汾，时方为吴汉槎作归计）词以明志。该词上片，劝告贞观，不要为兆骞之遭遇过度悲伤。下片叮嘱贞观好自珍重，结尾时写道："绝域生还吴季子（指兆骞），算眼前此外皆闲事。知我者，梁汾耳！"这真可谓信誓旦旦。实际上也正是如此，贞观在寄给兆骞信中道："容兄自丙辰（康熙十五年）以来，即身任为吾兄作归计，姜京兆、戴侍中，皆其所托。"④可见性德，不仅请其父明珠出头斡旋（见《随园诗话》），而且凡能至东北及宁古塔之朝廷官员，他均托他们予兆骞以关照。基于此，顾贞观嘱兆骞："书到，速草一赋寄容兄，致知己之感。"兆骞有复书（已佚），贞观接此书后，又有致兆骞书，谓容若"知己之感，令人洒泪"⑤。

十八年冬，兆骞曾遵贞观之嘱，将性德之《侧帽词》与贞观之《弹指词》两部词稿，托骁骑校某带至朝鲜会宁府。会宁府前

365

纳兰性德手迹

观察判官仇良崎以金饼购去，并题一绝句于高丽纸上云："使车昨渡海东边，携得新词二妙传。谁料晓风残月后，而今重见柳屯田。"交给该骁骑校带回中国，此事遂盛传开来。

康熙二十年冬，在性德、贞观、徐氏兄弟等人努力斡旋下，兆骞终于得以赦归。贞观写信告知："此举相公乔梓（指明珠、性德父子）实大费苦心。容兄急于晤对……已于荒寓扫榻待兄。"⑥凡上所述，均可见性德在赎归兆骞活动中所作的努力。

兆骞之归来，终于实现了自己五载救回的诺言，性德如何不喜？因此赋《喜吴汉槎归自关外，次座主徐先生韵》诗，以示祝贺。诗云：

才人今喜入榆关，回首秋笳冰雪间。
玄菟漫闻多白雁，黄尘空自老朱颜。
星沉渤海无人见，枫落吴江有梦还。
不信归来真半百，虎头每语泪潺湲。

然后聘请兆骞为家庭教师，为其弟揆叙（字恺功）授读。

有暇之时，性德也邀请或参与兆骞与新旧友人的宴饮赋诗活动。可考知者，二十一年上元节，兆骞同陈维崧、严绳孙、顾贞观、朱彝尊、姜宸英等应邀，宴集于性德之花间草堂。这一年二月某日，兆骞又有《集成侍中容若斋赋得柳毅传书图次俞大文分韵四首》诗之作。

二十二年，兆骞归省吴江时，与顾有孝、吴江教谕蒋以敏，编纂《名家绝句钞》一书，书成，性德曾为之撰序，谓此书"按新词于菊部，磊磊敲珠；奏丽曲于芍阑，声声戛玉"。又谓"循环在手，似获灵珠；吟讽忘倦，如探束锦"⑦。可见颂誉备至。

同年下半年，兆骞在家患病，性德闻讯，曾经"数寄尺书"，趣其归京。次年春兆骞回京师，仍馆于容若家。这期间，他与容若接触较多，出于共同的爱好，二人常在一起"共读《萧选》（南朝萧统编选的《昭明文选》一书），颇娱岑寂"。密切的交往，更促进了双方的友谊。五月十九日，性德扈从康熙出古北口避暑，兆骞有《和〔凯〕〔恺〕公送令兄侍中扈从之作二首》诗。其一云：

> 玉舆避暑出黄华，千里霓旌映寒沙。
> 为问帷宫谁珥笔？马卿词赋灿如霞。

兆骞另有《登楼有怀成容若》诗，具体写作时间不详，但必写于性德扈从康熙出巡之际。诗云：

> 雨馀宫树迥含烟，独立高楼思渺然。
> 遥忆关山人去远，不知何处驻香鞭？

此诗写得语言流畅，含意隽永。

同年，兆骞有六封致性德之短简，多数言及自己"腹疾"、"手足肿"、"不思饮食"、"贱体尚未能愈"，可见均写于病中。此外，还颂扬了性德之词"凄丽而婉媚，真个中人，个中事"。

九月二十八日，康熙为东封南巡，自京师启程，性德扈从南下。鉴于近月来兆骞病势恶化，性德惦念不止，动身前一日（二十七日）给张纯修所写之信中言及"汉兄病甚笃，未知尚得一见否？言之涕下"，可见其笃于友谊，一往情深之至性。

性德南下途中曾给兆骞写了两封信，加以慰问。兆骞接到来信后，也写有《致容老（一）》札。内云：

> 日去日远，相思日深。两承惠书，爱我何至。贱躯以立冬日（九月二十九日，即性德启程之次日）渐愈，手足肿消，足亦渐减，腹疾愈其八九，脉气平和，可望得生矣……总之，此身公身也，尚致言谢乎？……

估计此信写于十月中旬之初，当时病情有所好转（也许是所谓回光返照），但不久再次恶化，十八日遽然长逝。据此，则上札即为其绝笔信。

十一月初，性德于金陵闻此噩耗。月底回京，不久写有《祭吴汉槎文》。内云："青溪落月，台城衰柳，哀讣惊闻，未知是否……我归不闻，子笑语声，子信死矣，传言是矣。帷堂而哭，寡妻弱子，七十之母，远在故里……自我昔年，邂逅梁溪，子有死友，非此而谁？《金缕》一章，声与泣随，我誓返子，实由此词……我喜得子，如骖之靳，花间草堂，月夕霜辰……自古才人，易夭而贫，黄金突兀，白玉嶙峋。以彼一日，易我千春，知子不愿，卓哉斯文……言念交期，慰尔营魄，灵兮鉴之，无嗟远客。"此文夏承焘先生誉为"文情相生，足与顾词并传"，可称定论。次年，兆骞子吴桭臣扶其柩南还，性德又同宋德宜等人经营其归槥。

性德在与兆骞相处三年之中，曾多次扈从康熙出巡各地，加之忙于其他公务与应酬，而兆骞又曾归省吴江一年，因此二人相处的实际时间并不长，可是所结成的友谊却是深厚的，这也正如夏承焘先生所说："死生友谊之感，诚令人慨慕无穷。"⑧

*　　　　*　　　　*

①徐乾学：《纳兰君墓志铭》。

②况周颐：《蕙风词话》卷五。

③王国维：《人间词话》。

④《秋笳馀韵》附录。

⑤《秋笳馀韵》附录。

⑥《汉槎友札》之八。

⑦《通志堂集》卷十三名家绝句钞序。

⑧夏承焘：《唐宋词论丛》顾贞观寄吴汉槎金缕曲词征事。

潘　耒

吴兆骞归后最重要的新的交游者，除了纳兰性德外，还有潘耒。

潘耒字次耕，号稼堂，吴江平望人。其父凯，列名复社，兄柽章，高名贾祸，死于庄氏《明史》之狱。潘耒"生而奇慧，读书十行并下"。从顾炎武、徐枋等人游，因此自经史、音韵、算数、宗乘之学，无不贯通。尤精诗、古文。康熙十八年（1679）以布衣召试鸿博，授检讨，参与《明史》之纂修工作。二十三年，为忌者所中降调，不久归乡。四十二年复原官。其为人笃于友谊，柽章遭祸，子戍尚阳堡，潘耒募金赎之归；徐枋卒后，周恤其孤孙，数十年如一日；并刻炎武所著之书，为人所称。卒于四十七年，年七十三。有《遂初堂集》。

潘耒之祖母与母亲均出于延陵吴氏，因此与吴兆骞实系表兄弟之关系。由于潘耒小于兆骞十五岁，兆骞入狱时，耒仅十二三岁，因此从未识其颜面，仅知兆骞之大名而已。

二人之交游始于康熙十九年。十八年夏，潘耒已授检讨之职，也参与了徐乾学、宋德宜、纳兰性德、顾贞观等人挽救吴兆骞的活动。十九年冬，他首次写信给兆骞，内云[①]：

潘耒画像

　　弟自燖发时，即知老表兄为惊代逸才。嗣遭贝锦，亭伯投荒之岁，尚僧虞蜡凤之年，未获一识颜面。自隔榆关，音尘断绝，正恐弟知有表兄，表兄不知有弟也。弟世居莺脰湖平望，先子洎弟，皆延陵之自出，先祖母乃太仆公孙女，家母则公之曾孙女也。先兄力田罹湖州文字之案，绝弦广陵。弟抱痛沉冤，栖遁林野，忽被鹤书，遂□华省，沾茵落溷，总不自由。缘两侄在船厂十年，魂梦每在白山黑水之间。大表兄时相晤，健翁昆季尤厚善，以此具知表兄旅况。兹新例宏开，西还可待，闻咨到后，弟与电兄雀跃起舞……大体得当，皂帽西来，正复不远，尔时握手叙心，真所谓相对如梦寐矣……小诗奉怀，并旧刻二种呈教[①]。

370　　本信先做自我介绍，然后谈及得授检讨，又言及众人正在营救兆骞，西还可待。此信所附之诗，即《寄怀吴汉槎表兄》诗。

　　本诗先以冯敬通、虞仲翔的贬逐遭遇，表达了对兆骞的无限同情，次咏兆骞幼年之才华过人、遭谤遭戍，以及戍所生涯，然后咏自己对兆骞的怀念。最后咏道：

> 天心有回环，万事多龙蠖。
> 夜郎岂长流？连州终湔濯。
> 荡荡天门开，阳春熙广漠。
> 早晚金鸡鸣，伫望南飞鹤。

　　这是以李白、刘禹锡的召还与平反，喻兆骞必将赦还，自己在期待着这一天。

　　次年兆骞收到此书与诗后，在《寄电发（三）》书中，曾言及此事云②：

> 承潘次老表兄远贻手札，并惠以诗，读之感不可言。次老之才，李供奉流也。何时得一把臂乎？弟日间为俗冗所伴，投隙始草此数札，竟不及仰和来诗，含愧殊深。乞兄一致此意，当于后邮赋寄耳。

　　可见潘耒之书札，兆骞虽未来得及复信，但对潘耒之才华深予肯定，并以李白相喻。

　　同年冬，兆骞终于被赦归，潘耒立时写有次徐乾学韵诗《汉槎表兄归自塞外次韵志喜二首》。其一云：

> 秋笳哀韵满江关，白草黄榆梦想间。
> 敢料穷荒生马角，惟凭才笔动龙颜。
> 一行丹诏排云出，万里明驼踏雪还。

371

秉烛今宵才破涕，欢馀仍有泪潺湲。

其二云：

樽前款款话乡关，桔社枫林指掌间。
雀桁荒凉馀白发，牛衣辛苦损红颜。
葭灰有意催春转，寒雁多情伴客还。
多少天涯沦落者，看君归马泪潺湲。

此诗写得感慨苍凉，虽云志喜，实际上是悲多于喜，读之令人心酸不止。

兆骞归后，二人同居京师，自然有暇相晤，兆骞多次称潘耒之赋"不落齐梁风格"，按理应有与潘耒唱和赠答之作，惜今已一无所考。

二十三年冬，兆骞病逝，潘耒闻讯，"悲恸之馀，为作赋一篇"，此即其《伤逝赋》。该赋一开端就质问皇天道：

皇天之至仁兮，煦万汇而丰容。
羌独厄此文士兮，萃荼苦于厥躬？

皇天是至仁的，为什么单单使吴兆骞遭遇困境，将各种苦难降临到他的身上？这实质是对不合理的社会制度的控诉与抗议！接着咏兆骞之"姱质"与才华，又言其"失路"及所中的"谤声"，然后叙其遭戍、戍所生涯及赦还。最后仍是对兆骞负谤与早逝大抱不平之鸣：

谓人之善忌兮，何天其亦汝轧也？
谓时之不逢兮，何算其亦汝夺也？

谓天之不慈兮，何初困而卒脱之？

谓造物者之垂怜兮，何既萌而又伐之？

结尾他对这种不平作了解释："乃知才士之处世兮，与愁苦乎相胶。"也就是说，正如孔子谓"君子固穷"那样，才士必与愁苦相伴。

按兆骞病逝，哀挽之诗文，不仅与喜其入塞之作无法相比，就是与送其出塞之作也难以相提并论，目前可以考知者，仅有叶舒颖、徐元文诗各二首，叶燮诗三首，徐釚诗一首，纳兰性德文一篇并此赋一篇而已（稍后有彭师度之作）。这样，此赋的价值就更为可贵了。尤其是潘耒为兆骞遭遇所发的不平之鸣，实在为人所难，这充分体现了潘耒对兆骞所持的感情的深厚与诚笃，也反映了二人关系的密切。

*　　　*　　　*

① 《汉槎友札》。
② 《归来草堂尺牍》寄电发（三）。

杨　宾

在吴兆骞的交游中，杨宾实有介绍之必要。

杨宾（1650—1720），字可师，号耕夫，别号大瓢山人，山阴人。杨越之子。"少颖悟，八岁能作臂窠书"①。康熙元年（1662），其父杨越因受浙东通海案牵连流徙宁古塔，年仅十三岁的杨宾携带弟妹投奔叔父为生。由于其父有"毋令宾为八股以应举"之命，因此终身不仕，以做幕僚佐大吏幕为生。二十八年秋冬之际曾出塞省亲，次年二月中旬南归。这期间，游览山川，凭吊古迹，访问故老，做了大量调查研究工作，归后结合文献，撰成东北史地

杨宾画像

名著《柳边纪略》。此外有《力耕堂诗稿》、《晞发堂诗集文集》等。

吴兆骞与杨越在戍所可称是患难知交，二人交游之密切，见本书《交游考·杨越》部分。因为这种关系才产生了杨宾与吴兆骞的交游。

康熙二十二年（1683），吴兆骞回吴江省亲。年初行抵苏州，当行到吴王宫北时，夕阳西下，车马纷纷，人声喧哗，居人争相传说京师的明珠首相赎还的吴汉槎回乡省亲。当时正寓居苏州的杨宾听说此事，赶紧前去问讯。二人见面，兆骞讲述了其父母的处境，杨宾听罢，无限感伤，从而写下长诗《吴汉槎先生自宁古塔归述两大人起居书感》。诗云②：

吴王宫北日欲斜，车马纷纷人喧哗。

争道京师明相国，万里赎还吴汉槎。

汉槎先生姓氏熟，老父穷荒如骨肉。

今朝有力独能归，匍匐问讯吞声哭。

先生拭泪唤我名，执手为我数生平。

汝父初居土城外，论心夜夜入三更。

有酒呼我醉，有茶呼我烹。

家人妇子日相见，米盐琐琐同经营。

杏山吕氏教其子，汝父移家从此始。

杨宾手迹

一在城东一在西，
白草黄沙二三里。
患难知交能几人？
一日不见泪沾巾。
自此卜筑土城内，
三年比屋情更真。
汝母氄氄头尽白，
汝父须髯尚如戟。
常吟诗句慰亲朋，
每拆家音动魂魄。
昨送江边无一言，
相对相看双眼赤。
我闻此语心骨摧，
奔走廿年终何益？
白日惨惨江水寒，
风烟冥冥云汉碧。
侯门谁复脱骖人？
屈辱终身我不惜。

　　这是二人的第一次会面。至次年初，兆骞携带眷属北归，杨宾闻讯，又赋诗送行。《送吴汉槎先生入都》诗云[③]：

　　　　故国才看万里回，征帆又带夕阳开。
　　　　旌旗处处迎津吏，花柳依依拂钓台。
　　　　石父岂因知己屈，中郎半为感恩来。
　　　　南楼东阁寻常事，珍重千秋汉史才。

　　"东阁"是古代宰相（这里借指明珠首相之子性德）招致，款待宾客的地方，南楼为登楼赏月之处。最后一联是谓兆骞入都，回到性德府邸后，将会成为一代修史之才。

杨宾在其《柳边纪略》中还有一段文字反映了双方关系已经很熟悉。其文道④：

> 往，吴汉槎还，病且死，谓予曰："余宁古塔所居篱下产蘑菇，今思此作汤，何可得?"予时窃笑之，以为蘑菇所在有，何宁古塔也？及予省觐东行，乃知宁古塔蘑菇为中土所无，而汉槎旧居篱下所产，又宁古塔所无者。

可惜反映二人关系之文，吴兆骞著述已无可考。

＊　　　＊　　　＊

①同治：《苏州府志》卷一百一十二。
②杨宾：《力耕堂诗稿》。
③杨宾：《力耕堂诗稿》。
④杨宾：《柳边纪略》卷三。

引 用 书 目

别 集 类

秋笳集	徐乾学康熙十八年刻本	吴兆骞
	吴桭臣雍正四年刻本	
吴汉槎诗集	道光十一年刻本	吴兆骞
归来草堂尺牍	章氏算鹤量鲸室抄本	吴兆骞
	海丰吴氏石莲庵抄本	
	燕大蓝晒图本（1937年）	
	合众图书馆丛书本	
半生自纪	吴氏囊书囊抄本	吴晋锡
爱吾庐诗稿		吴兆宽
涉江草		吴树臣
吴梅村诗集笺注		程穆衡
吴诗集览		靳荣藩
何陋居集		方拱乾
甦庵集		方拱乾
域外集		张缙彦
浮云集		陈之遴
焦冥集		苗君稷

总 集 类

桐城方氏诗辑	方于谷
吴江沈氏诗集	沈祖禹
吴江赵氏诗存	赵作舟
太仓十子诗选	吴伟业
龙眠风雅及续集	潘 江
龙眠古文	李 雅
沅湘耆旧集	邓显鹤
楚诗纪	廖元度
秋笳馀韵（稿本）	张廷济
汉槎友札	吴燕兰
名家诗咏	王尔纲
诗观三集	邓汉仪
今词初集	顾贞观
百名家词钞	聂 先
今诗粹	魏 耕
感旧集	王士禛
瑶华集	蒋景祁
皇清诗选	孙 铉
清诗初集	蒋 钺
昭代诗选	席居中
写心二集	陈 枚
国朝诗别裁集	沈德潜
熙朝雅颂集	铁 保
赖古堂尺牍新钞	周亮工
词人纳兰容若手简	纳兰性德
昭代名人尺牍	吴 修

诗 词 话

笔 记 类

五石脂　　　　　　　　　　　　　　　陈去病
吟边小识　　　　　　　　　　　　　　俞陛云
清稗类钞　　　　　　　　　　　　　　徐　珂
世载堂杂忆　　　　　　　　　　　　　刘禺生
春冰室野乘　　　　　　　　　　　　　李岳瑞

史 地 类

康熙起居注　　　　　　　　　　　　清起居注馆
清世祖实录　　　　　　　　　　　　清实录馆
清圣祖实录　　　　　　　　　　　　清实录馆
清史列传　　　　　　　　　　　　　清国史馆
贰臣传　　　　　　　　　　　　　　清国史馆
清史稿　　　　　　　　　　　　　　赵尔巽
三湘从事录　　　　　　　　　　　　蒙正发
南疆逸史　　　　　　　　　　　　　温睿临
小腆纪年　　　　　　　　　　　　　徐　嘉
国朝耆献类征初编　　　　　　　　　李　桓
国朝先正事略　　　　　　　　　　　李元度
吴郡名贤图传赞　　　　　　　　　　顾　沅
清代闺阁诗人征略　　　　　　　　　施淑仪
清代学者像传　　　　　　　　　　　叶恭绰
明遗民录〔朝鲜〕　　　　　　　　　佚　名
复社纪略　　　　　　　　　　　　　陆世仪
社事始末　　　　　　　　　　　　　杜登春
吴氏族谱　　　　　　　　　　　　　吴安国

海宁渤海陈氏宗谱	陈赓笙
宁古塔山水记	张缙彦
宁古塔志	方拱乾
柳边纪略	杨　宾
宁古塔纪略	吴桭臣
扈从东巡日录	高士奇
辽左见闻录	王一元
锡金考乘	周有壬
盛湖志	仲廷机
平望志	翁广平
木渎小志	张郁文
长白汇征录	张凤台
道光桐城续修县志	
民国海宁州志稿	
乾隆新乡县志	
同治苏州府志	
康熙二十四年吴江县志	
康熙五十九年吴江县志续编	
光绪吴江县续志	
乾隆震泽县志	
光绪武进阳湖县志	
光绪无锡金匮县志	
乾隆盛京通志	
光绪吉林通志	
民国宁安县志	

其 他 类

附录

《诗人吴兆骞系列》序

　　吴兆骞是清初被人誉为"天分特高"、"惊才绝艳"的著名诗人，是被大诗人吴梅村誉为"江左三凤凰"中的一凤。他"天才横逸"，"谈论风生"，"一目十行"，出口成章，总是"分题拈韵，摇笔先成"，"挥毫落纸如云烟"。且又"傲岸自负"，"不谐于俗"，风度翩翩，倜傥不群，是名士气质十足的"江南才子"。

　　吴兆骞又是黑龙江，乃至东北一位历史文化名人。在他54年的生命史上，有23年是在"极人世之苦"的流放的宁古塔地区度过的。而且在这里，他传播了以中原文化为主体的多民族文化综合体的流人文化，将中原文明的种子，播种在崇尚武功、注重游牧经济的东北大地。他写了大量苍凉悲壮独具艺术特色，并反映东北边塞自然景观、社会生活以及广大流人生活与心态，尤其是以抗俄斗争为题材的诗篇。这些诗篇具有很大的文学价值与学术价值，对于清代东北文史的研究，清代诗史的研究，乃至流人史、流人文化、流人学的研究，都有着不可低估的价值。

　　吴兆骞还是我本人研究中国流人史与流人文化的起点。早在1963年，我读了顾贞观《弹指词》中以词代书写给远戍宁古塔的吴兆骞的两首千古绝唱——《金缕曲》词时，对吴之才华、遭遇及其与顾贞观生死不渝的友谊，深为感动。此后又读了孟森、夏承焘先生，尤其是谢国桢先生有关吴兆骞、顾贞观事迹及其《金

缕曲》的论述，引起了我对东北流人的兴趣与关注。可见始于
1980年的我对东北流人，进而中国流人的研究，固然是在谢老启
迪、鼓励下起步的，但从某种意义上来讲，仍源于吴兆骞其人其
事。也就是说，倘若追根溯源，这种研究的最早的情结应始于对
吴兆骞的兴趣与关注。而我后来对东北流人与中国流人这一社会
群体的宏观研究，却又始于对吴兆骞这一"个案"的研究。

为了重点研究吴兆骞（也包括其他流人），为了了却这"久远
的隔世情缘"，二十年来，我曾多次南北奔走，在北京、南京、苏
州、吴县、吴江、上海、长春等地多处图书馆，查阅了大量藏书。
还曾从吴兆骞的家乡吴江，经过监押他的北京，到流放地宁古塔
新旧二城，顺着他的足迹，作过实地考察，捕捉那些早已逝去的
踪影（其中吴江曾作过两次考察）。1984年，我将已收集到的约十
万字有关史料，分门别类，编成《吴兆骞研究资料汇编》，并经排
比钩稽，编成《吴兆骞年谱》（十万字）。在此基础上撰写了《边
塞诗人吴兆骞》一书。初意本拟将《汇编》与《年谱》附于其传
之后出版。但因他故，这种设想未能实现，1985年《边塞诗人吴
兆骞》交稿时，仅将《年谱》压缩成近四万字的《年谱简编》作
为附录出版。至于原《年谱》与《汇编》则束之高阁了。

1985年迄今已历时十四五年，在深入研究流人史与流人文化，
撰写《东北流人史》与《中国流人史》的过程中，又陆续搜集到
一些与吴兆骞有关之史料，而且研究的经验较前丰富，研究的目
的较前明确。加上边疆旅游事业的发展呼唤着流寓文化及本地历
史文化名人的深入研究（因流寓文化与当地历史文化名人的研究
会丰富旅游文化的新内涵，开发旅游新资源）。基于此，我产生了
重新撰写《吴兆骞传》及重新编纂《吴兆骞年谱》、《吴兆骞资料
汇编》的想法。于是组织有关人员继续搜访与吴兆骞有关之文献，
在三百多个日日夜夜里，经过夜以继日、废寝忘食的工作，终于
完成了这三部书稿的改写、修订、编纂工作。此外还撰写了《吴

兆骞交游考》，附于《年谱》之后，并且名之为《诗人吴兆骞系列》。总之，《传》与《年谱》系我一人之作，《吴兆骞资料汇编》与《交游考》虽为我与友人合作之产物，但仍以我为主，因此这三部书稿可以说已倾注了我二十余年之心血与精力。

三百年前，这只禽中之王的江左凤凰，在险恶的政治风云中，被暴怒的雷电击得翎折翮断，血洒平芜，坠地而死。这位"天分特高"、"一代奇才"的边塞诗人，历尽坎坷，像一颗流星似地陨灭了。

但是，他留下了有功于塞外开发的业绩与大量珍贵诗篇，留下了后人对这位历史文化名人的怀念。现在谨以这三部书稿，纪念曾经有功于黑龙江历史文化发展的这位江南才子，并企图借此为黑龙江流寓文化、历史文化名人的研究及其与旅游文化的结合，以及我省旅游事业之发展，做出添砖铺瓦的促进作用。

在我研究吴兆骞的过程中，曾经得到过许多专家学者的支持与帮助。在搜集吴兆骞史料时，谢国桢先生就曾给予鼓励与指点。拙著《边塞诗人吴兆骞》出版不久，钱仲联先生与罗继祖先生相继俯赐评语，予以推许。张国瀛与朱则杰先生亦撰写书评，代为宣传。此外，还曾得到过苏州大学文学院汤振海、赵杏根、中国社会科学院图书院崔建英、原上海教育学院图书馆方承、南京图书馆宫爱东、上海图书馆王翠兰、吴江图书馆吴中荣、黑龙江省图书馆梁信义、哈尔滨市图书馆王竞与陈爱燕、吴江市政协吴国良、吴县木渎镇政府吴建华、黄林森、牡丹江文管站樊万象、牡丹江日报社范垂正、宁安文管站张庆国等同志的支持，在此一并表示衷心的谢意！此外，吴江市人事局汤海山先生代我撰文寻觅吴兆骞后裔，并在收集资料等方面提供了大力支持，盛情足可感也。中共中央党校图书馆张文玲、东北师大图书馆刘奉文、北京大学金树祥、辽宁社科院张玉兴诸先生也在百忙之中为本书之撰写寻觅资料、复印图片，使我受益匪浅。

390

另外，还有几点说明。

首先，在拙著《边塞诗人吴兆骞》出版之前，尽管研究吴氏之论文已经很多，但是专著却从未出现过，因此该书作为第一部有关专著，尤其是传记类专著（不是论文）来讲，可称是吴氏研究中的拓荒之作。既然是拓荒之作，该书在编写体例的确定、吴氏行实的考订、史料的取舍等方面，都缺乏前人的研究成果可资借鉴，因此挂漏与失误之处在所难免。这样，此次重新撰写的《吴兆骞传》、《吴兆骞年谱》（附《交游考》），相对来讲，比前者会更为丰满完备、信实可征。当然，由于我们学识简陋，致使这两部书稿仍会有不足，乃至错误之处，有待于今后修订改正。基于此，敬祈广大读者批评指正。

其次，新编纂的《吴兆骞资料汇编》，在辑录的内容或编辑方法方面，借鉴了清人张廷济、翁广平、徐达源及今人麻守中与王孟白诸先生之著述成果，特此说明。

最后，摘录《余治流人史二十余年，始于对吴兆骞之兴趣与关注，今值拙著〈诗人吴兆骞系列〉三部书稿成书且付梓在即，感而有赋》诗五首，以殿本文。

（一）

廿载流人史，渊源自汉槎。

千秋《金缕曲》，令我诵《秋笳》。

（二）

才名东国重，诗赋大荒珍。

华夏文明种，花开塞外春。

（三）

边风吹客泪，塞月照孤魂。

391

才子江南返，东陲业绩存。

（四）

老去心犹壮，残编沥血成。

流人千古事，功过细推评。

（五）

所志在攀登，才疏只自矜。

笔耕犹未辍，冷月伴青灯。

李兴盛

2000．1．21初稿

2000．6．24夜二稿

2008 年摄

主编简介

李兴盛,男,原籍山东省费县,1937 年 11 月生于哈尔滨市。黑龙江大学中文系毕业。现为黑龙江省文史研究馆馆员、黑龙江省社科院历史研究所研究员、黑龙江省民族研究学会常务理事。曾任黑龙江省历史学会理事与黑龙江省旅游协会常务理事等。1991 年被黑龙江省政府评为省级优秀专家、省劳动模范与研究员;1992 年10 月获国务院特殊津贴,12 月被国家人事部批准为国家级突出贡献专家;2007 年被黑龙江省社科院评为首届终身荣誉研究员;2008 年被省委宣传部授予"龙江文化建设终身成就奖"。此外,1997 年、2002 年、2010 年与 2011 年,曾应邀赴香港珠海书院、大连白云书院、上海图书馆、台湾"中央研究院文哲所"作流人文化学术报告。

30余年来，一直致力于我国流人问题研究，对我国历代流人这种社会群体与社会现象进行了全方位、多层次、系统化、理论化的深入研究与完整论述，并首次向我国学术界提出了流人文化这一新的名称、概念与命题。至今其专著与主编之著作已出版35部。专著《中国流人史》(初版)获黑龙江省社科研究优秀成果一等奖与黑龙江省优秀图书一等奖；《东北流人史》获1991年中国图书奖二等奖与黑龙江省优秀图书一等奖。主编之《黑龙江流寓文化与旅游文化丛书》共8册，其中本人承担者7册，主要有《中国流人史与流人文化论集》、《诗人吴兆骞系列》(传、年谱、资料汇编各1册)、《黑龙江山水名胜与轶闻遗事》等，再次获黑龙江省社科研究优秀成果一等奖。另有《边塞诗人吴兆骞》、《黑龙江历代诗词选》(另有一名选注者)、《流人史、流人文化与旅游文化》、《塞月边风录》、《黑龙江历代旅游诗选与客籍名人》、《增订东北流人史》、《黑龙江名人》、《黑龙江汉族文化》及其30年历史文化论文自选集《大荒集》等均已出版。主编之黑龙江大型地方文献丛书《黑水丛书》第5至14辑(每辑各一二百万字不等)、《清实录东北流人史料摘抄(外一种)》及任执行主编之《中国地域文化通览(黑龙江卷)》等也已出版。主编之流人文化丛书《东北流人文库》在陆续出版之中。此外，近年来在我国著名学者来新夏先生支持下，正为将其流人问题研究升华为流人学之研究而惨淡经营。